Inteligência Artificial e Direito

INTELIGÊNCIA ARTIFICIAL E DIREITO
© Almedina, 2020

AUTOR: Fausto Martin De Sanctis

DIRETOR ALMEDINA BRASIL: Rodrigo Mentz
EDITORA JURÍDICA: Manuella Santos de Castro
EDITOR DE DESENVOLVIMENTO: Aurélio Cesar Nogueira
ASSISTENTES EDITORIAIS: Isabela Leite e Marília Bellio

DIAGRAMAÇÃO: Cláudia Lorena
DESIGN DE CAPA: FBA

ISBN: 9786556270906
Outubro, 2020

Dados Internacionais de Catalogação na Publicação (CIP)
(Câmara Brasileira do Livro, SP, Brasil)

De Sanctis, Fausto Martin
Inteligência artificial e direito / Fausto Martin
De Sanctis. -- 1. ed. -- São Paulo : Almedina, 2020.

ISBN 978-65-5627-090-6

1. Direito - Metodologia - Processamento de dados
2. Inteligência artificial 3. Inteligência artificial
- Direito 4. Inteligência artificial - Legislação
I. Título.

20-42336   CDU-34:004.8

Índices para catálogo sistemático:

1. Inteligência artificial e direito 34:004.8

Maria Alice Ferreira - Bibliotecária - CRB-8/7964

Este livro segue as regras do novo Acordo Ortográfico da Língua Portuguesa (1990).

Todos os direitos reservados. Nenhuma parte deste livro, protegido por copyright, pode ser reproduzida, armazenada ou transmitida de alguma forma ou por algum meio, seja eletrônico ou mecânico, inclusive fotocópia, gravação ou qualquer sistema de armazenagem de informações, sem a permissão expressa e por escrito da editora.

EDITORA: Almedina Brasil
Rua José Maria Lisboa, 860, Conj.131 e 132, Jardim Paulista | 01423-001 São Paulo | Brasil
editora@almedina.com.br
www.almedina.com.br

Inteligência Artificial e Direito

2020

Fausto Martin De Sanctis

ALMEDINA

SOBRE O AUTOR

Fausto Martin De Sanctis é Desembargador Federal no Tribunal Regional Federal da 3ª Região desde 2011.

É Doutor em Direito Penal pela Faculdade de Direito da Universidade de São Paulo (USP, em 16.06.1998) e Especialista em Processo Civil pela Universidade de Brasília (UnB, em 10.06.1997).

Ouvidor-Geral da Justiça Federal da 3ª Região no biênio 2018-2020.

Membro do Conselho Consultivo da Associação Internacional de Gestão de Cortes de Justiça – IACA desde 2019.

Foi Supervisor do Grupo de Monitoramento e Fiscalização do Sistema Carcerário da Justiça Federal da 3ª Região – GMF-3R no biênio de 2017 e 2018.

Membro do Conselho Consultivo da American University Washington College of Law para Programas de Estudos Judiciais e Legais Brasil - Estados Unidos da América desde 2013.

Membro da Comunidade de Juristas de Língua Portuguesa desde maio de 2014.

Foi Procurador do Município de São Paulo (1988), Procurador do Estado de São Paulo, na área de assistência judiciária, atual Defensoria Pública do Estado de São Paulo (1989-1990) e Juiz de Direito no mesmo Estado (1990-1991).

Esteve à frente da 6ª Vara Federal Criminal especializada em crimes contra o Sistema Financeiro Nacional e em Lavagem de Dinheiro de São Paulo/SP, de 1991 a 2011.

Foi Professor de Direito Penal da Universidade São Judas Tadeu entre os anos de 1994 a 2006.

Foi indicado por seus pares em lista da AJUFE para ocupar vaga no Supremo Tribunal Federal em 2010, 2014 e 2017. Seu nome figurou em lista subscrita por juristas, dentre eles, Miguel Reale Júnior, Modesto Carvalhosa e Hélio Bicudo, e por 49 entidades de classe e movimentos organizados que foi encaminhada, no dia 25.01.2017, ao Exmo. Sr. Presidente da República para ocupar vaga naquela Corte.

Recebeu distinção em International Law and Affairs, em 2016, da New York State Bar Association – NYSBA por ter sido considerado o magistrado-precursor das decisões atinentes à corrupção e à lavagem de dinheiro no Brasil.

É autor de diversos livros, capítulos de livros e artigos publicados no Brasil e no exterior. É ainda conferencista, proferindo palestras em vários países.

LIVROS PUBLICADOS NO EXTERIOR

1. *International Money Laundering Through Real Estate and Agribusiness. A Criminal Justice Perspective from the "Panama Papers".* (Springer, Cham, Heidelberg, Nova Iorque, Dordrecht, Londres, 2017).
2. *Churches, Temples, and Financial Crimes – A Judicial Perspective of the Abuse of Faith* (Springer, Cham, Heidelberg, Nova Iorque, Dordrecht, Londres, 2015). A obra aborda a lavagem de dinheiro perpetrada por meio de igrejas e templos, as possibilidades e as brechas legais que propiciam esta prática delitiva e os mecanismos para a sua prevenção e o seu enfrentamento.
3. *Football, Gambling, and Money Laundering. A Global Criminal Justice Perspective* (Springer, Cham, Heidelberg, Nova Iorque, Dordrecht, Londres, 2014).
4. *Money Laundering through Art: A Criminal Justice Perspective* (Springer, Cham, Heidelberg, Nova Iorque, Dordrecht, Londres, 2013).

CAPÍTULOS DE LIVROS PUBLICADOS NO EXTERIOR

1. Capítulo: "Anti-corruption in Brazil – Criticisms and developments." *Bribery, Fraud, Cheating. How to Explain and to Avoid Organizational Wrongdoing.* Edição: Markus Pohlmann, Gerhard Dannecker e Elizangela Valarini. Universidade de Heidelbert, Alemanha. Springer, 2020.
2. Capítulo: "The FIFA's case and corruption in Brazil. Na expert dialogue with Markus Asner and Fausto De Sanctis." Edição: Markus Pohlmann, Gerhard Dannecker e Elizangela Valarini. Universidade de Heidelbert, Alemanha. Springer, 2020.
3. Capítulo: "Contratos Públicos no Brasil. A regulamentação legal dos contratos e a situação das companhias com participação estatal." Coletânia internacional sobre contratos públicos em todo o mundo, intitulada *Public Procurement Law Around The World,* organizada por ocasião da VII Conferência Internacional *"Public Procurement Law: Issues of Enforcement",* realizada na Faculdade de Direito da Lomonosov Moscow State University, em Moscou, na Rússia, 2019.
4. Capítulo: "Licitações Públicas e o combate à corrupção no Brasil: a regulamentação jurídica das licitações em companhias com participação estatal" do livro lançado pela Faculdade de Direito da Universidade Pública de Moscou sobre licitações públicas, 2017.
5. Capítulo: "Olympic Games, Football Championships and Corruption in the Sports Industry" do livro *The Handbook of Business and Corruption: Cross-Sectoral Experiences.* Coordenação Michael S. Abländer e Sarah Hudson. (Emerald Group Publishing Limited, UK, 2017).

LIVROS PUBLICADOS NO BRASIL

1. *Coronavírus, Compliance e Novas Formas de Lavagem de Dinheiro.* Ebook, publicado em 20.06.2020 (Legal, Ethics &Compliance -- LEC).
2. *Lavagem de Dinheiro por meio de Obras de Arte* (Editora Del Rey BH Ltda., Belo Horizonte, 2015). Trata-se de versão em português e atualização da obra *Money Laundering through Art: A Criminal Justice Perspective* (Springer, Cham, Heidelberg, Nova Iorque, Dordrecht, Londres,

2013), cujos direitos autorais foram reservados para versão em português. O livro trata da lavagem de dinheiro praticada por meio de obras de arte, atualizado com a questão do mercado das artes, as eventuais práticas criminosas, o combate a estas, com análise das formas de pagamento, cooperação internacional, legislação pertinente e propostas para aperfeiçoamento do sistema de combate e prevenção. A versão brasileira contém as mais recentes alterações legislativas, notadamente o tema atinente à colaboração premiada e às organizações criminosas.

3. ***Delinquência Econômica e Financeira – 1ª Edição*** (Editora Forense Ltda., Rio de Janeiro, 2015). O livro aborda os Crimes contra o Sistema Financeiro Nacional, os de Lavagem de Dinheiro e contra o Mercado de Capitais, retratando diversos julgados das Cortes de Justiça, o entendimento de nossos doutrinadores e a experiência do autor à frente de uma Vara Criminal Federal especializada.

4. ***Crime Organizado e Destinação de Bens Apreendidos. Lavagem de Dinheiro, Delação Premiada e Responsabilidade Social*** (Saraiva, São Paulo, 2009, e 2ª edição em 2015).

5. ***Direito Penal – Parte Geral*** (Organização: André Ramos Tavares e José Carlos Francisco, Método, São Paulo; Forense, Rio de Janeiro, 2014).

6. ***Lavagem de Dinheiro. Jogos de Azar e Futebol. Análise e Proposições*** (Juruá, Curitiba, 2010).

7. ***Responsabilidade Penal das Corporações e Criminalidade Moderna*** (Saraiva, São Paulo, 2009).

8. ***Combate à Lavagem de Dinheiro. Teoria e Prática*** (Millenium, Campinas, 2008).

9. ***Direito Penal Tributário – Aspectos Relevantes*** (Bookseller, Campinas, 2006).

10. ***Punibilidade no Sistema Financeiro Nacional – Tipo Penais que Tutelam o Sistema Financeiro Nacional*** (Millennium, Campinas, 2003).

11. ***Responsabilidade Penal da Pessoa Jurídica*** (Saraiva, São Paulo, 1999).

CAPÍTULOS DE LIVROS PUBLICADOS NO BRASIL

1. **Capítulo: "Anti-corruption in Brazil – Criticisms and developments."** ***Bribery, Fraud, Cheating. How to Explain and to Avoid***

Organizational Wrongdoing. Edição: Markus Pohlmann, Gerhard Dannecker e Elizangela Valarini. Universidade de Heidelbert, Alemanha. Springer, 2020.

2. Capítulo: "Lavagem de dinheiro no desporto". *Direito Econômico Desportivo.* Coordenação: Felipe Augusto Loschi Crisafulli e Leonardo Fernandes dos Anjos (Editora LTr, São Paulo, 2019).

3. Capítulo: "Dos Crimes contra a Administração Pública". *Código Penal.* (Editora Manole Ltda., Barueri, São Paulo, 2016, 2ª edição em 2019 e 3ª edição 2020).

4. Capítulo: "A Inamovibilidade como Garantia Constitucional e Efetiva a uma Imparcial Atuação do Estado na Persecução Criminal". *Garantias Institucionais do delegado de polícia e o exercício da soberania estatal.* Coordenação: Luiz Carlos de Almeida (Editora Letras Jurídicas, São Paulo, 2017).

5. Capítulo: "Impacto nos cenários político, econômico e social após a atuação das varas federais criminais especializadas em lavagem de dinheiro e crimes financeiros." Justiça Federal: estudos doutrinários em homenagem aos 45 anos da AJUFE. Organização: Roberto Carvalho Veloso e Fernando Quadros da Silva (Editora D'Plácido, Belo Horizonte, 2017).

6. Capítulo: "Interceptações Telefônicas e Direitos Fundamentais". *Tributo a Afrânio Silva Jardim: escritos e estudos* (Organização: Marcelo Lessa Bastos e Pierre Souto Maior Coutinho de Amorim, Lúmen Júris, Rio de Janeiro, 2011, e 2ª edição em 2014).

7. Capítulo: "Responsabilidade Penal das Corporações". *Livro Homenagem a Miguel Reale* Júnior (Coordenação: Janaína Conceição Paschoal e Renato de Mello Jorge Silveira, GZ, Rio de Janeiro, 2014).

8. Capítulo: "Ação Popular: a utilização do *habeas corpus* na dinâmica dos crimes financeiros". *Ação Popular* (Organização: Ana Flávia Messa e José Carlos Francisco, Saraiva, São Paulo, 2013).

9. Capítulo: "Direito Penal Coerente e Funcional". *100 Anos - Revista dos Tribunais* (Revista dos Tribunais, São Paulo, 2012).

10. Capítulo: "Constituição e regime das liberdades". *Limites Constitucionais da Investigação* (Coordenação: Rogério Sanches Cunha, Pedro Taques e Luiz Flávio Gomes, Revista dos Tribunais, São Paulo, 2009).

11. **Capítulo: "Tráfico Internacional de Pessoas: Tipo Penal e Consentimento do Ofendido".** *Mulher e Direito Penal.* (Coordenação: Miguel Reale Júnior e Janaína Paschoal, Forense, Rio de Janeiro, 2007).

12. **Capítulo: "Crimes contra o Sistema Financeiro Nacional como antecedentes de Lavagem de Valores".** *Lavagem de Dinheiro – Comentários à Lei pelos Juízes das Varas Especializadas* (Livraria do Advogado, Porto Alegre, 2007).

AGRADECIMENTOS

Quero expressar minha gratidão, inicialmente, ao Criador por seu amor incondicional pela criatura. Também, ao Instituto de Altos Estudos sobre a Justiça da França (Institut des Hautes Études sur la Justice – IHEJ), notadamente a Antoine Garapon e Harold Epineuse, dentre diversas autoridades francesas, por terem me agraciado com a rica oportunidade de possibilitar o acesso a documentos, decisões judiciais, profissionais diversos e tribunais da França.

Agradeço a todas as pessoas do IHEJ e a equipe do gabinete do Tribunal Regional Federal da 3ª Região em São Paulo, Brasil, pela inestimável assistência, consideração e resguardo.

Sou grato, outrossim, pelo apoio, respeito e amizade aos meus filhos Thomaz e Theodoro e à Viviane do Amaral.

APRESENTAÇÃO

Os sistemas de Inteligência Artificial – IA podem trazer benefícios à prática jurídica, proporcionando agilidade e, quiçá, precisão. A Inteligência Artificial aplicada ao Sistema de Justiça caminha no cenário mundial a passos crescentes e deve merecer uma análise adequada. A existência de uma gama de brechas legais e institucionais pode permitir que decisões judiciais sejam fruto da conjugação de algoritmos, viabilizando o desenvolvimento de um sistema baseado em aprendizado de máquina (machine learning).

A presente obra trata-se de um estudo sobre o impacto do desenvolvimento de um sistema profundo de aprendizagem, meramente fruto da automação de análises textuais de casos jurídicos, que passam a servir de modelos. A reflexão é mais do que necessária dadas as questões éticas que se pode suscitar diante dos preceitos inerentes que normalmente estão impregnados na função judicial.

Espera-se que seja um guia para técnicos e profissionais do direito porquanto tem sido de alguma forma negligenciado o foco das novas técnicas usadas que, muitas vezes, têm lastro em decisões repetitivas, o que levanta questionamentos ético-jurídicos no campo regulatório. De fato, servidores, advogados, promotores e juízes deveriam ser guiados por uma regulação pertinente de novas tecnologias e refletirem sobre se decisões judiciais seriam, ou não, o resultado do pensar-humano, além do que o risco que pode acarretar quando os modelos forem enviesados, de boa ou má fé, em decorrência da errônea classificação ou de alimentação equivocada de informações ao sistema.

O debate exige reflexão sobre a função judicial, sua neutralidade, imparcialidade e impessoalidade, e a situação da Justiça Preditiva ou Dedutiva, com propostas finais, diante da necessidade do aperfeiçoamento institucional e normativo com amplo debate, e não apenas da mera regulação da Inteligência Artificial Aplicada à Justiça.

SUMÁRIO

Sobre o Autor	5
Agradecimentos	11
Apresentação	13

CAPÍTULO 1 – INTRODUÇÃO	17

CAPÍTULO 2 – IMPARCIALIDADE E FUNÇÃO JUDICIAL	29
2.1. Separação de Poderes	29
2.2. Neutralidade	32
2.3. Impessoalidade da Administração Pública	35
2.4. Experiência Jurídica e Magistratura	36

CAPÍTULO 3 – BUSCA DA VERDADE	37
3.1. Partes	37
3.1.1. Do Papel da Advocacia	37
3.1.2. Do Papel do Ministério Público	42
3.2 O Juiz, a Ética e a Apreciação Sensorial	53
3.3. Mundo Virtual e Cooperação Internacional	88

CAPÍTULO 4 – INTELIGÊNCIA ARTIFICIAL – IA	103
4.1. VICTOR, ELIS, SOCRATES, SIGMA. A Experiência Brasileira	103
4.2. Desafios da Inteligência Artificial	108
4.3. Impacto da IA ao Sistema Judicial	113

INTELIGÊNCIA ARTIFICIAL E DIREITO

4.4. Justiça Preditiva ou Dedutiva — 119

CAPÍTULO 5 –A PROTEÇÃO DE DADOS E IA — 133

CAPÍTULO 6 – CONCLUSÕES — 149

CAPÍTULO 7 – PROPOSTAS AO USO DA IA APLICADA À JUSTIÇA — 179

7.1. *Plano Internacional.Organização das Nações Unidas – ONU e Organização para a Cooperação e Desenvolvimento Econômico - OCDE* — 183

7.2 *Plano Nacional. Medidas institucionais locais: Poderes Executivo, Legislativo e Judiciário.* — 184

REFERÊNCIAS — 189

CAPÍTULO 1

Introdução

A Inteligência Artificial trata-se de ferramenta atualmente disponível para um mundo conectado e ávido por soluções rápidas e menos custosas. Quando aplicada à Justiça, vários benefícios podem ser obtidos diante do elevado número de casos que se repetem nas hipóteses em que se está diante de discussões meramente econômicas em casos cíveis. Mesmo que o debate seja na área criminal, os benefícios podem ser obtidos também pela aplicação a casos semelhantes, notadamente na admissão de recursos, havendo hoje disposição de ampliação de suas habilidades.

Não há qualquer precedente que se compare ao nível de desenvolvimento que hoje se alcança com imensas possibilidades dado ao profundo conhecimento tecnológico, gerando expectativas de toda ordem, inclusive sobre detalhamentos científicos. Alguns casos são já conhecidos e têm desafiado os preceitos inerentes ao sistema de justiça, de molde que seria necessário aos pesquisadores técnicos uma abordagem ético-jurídica que naturalmente envolve a questão.

Com a pandemia que abateu fortemente o mundo a partir de 2020, a Covid-19, parece que as resistências ao uso da tecnologia e da inteligência artificial começaram a ser arrefeçadas, tanto que estão sendo encorajadas as audiências, sessões e decisões judiciais com recursos virtuais, além das videoconferências, com reflexos inclusive nas cooperações internacionais. O uso do teletrabalho tem sido uma ferramenta importante, inclusive para possibilitar a repatriação de brasileiros que ficaram retidos no estrangeiro em razão de restrições sanitárias.[1] No que tange à inteligência artificial, o Conselho Nacional de Justiça – CNJ tem instado o desenvolvimento dessa técnica, com ênfase, diante da pandemia. O *Laboratório de Inovação para o PJe – Inova PJe* e o *Centro de Inteligência Artificial*, criados pela Portaria n.º 25, de 22.02.2019, além de desenvolver estudos para aprimoramento dos sistemas responsáveis pelo controle do fluxo dos processos judiciais em trâmite em todo o Poder Judiciário, visam a produção de modelos de inteligência artificial para utilização na plataforma PJe, com fito na contínua evolução das ferramentas tecnológicas colocadas à disposição dos usuários.[2]

A dinamização da função judicial tem sido possível com o uso da tecnologia, permitindo-se o solucionamento rápido e preciso de litígios graças à busca de informações de plataformas digitais diante do uso facilitado de *softwares* e *hardwares*. Este caminhar inusitado da aplicação da tecnologia tem uma razão de ser. Os controles não têm sido verificados. Nem mesmo a necessidade destes está em níveis adequados de debate em face da expectativa atual de soluções céleres que o desenvolvimento das tecnologias de informação tem gradualmente impulsionado e, com isto, a dinamização da economia mundial.

A Inteligência Artificial está de tal forma evoluindo que foi capaz de prever, nove dias antes de a Organização Mundial da Saúde emitir um alerta sobre a epidemia do coronavírus da China, a doença. Uma *startup* de inteligência artificial detectou a doença e para quais locais ela iria viajar. A tecnologia da *startup* BlueDot, baseada no Canadá, previu corretamente que a doença iria chegar a Bangkok, Seul, Taipei e Tóquio.

A tecnologia previu a expansão do coronavírus com base em outro fator de risco: a emissão de passagens aéreas porquanto o governo chi-

---

[1] Vide Informe Cooperação Internacional 03/2020 – PGR. In http://www.mpf.mp.br/atuacao-tematica/sci/noticias/informe-cooperacao-internacional-do-mpf, acessado em 01.05.2020.

[2] Cf. Informação do endereço eletrônico do CNJ. Centro de Inteligência Artificial, in https://www.cnj.jus.br/judiciario-ganha-agilidade-com-uso-de-inteligencia-artificial/, acessado em 02.05.2020.

nês não tinha fornecido muitas informações para as autoridades globais de saúde. A empresa BlueDot foi criada por Kamran Khan, um médico infectologista que trabalhava em hospitais em 2003 durante o surto da doença que ficou conhecida como SARS, similar ao atual coronavírus da China. Com 40 funcionários, a BlueDot foi criada em 2013 e investimentos que totalizam 9,4 milhões de dólares.[3]

Tanto quanto outras áreas, a Inteligência Artificial tem sido usada e ousada o bastante para ter seu passo nas decisões da justiça, sendo um dos setores atrativos diante da notória e persistente morosidade mesmo para casos que se repetem apesar de, por vezes, envolverem grandes transações monetárias, marcadas por confidencialidade e pela prodigiosa atividade criminosa.

Com efeito, o uso da Inteligência Artificial aplicada à Justiça constitui uma realidade, tanto que é oferecida em plataformas digitais, sendo de notar a plataforma francesa que chamou a justiça preditiva de "prédictice", permitindo a pesquisa de milhões de decisões em um segundo.[4]

O objetivo deste trabalho é dimensionar o problema, verificar eventuais brechas legislativas e/ou institucionais que proporcionam o avançar rápido da tecnologia sobre princípios relevantes que envolvem o sistema de justiça, permitindo o continuísmo arriscado e imponderado. A inércia prudencial que vem abatendo o setor deve ser enfrentada com apreciação pontual sobre o problema, que não pode se limitar à tomada de atitudes isoladas ou não coordenadas, com grave risco à credibilidade da justiça e mesmo à sua existência futura.

Com efeito, a tolerância reiterada com a despropositada prática, já algum tempo conhecida (*machine learning*), pode minar a crença no sistema de justiça porquanto pode materializar decisões fruto de máquina, fora da atividade judicial humana baseada apenas em camadas de organização de precedentes, nas "boas práticas" dos tribunais.

---

[3] AGRELA, Lucas. Inteligência artificial previu epidemia do coronavírus da China. Portal da Revista EXAME, in https://exame.abril.com.br/tecnologia/inteligencia-artificial-previu-epidemia-do-coronavirus-da-china/, publicado em 28.01.2020, acessado em 05.04.2020.

[4] Portal Predictice. In https://predictice.com/, acessado em 13.05.2020.

A presente análise busca fornecer meios para uma série de decisões públicas importantes e estimular manifestações dos especialistas, a fim de evitar a manipulação ou o uso da tecnologia de forma sistemática, pretendendo também compreender as fragilidades da situação dessa área (a da justiça), não tão bem digeridas pelas autoridades e pela sociedade.

Por constituir a Inteligência Artificial algo de interesse mundial, não poderia deixar de ser abordada sob o prisma principiológico, diante da importância social, educacional e cultural da justiça. Devemos refletir, constante e diariamente, os tempos atuais, que desafiam as autoridades e as concitam à tomada de ações contra o atuar autômato, uma percepção diferenciada de uma nova situação mundial, que pode permitir a perpetuação de uma série de injustiças. Em outras palavras, tentar obter uma resposta que permita, claro, uma persecução penal eficaz, mas justa.

Por essa razão, exige-se uma intervenção do Estado para aniquilar com a ideia de que a tecnologia compensa o mal que ela pode produzir se usada de forma indiscriminada. A proposta deste trabalho destina-se a constituir não somente uma introdução ao palpitante tema, mas tecer considerações outras que possam subsidiar o seu estudo, de molde a inibir ou diminuir chances de incidência de decisões céleres, entretanto injustas. Enfim, reduzir o mistério de muitas questões envolvidas, apesar de sua incrível importância.

Visa-se, pois, encarar, dentro do possível, o universo que cerca pontos relevantes do mundo jurídico, no que tange às práticas procedimentais, com vistas ao aprimoramento do sistema judicial. Espera-se traçar, portanto, um horizonte com o objetivo de se realizar uma análise crítica, prática e real, trazendo, inclusive, a visão de temas revisitados apesar dos benefícios que a Inteligência Artificial acarreta.

A tentativa de se fazer uma leitura dessa questão, um retrato revisitado da importância da função judicial à luz da Inteligência Artificial, pretende, de fato, vislumbrá-lo e orientá-lo de molde que se possa conferir pertinente análise de seu conteúdo. Ou, então, deveria seguir um rigoroso estudo de catalogação e investigação porquanto não se pode perder de vista que o recrudescimento da relevância das decisões do Poder Judiciário não pode ser fruto de sistemática *época de desatenção,* de tolerâncias mútuas, de códigos de ética que sistematicamente são enaltecidos e desatendidos.

A Inteligência Artificial aplicada ao Direito caminha no cenário mundial a passos crescentes e deve merecer uma análise adequada. Os sistemas de Inteligência Artificial – IA podem, com efeito, trazer benefícios à prática jurídica, proporcionando agilidade e, quiçá, precisão. Porém, a existência de uma gama de brechas legais e institucionais pode permitir que decisões judiciais sejam fruto apenas da conjugação de algoritmos, viabilizando o desenvolvimento de um sistema baseado em aprendizado de máquina (*machine learning*).

Jean-Marc Sauvé, vice-presidente do Conselho de Estado, no simpósio organizado por ocasião do bicentenário da Ordem dos Advogados do Conselho de Estado e no Tribunal de Cassação de 12 de fevereiro de 2018, disse o seguinte:[5]

> *A justiça sempre se defrontou com múltiplos desafios: o de sua independência, de sua eficiência e qualidade, de seus recursos, de tecnologia da informação. Alguns foram superados, outros permanecem, às vezes sob outras formas. Inéditos e empolgantes desafios se apresentam a nós hoje e talvez anunciam a interferência no acesso ao juiz e a seu cargo, como aos métodos de trabalho de magistrados, funcionários e oficiais de justiça. Após o surgimento da internet e da desmaterialização, os dados abertos das decisões judiciais, aliados ao desenvolvimento de algoritmos e inteligência artificial, de fato sujeitam o juiz a um novo desafio: o da justiça preditiva, que deve estar no centro de nossa visão de futuro, nossos projetos e nossa vigilância.*

Depois de afirmar acerca da importância da justiça preditiva[6], ele afirma que ela traz transformações ambivalentes ao prometer desenvol-

---

[5] SAUVÉ, Jean-Marc. La justice prédictive. Discours. In https://www.conseil-etat.fr/actualites/discours-et-interventions/la-justice-predictive, acessado em 18.04.2020.

[6] Também chamada de "Justiça Previsível" (ROQUILLY, Christophe. Justice prédictive, entre séduction et répulsion. The Conversation site, https://www.google.com/search?q=google+tradutor+frances&rlz=1C1GCEB_enBR868BR868&oq=google&aqs=chrome.2.69i59j69i57j69i59j0j69i60l4.3336j0j7&sourceid=chrome&ie=UTF-8, publicado em 03.09.2019, acessado em 04.05.2020).

vimentos benéficos para a qualidade e eficiência da justiça (aceleram a solução de controvérsias, aumentam a segurança jurídica, melhorando a previsibilidade das decisões da justiça, incentivam também a solução de muitas disputas, mesmo antes do recurso ao juiz, pelo desenvolvimento de modos alternativos de solução, como mediação ou conciliação, reduzem o tempo gasto em pesquisas aprofundadas com base em fatos e leis comparáveis, libertando-os das tarefas mais demoradas em favor de examinar questões novas ou complexas), porém, mascaram os riscos (o juiz poderá perder sua liberdade de apreciação e sua independência e preferir classificar o caso na opinião dominante ou majoritária de seus pares).

Entretanto, a previsibilidade da lei é necessária, mas não se pode congelar a jurisprudência, por isso que o acesso ao juiz e os princípios de um julgamento justo devem permanecer a regra. Thuy-My Vu e Anne Moreaux, ao citarem Antoine Garapon, observam que a justiça preditiva responde a um desejo social, o que ele chama de "a escolha da experiência". A máquina evitaria o contato humano. É uma ausência ou uma nova experiência de justiça? A justiça preditiva torna possível evitar que uma decisão seja tomada por um ser humano e, assim, escapar de toda a dimensão simbólica do julgamento.[7]

A presente obra trata-se de um estudo sobre o impacto do desenvolvimento de um sistema profundo de aprendizagem, meramente fruto da automação de análises textuais de casos jurídicos, que passam a servir de modelos. A reflexão é mais do que necessária em face das questões éticas que podem suscitar diante dos preceitos inerentes que normalmente estão impregnados na função judicial. Espera-se que seja um guia para técnicos e profissionais do direito porquanto tem sido de alguma forma negligenciado o foco das novas técnicas usadas que, muitas vezes, têm lastro em decisões repetitivas, de molde a levantar questionamentos ético-jurídicos no campo regulatório. De fato, deveriam servidores, advogados, promotores e juízes ser guiados por uma regulação pertinente de novas tecnologias e refletirem sobre se decisões judiciais seriam, ou não, o resultado do pensar-humano, além do

---

[7] VU, Thuy-My et MOREAUX, Anne. La justice sera-t-elle un jour prédictive? In https://www.affiches-parisiennes.com/la-justice-sera-t-elle-un-jour-predictive-8034.html, publicado em 15.06.2018, acessado em 10.04.2020.

que o risco que pode acarretar quando os modelos forem enviesados, de boa ou má fé, em decorrência da errônea classificação ou de alimentação equivocada de informações ao sistema. O debate exige reflexão sobre a função judicial, sua neutralidade, imparcialidade e impessoalidade, e a situação da Justiça Preditiva ou Dedutiva, com propostas finais, diante da necessidade do aperfeiçoamento institucional e normativo com amplo debate, e não apenas da mera regulação da Inteligência Artificial Aplicada à Justiça.

As ferramentas preditivas da justiça estão se desenvolvendo e cobrindo áreas cada vez mais variadas do direito. É, pois, uma realidade. Laurine Tavitian ao citar Philippe Ginestié, revela que foi na China que se iniciou o seu uso porque *os chineses nunca tiveram um sistema legal antes de 1980 e careciem de advogados. Em algumas províncias chinesas, os sistemas de inteligência artificial oferecem decisões aos juízes por não serem considerados capazes ou imparciais. Isso garante que é a máquina que toma as decisões.* Dessa forma, restaria assegurado decisões tomadas pelas máquinas, estas sim tidas por capazes e imparciais.[8]

O presente trabalho teve início com a reflexão do autor sobre muitos pontos. Foi idealizada uma série de questões que deveriam ser respondidas, destacando-se a saber:

1. Existe, de fato, algum espaço para a Inteligência Artificial quando aplicada à justiça?
2. Justifica-se a aplicação da Inteligência Artificial para a facilitação e simplificação da obtenção célere da decisão judicial?
3. Como compatibilizar e assegurar a imparcialidade se o exercício da atividade judiciária levada a efeito por seres humanos (juízes) passam a ser fruto do *machine learning*?
4. As máquinas teriam condições de verificar a necessidade de suprir a atividade probante por meio da determinação da realização desta ou daquela prova nos termos do que estatui o artigo 370 do Código Civil brasileiro, por exemplo, para o julgamento

---

[8] TAVITIAN, Laurine. Justice prédictive: où en est-on? Portail de La Village de la Justice. In https://www.village-justice.com/articles/Justice-predictive-est,22683.html, publicado em 21.07.2016, acessado em 15.03.2020.

do mérito da causa? Teriam, tais máquinas, a preocupação com a busca da verdade?

5. Como garantir, às partes (Advocacia e Ministério Público), num sistema de justiça robotizada, que petições com alegações de ilicitude da prova ilícitas, possam ser apreciadas num julgamento a partir do machine learning? A quem cabe garantir a neutralidade (ou melhor, a imparcialidade) e transparência do banco de dados?

6. Existe algum obstáculo para que a Inteligência Artificial possa ser usada para a aplicação dos precedentes jurisprudenciais?

7. Como ficaria o uso da Inteligência Artificial aplicada à Justiça no campo internacional tendo em vista os reflexos evidentes de sua aplicação em países diversos que podem ter compreensões diferentes sobre esse assunto?

8. Haveria necessidade de efetiva regulamentação da IA quando aplicada à justiça?

9. E a situação de eventuais vieses algoritmos que reflitam valores humanos implícitos envolvidos na programação baseados em padrões de comportamento (pattern recognition)?

10. Existem limites ou condicionantes éticos envolvidos na aplicação da IA na função judicial?

11. Existe alguma vantagem já verificada pelo uso da Inteligência Artificial no sistema judicial?

12. Qual espaço haveria, então, para o uso da IA sem que existam discussões éticas e de conteúdo?

13. Seria, então, necessária a criação de normas e de institutos específicos para tratar de matérias relativas à IA ou dever-se-ia adequar as novas tecnologias aos institutos já existentes por meio de interpretação?

14. Como lidar com o dever de proteção de dados pessoais ao se aplicar a IA para o solucionamento dos litígios?

15. Como ficaria o cumprimento de uma ordem legal de outro país, havendo necessidade de compartilhamento de dados pessoais se não existir disciplinamento internacional a respeito?

16. Como ficam eventuais vazamentos de dados pessoais de empresas desenvolvedoras de programas para a implantação da IA no sistema Judicial?

17. A tecnologia pode decidir tudo no futuro?
18. É possível admitir AI para decisões de mérito de diferentes naturezas?
19. A IA terá o poder de conferir maior credibilidade às decisões da justiça?
20. Deve haver algum controle do resultado de decisões tomadas por máquinas com o uso da IA?
21. Como ficaria a segurança da base de dados utilizada para o resultado da apreciação pela justiça automatizada?
22. A IA aplicada à Justiça pode representar ameaça aos direitos humanos?
23. E os casos em que sejam peculiares, únicos, o sistema não poderá prover solução injusta diante da falta de dados bastantes para a adoção da melhor decisão "judicial"?
24. Como ficaria a análise fática dos casos submetidos à Justiça?
25. Há necessidade de revisão das decisões autônomas geradas da IA?
26. Como ficaria a função judicial de realização supletiva da atividade probante (artigo 370 do Código de Processo Civil brasileiro e artigo 156 do Código de Processo Civil brasileiro), para obter provas necessárias e dirimir dúvida sobre ponto relevante a fim de buscar-se a verdade real?
27. Existe possibilidade para Justiça Preditiva ou Dedutiva fora dos canais dos precedentes ou súmulas vinculantes?
28. Poder-se-ia admitir IA aplicada a determinadas decisões quando em casos de menor potencial ofensivo?

Tais questões podem, de fato, ser inferidas a partir das experiências vividas, inclusive, no dia a dia judicial. Quando foi a mim oportunizada a pesquisa com o apoio do Instituto de Altos Estudos sobre a Justiça da França (Institut des Hautes Études sur la Justice – IHEJ) em Paris, em 2020 (de 09 de março a 08 de junho), tive a oportunidade de frequentar Cortes francesas, Bibliotecas, do próprio IHEJ, além de seminários e palestras. Além disso, estive em contato com algumas autoridades francesas, que me forneceram valiosas informações. É certo que a COVID-19 limitou, e muito, o trabalho, mas também é certo que não foi suficiente para inviabilizá-lo.

Agradeço, dentre outros, a Antoine Garapon e Harold Epineuse pelo constante apoio e confiança para que este projeto vingasse.

A dificuldade de obter informações específicas, a despeito das importantes fontes, pôde ser por mim percebida já pelo ineditismo e sensibilidade do tema, a exigir ampla reflexão e ponderação. Ao mesmo tempo, notou-se um respeito pela questão, dada sua complexidade, dificuldade e dimensão, aparentemente de indigesto solucionamento e que a todos desafia. Daí porque talvez grasse no universo a inércia com tanta maestria.

Para tanto, o trabalho foi dividido em oito capítulos:

O primeiro cuida de tecer considerações iniciais sobre o tema, introduzindo e colocando de pronto os desafios que este provoca.

O segundo, cuida da entrega da tutela judicial, tecendo considerações sobre a separação dos poderes, neutralidade, impessoalidade da Administração Pública e a experiência jurídica.

O terceiro, a difícil tarefa de abordagem sobre a Busca da Verdade nunca dissociada da obtenção da melhor solução ao caso concreto. E aí são retratados os papéis das partes, do juiz e o mundo virtual.

O quarto, discorre sobre a Inteligência Artificial, notadamente a experiência brasileira, seus desafios e impactos na justiça, que poderia se constituir, ou não, em Justiça Preditiva ou Dedutiva.

O quinto capítulo aborda a necessidade da proteção de dados que tenta trazer o estudioso para essa realidade.

No sexto, são realizadas as conclusões e respostas aos questionamentos iniciais enfrentados na Introdução (Capítulo I).

No sétimo, são apresentadas propostas.

No último, tem-se as referências bibliográficas.

Esta obra, apesar de aparentar, a partir de uma perspectiva literal, ter esgotado o assunto, não se desincumbiu de tal mister. Tenta, no entanto, ser *completa* em termos lógicos e práticos e propiciar uma visão de um mundo pouco explorado ou conhecido, do qual a atividade judicante não se pode furtar. O objetivo desejado é fazer com que o sucesso obtido com a Inteligência Artificial aplicada à Justiça não deixe à parte princípios relevantes ao Estado de Direito.

Capítulo 1 – Referências

AGRELA, Lucas. Inteligência artificial previu epidemia do coronavírus da China. Portal da Revista EXAME, in https://exame.abril.com.br/tecnologia/inteligencia-artificial-previu-epidemia-do-coronavirus-da-china/, publicado em 28.01.2020, acessado em 05.04.2020.

CONSELHO NACIONAL DE JUSTIÇA. Informação do endereço eletrônico do CNJ. Centro de Inteligência Artificial, in https://www.cnj.jus.br/judiciario-ganha-agilidade-com-uso-de-inteligencia-artificial/, acessado em 02.05.2020.

PREDICTICE. In https://predictice.com/, acessado em 13.05.2020.

PROCURADORIA GERAL DA REPÚPLICA. Vide Informe Cooperação Internacional 03/2020 – PGR. In http://www.mpf.mp.br/atuacao-tematica/sci/noticias/informe-cooperacao-internacional--do-mpf, acessado em 01.05.2020.

ROQUILLY, Christophe. Justice prédictive, entre séduction et répulsion. The Conversation site, https://www.google.com/search?q=google+tradutor+frances&rlz=1C1GCEB_enBR868BR868&oq=google&aqs=chrome.2.69i59j69i57j69i59j0j69i60l4.3336j0j7&sourceid=chrome&ie=UTF-8, publié le 03.09.2019, consulté le 04.05.2020.

SAUVÉ, Jean-Marc. La justice prédictive. Discours. In https://www.conseil-etat.fr/actualites/discours-et-interventions/la-justice-predictive, acessado em 18.04.2020.

TAVITIAN, Laurine. Justice prédictive: où en est-on? Portail de La Village de la Justice. In https://www.village-justice.com/articles/Justice-predictive-est,22683.html, publicado em 21.07.2016, acessado em 15.03.2020.

VU, Thuy-My et MOREAUX, Anne. La justice sera-t-elle un jour prédictive? In https://www.affiches-parisiennes.com/la-justice-sera-t-elle--un-jour-predictive-8034.html, publicado em 15.06.2018, acessado em 10.04.2020.

CAPÍTULO 2

Imparcialidade e Função Judicial

2.1. Separação de Poderes

A separação de Poderes instituída nos Estados de Direito com governos democráticos mais avançados, no Brasil, está prevista pela Constituição Federal de 1988[9], com o especial destaque para seus diversos sistemas de freios e de contrapesos e para a imutabilidade conferida pelo Poder Constituinte Originário.[10]

Referida separação tem o condão de bem delimitar as precípuas funções estatais e foram divididas entre o Executivo, o Legislativo e o Judiciário no sentido de que, ao primeiro, cumpre o exercício material da administração da República Federativa do Brasil; ao segundo, a edição de normas de caráter geral que a todos vinculam; e ao terceiro, a prerrogativa de decidir com imperatividade os conflitos existentes na sociedade com supedâneo nas premissas previamente estabelecidas pelo legislador.

---

[9] Art. 2º: *São Poderes da União, independentes e harmônicos entre si, o Legislativo, o Executivo e o Judiciário.*

[10] Segundo a qual não será sequer objeto de deliberação Emenda Constitucional que tenda a abolir tal estrutura tripartite de Poder – art. 60, § 4º, III: *Não será objeto de deliberação a proposta de emenda tendente a abolir: (...) III - a separação dos Poderes.*

Importante consignar, todavia, que as funções anteriormente expostas caracterizam-se como principais de cada Poder, o que, a contrário senso, tem o condão de indicar que um dado Poder possui secundariamente atividades que, a princípio, seriam inerentes a outro – cite-se, como exemplo, (a) a possibilidade de o Poder Executivo editar medidas provisórias com supedâneo no art. 62 da Constituição Federal em nítida incursão na seara prevalente do Poder Legislativo; (b) o exercício judicante desempenhado pelo Poder Legislativo quando instaurado processo de *impeachment* em face do Presidente da República em notória inserção na função primordial do Poder Judiciário; e (c) o efetivo desempenho de atos materiais administrativos pelo Poder Judiciário quando da apreciação de qualquer reivindicação dos servidores integrantes de seus quadros.

A par do que se acaba de expor, mostra-se pertinente salientar que o tema da Inteligência Artificial aplicada ao Sistema Judicial recai sobre a atividade imanente do Poder Judiciário, qual seja, a possibilidade de dizer o Direito com notas de imperatividade e de definitividade pacificando o seio social, o que se relaciona intrinsecamente com o ideário da jurisdição. Com efeito, ao longo da evolução da humanidade, a prerrogativa de impor coercitivamente e de forma definitiva o Direito evoluiu da "lei do mais forte" (por meio da qual o conflito de interesses era resolvido a favor daquele contendor que tinha a maior força física e, assim, conseguia impor sua vontade de forma coercitiva a seu oponente) para a impossibilidade de se fazer, exceto em situações excepcionalíssimas previstas pelo ordenamento[11], a tal justiça legítima com as próprias mãos, resplandecendo, assim, a atribuição de pacificar a sociedade ao Poder Judiciário.

Dentro de tal contexto, àquelas pessoas que se veem no bojo de um conflito (ou, mais tecnicamente, de uma pretensão que acaba por ser resistida em decorrência de interesses qualificados contrapostos) defeso mostra-se o exercício da autotutela com o desiderato de resolver a situação, razão pela qual devem buscar a pacificação social, e valer-se dela, por meio da intervenção de um Poder da República que se encontra

---

[11] Como, por exemplo, o desforço imediato na proteção da posse ou a legítima defesa com o fito de se repelir injusta agressão, atual ou iminente, a direito próprio ou de outrem.

equidistante do conflito (por força do princípio da inafastabilidade da jurisdição elencado no art. 5º, XXXV, da Constituição Federal Brasileira, a saber: *Todos são iguais perante a lei, sem distinção de qualquer natureza, garantindo-se aos brasileiros e aos estrangeiros residentes no País a inviolabilidade do direito à vida, à liberdade, à igualdade, à segurança e à propriedade, nos termos seguintes: (...) XXXV – a lei não excluirá da apreciação do Poder Judiciário lesão ou ameaça a direito*) e, justamente por tal aspecto, presume-se que atuará de forma imparcial quando da solução da lide que lhe é trazida.

Também deve ser invocada a Carta de Princípios de Bangalore, de 2002, que consagra a independência judicial como um requisito da legalidade constituindo-se numa garantia fundamental da existência de um juiz justo. Tal independência deverá ser compreendida tanto no aspecto individual, quanto no aspecto institucional. No seu item 1.1., deixa claro que o juiz independente parte *de sua valoração dos fatos e em virtude de uma compreensão consciente da lei, livre de qualquer influência alheia, de instigações, pressões, ameaças ou interferência, sejam diretas ou indiretas, provenientes de qualquer fonte ou por qualquer razão.*[12]

Imperioso destacar que a imparcialidade esperada do Poder Judiciário encontra-se albergada, em primeiro plano, pelo direito fundamental consistente na cláusula do devido processo legal (art. 5º, LIV, da Constituição Federal brasileira), por meio do qual se prescreve que *ninguém será privado da liberdade ou de seus bens sem o devido processo legal.* Nesta toada, extrai-se de tal preceito, dentre inúmeras outras garantias processuais decorrentes (como, por exemplo, seus corolários da ampla defesa e do contraditório), a necessidade de que o executor da atividade judicante paute seu mister pela análise do caso concreto de maneira imparcial (e também independente) com o fito de bem executar a tarefa de dizer o Direito, aplicando-o ao caso trazido à sua apreciação a ponto de debelar a insegurança que o conflito traz ao contexto social.

A imparcialidade também deflui e se manifesta por meio do postulado do juiz natural, com assento constitucional em dois incisos do art.

---

[12] Vide PRINCÍPIOS sobre conduta judicial de Bangalore. Portal da Escola Superior do Ministério Público, in http://escola.mpu.mp.br/a-escola/atos-normativos/acordos-de-cooperacao/recampi/principios-sobre-conducta-judicial-de-bangalore-2006.pdf/view, acessado em 05.02.2020.

5º do Texto Magno de 1988 (*Todos são iguais perante a lei, sem distinção de qualquer natureza, garantindo-se aos brasileiros e aos estrangeiros residentes no País a inviolabilidade do direito à vida, à liberdade, à igualdade, à segurança e à propriedade, nos termos seguintes: (...) XXXVII - Não haverá juízo ou tribunal de exceção (...) LIII - Ninguém será processado nem sentenciado senão pela autoridade competente*).

Nesse diapasão, também sob tal perspectiva, impõe-se ao Judiciário a necessidade de ser imparcial quando do julgamento das demandas que lhe são apresentadas ao mesmo tempo em que se assegura mecanismo de segurança ao jurisdicionado ante a prescrição impossibilitadora de que haja a designação de magistrado *ad hoc* para apreciar um caso concreto específico. Assim, ao se vedar a criação de juízos ou de tribunais de exceção, impondo-se a exigência de respeito às regras de competência dispostas nas legislações processuais, objetiva-se que não sejam maculadas tanto a independência como a imparcialidade do órgão julgador, aspectos tão caros ao Estado de Direito (tal qual o existente na República Federativa do Brasil) e que evidenciam pressupostos processuais que devem concorrer no caso concreto para que o desenvolvimento da relação processual seja válido.

Aí ganha realce a questão da IA à medida em que máquinas passariam a substituir juízes humanos, devendo também ter a garantia da imparcialidade, mediante a alimentação de modelos sem vieses o que, por si só, não se afigura tarefa extremamente fácil.

2.2. Neutralidade

A despeito do que se acaba de asseverar, ou seja, que o Judiciário é, por princípio, um Poder imparcial da República Federativa do Brasil, um questionamento mostra-se até mesmo natural: como compatibilizar e assegurar a esperada imparcialidade da atividade judiciária se o seu exercício é levado a efeito por seres humanos que, por princípio, não se compaginam com o ideário de imparcialidade exatamente porque intrínseco à condição humana o pensar com o fito de se posicionar e, portanto, se verifica o afastamento desta esperada condição quando do enfrentamento de uma dada questão?

Na realidade, a resposta ao questionamento formulado perpassa pela diferenciação entre *neutralidade* e *imparcialidade*, o que permite a conclusão de que o ser humano não é neutro, mas plenamente possível que atue de forma imparcial. Explicando: impossível dissociar-se da condição humana as experiências vividas, sejam elas boas, seja elas ruins, de molde que o ser humano sempre foi e sempre será premido e ditado por elas, aspecto que torna impossível ser neutro diante de um fato da vida – sem a menor pretensão de esgotar situações que conformam o ser humano enquanto tal a ponto de ser impossível creditar-lhe a pecha de neutralidade, todas as relações sociais suportadas ao longo da vida, desde o momento do nascimento até os dias presentes, perpassando-se por momentos de alegria como o nascimento de um filho (com o inerente aprendizado de que, ao surgir um bebê, necessariamente nasce também um genitor, cujo futuro é tão desconhecido quanto o do infante) até o passamento de um ente querido, forjam o caráter e a personalidade daquela pessoa.

Sem, contudo, ser possível confundir com a impossibilidade de neutralidade da humanidade está a imparcialidade, que se coaduna com a inferência, diante de um caso concreto, de que aquele ser humano (no caso, um magistrado previamente designado para o conhecimento da lide em decorrência de regras pretéritas de competência) não possui qualquer interesse na solução do litígio.

Frise-se, que, sob os influxos da imparcialidade, pouco importa se o autor ou o réu daquela relação processual que lhe foi distribuída vença a demanda, porquanto o ofício judicante apenas se centra na aplicação do ordenamento jurídico *lato sensu* ao caso concreto.

Mas a aplicação do tal ofício judicante não vem pautada pela ausência de neutralidade que é inerente ao ser humano alçado ao cargo de magistrado? Por certo que sim, uma vez que, antes do ingresso à carreira da magistratura, no Brasil, da aprovação em concurso de provas e títulos, aquele então candidato ao cargo de magistrado é um ser humano, que amealhou infindáveis experiências de vida trazidas ao exato momento em que está se submetendo ao concurso público, de modo que ele jamais poderá ser rotulado como um sujeito neutro. Todavia, não ser neutro não implica prejuízo à imparcialidade que se espera daquela pessoa após seu ingresso na carreira, pois a imparcialidade nada mais é do que a necessária consciência que deve perpassar pela cabeça do juiz que, para ele, indiferente o resultado prático da controvérsia (se o autor ou se o réu vencerá a disputa) à luz de que seu atuar encontra balizas unicamente na incidência, àquela situação concreta, dos ditames constitucionais e legais. A propósito, muito esclarecedoras são as palavras de Fredie Didier Jr. sobre o tema ora em exposição, que afirma o seguinte:[13]

> *(...) Não se pode confundir neutralidade e imparcialidade. O mito da neutralidade funda-se na possibilidade de o juiz ser desprovido de vontade inconsciente; predominar no processo o interesse das partes e não o interesse geral da administração da justiça; que o juiz nada tem a ver com o resultado da instrução. Ninguém é neutro, porque todos têm medos, traumas, preferências, experiências etc. Já disse o poeta que nada do que é humano é estranho ao homem (Terêncio, 'Homo sum, humani nihil a me alienum puto'). O juiz não deve, porém, ter interesse no litígio, bem como deve tratar as partes com igualdade, zelando pelo contraditório em paridade de armas (...): isso é ser imparcial (...).*

A imparcialidade, para além de ser referendada e assegurada pelos princípios fundamentais do devido processo legal (e de seus corolários: ampla defesa e contraditório) e do juiz natural, também é decorrência das garantias inerentes à magistratura, previstas, no Brasil, em sua Constituição Federal aos integrantes da magistratura nacional nos exatos termos previstos em seu art. 95 de vitaliciedade, inamovibilidade e irredutibilidade de subsídio.[14]

Dentro de tal contexto, assegurar-se ao magistrado sua vitaliciedade, quando em 1º grau de jurisdição, após o exercício de dois anos de judicatura (condicionando a perda do cargo, se ainda em estágio probatório, à deliberação do Tribunal, ou à sentença judicial transitada em julgado) ou assim que tomada posse no cargo de juiz de 2ª Instância (chamado no Brasil de Desembargador), bem como as prerrogativas da inamovibilidade e da irredutibilidade de vencimentos, são distinções de cunho

---

[13] DIDIER JR, Fredie. *Curso de Direito Processual Civil – Introdução ao Direito Processual Civil, Parte Geral e Processo de Conhecimento*, Volume I, 18ª edição, Editora JusPODIVM, 2016, pág. 157.

[14] *Art. 95. Os juízes gozam das seguintes garantias: I - vitaliciedade, que, no primeiro grau, só será adquirida após dois anos de exercício, dependendo a perda do cargo, nesse período, de deliberação do tribunal a que o juiz estiver vinculado, e, nos demais casos, de sentença judicial transitada em julgado; II - inamovibilidade, salvo por motivo de interesse público, na forma do art. 93, VIII; III - irredutibilidade de subsídio, ressalvado o disposto nos arts. 37, X e XI, 39, § 4º, 150, II, 153, III, e 153, § 2º, I.*

constitucional que visam ao objetivo maior de que o integrante da carreira atue de forma independente e imparcial a par de possíveis pressões que poderiam originar-se de ameaças de perda do cargo acaso não atendidos certos interesses, o que também poderia ocorrer na hipótese de o juiz ter receio de decidir se puder ver-se alterada a localidade em que exerce jurisdição ou ter seu subsídio achatado se for de encontro aos objetivos daqueles que possuem a prerrogativa constitucional de fixá-lo.

Na mesma toada, o elenco de vedações impostas ao integrante da carreira da magistratura[15] também materializa expressão que busca garantir a independência funcional do juiz, com especial destaque à mais do que evidente impossibilidade de receber qualquer valor, seja de pessoas físicas, seja de pessoas jurídicas (o que sequer necessitaria de positivação, pois intrínseca à percepção de impossibilidade de se compaginar o exercício da atividade jurisdicional – como de qualquer outro mister – a existência de atos de corrupção).

2.3. Impessoalidade da Administração Pública

Outro matiz que tem o condão de permear a interpretação que deve ser aplicada ao dever de imparcialidade imposto ao magistrado relaciona-se com o princípio da impessoalidade que rege a Administração Pública.[16] Nesse diapasão, veda-se ao agente público, donde se inclui o magistrado, ainda que na categoria de agente político, a personalização do exercício da atividade da administração (o que engloba o exercício do labor judiciário) em manifesto afastamento do desinteresse que a imparcialidade exige.

Em outras palavras, atuando o juiz ao arrepio da imparcialidade e, portanto, com interesse na causa subjacente, nota-se que seu mister

---

[15] Nos termos do art. 95, parágrafo único, da Constituição Federal: *Aos juízes é vedado: I - exercer, ainda que em disponibilidade, outro cargo ou função, salvo uma de magistério; II - receber, a qualquer título ou pretexto, custas ou participação em processo; III - dedicar-se à atividade político-partidária; IV - receber, a qualquer título ou pretexto, auxílios ou contribuições de pessoas físicas, entidades públicas ou privadas, ressalvadas as exceções previstas em lei; V - exercer a advocacia no juízo ou tribunal do qual se afastou, antes de decorridos três anos do afastamento do cargo por aposentadoria ou exoneração.*

[16] Art. 37, *caput*, da Constituição Federal: *A administração pública direta e indireta de qualquer dos Poderes da União, dos Estados, do Distrito Federal e dos Municípios obedecerá aos princípios de legalidade, impessoalidade, moralidade, publicidade e eficiência e, também, ao seguinte: (...).*

está sendo executado, também, em ofensa ao postulado da impessoalidade que permeia e perpassa toda a Administração Pública e todos os Poderes da República Federativa do Brasil.

2.4. Experiência Jurídica e Magistratura

A Emenda Constitucional nº 45, de 30 de dezembro de 2004, conhecida como "Reforma do Judiciário", alterou, dentre diversos dispositivos, o art. 93, I, da Constituição Federal, a fim de prever como requisito para o ingresso na carreira da magistratura a necessidade de três anos de atividade jurídica.[17]

Tal previsão, para além de reforçar o ideário de que os quadros do Poder Judiciário sejam preenchidos por pessoas que já tenham previamente atuado nas ciências jurídicas, exorta, por outra perspectiva, a necessidade de imparcialidade de tal agente político decorrente justamente da experiência então acumulada em decorrência do cumprimento do requisito ora em comento. Saliente-se, por oportuno, que outros países não se contentam com meros três anos de atividade jurídica (portanto, de prévia experiência na área) como critério para o ingresso na judicatura, impondo ao pleiteante de tal cargo labor jurídico por muito mais anos.

Capítulo 2 – Referências

DIDIER JR, Fredie. Curso de Direito Processual Civil – Introdução ao Direito Processual Civil, Parte Geral e Processo de Conhecimento, Volume I, 18ª edição, Editora JusPODIVM, 2016, pág. 157.

PRINCÍPIOS sobre conduta judicial de Bangalore. Portal da Escola Superior do Ministério Público., in http://escola.mpu.mp.br/a-escola/atos-normativos/acordos-de-cooperacao/recampi/principios--sobre-conducta-judicial-de-bangalore-2006.pdf/view, acessado em 05.02.2020.

---

[17] Art. 93, I: *Lei complementar, de iniciativa do Supremo Tribunal Federal, disporá sobre o Estatuto da Magistratura, observados os seguintes princípios: I - ingresso na carreira, cujo cargo inicial será o de juiz substituto, mediante concurso público de provas e títulos, com a participação da Ordem dos Advogados do Brasil em todas as fases, exigindo-se do bacharel em direito, no mínimo, três anos de atividade jurídica e obedecendo-se, nas nomeações, à ordem de classificação (...).*

CAPÍTULO 3

Busca da Verdade

3.1. Partes
3.1.1. Do Papel da Advocacia

As previsões constitucionais constituem instrumentos para a consecução dos objetivos fundamentais de um país. Do Brasil, verifica-se especialmente o da construção de uma *sociedade livre, justa e solidária* (art. 3º, I, da Constituição Federal). Neste intento, a Constituição Federal retratou várias funções essenciais, incluindo a advocacia, em um reconhecimento histórico às contribuições destes profissionais para a construção de uma sociedade mais justa, notadamente por sua atuação em face de episódios turbulentos ocorridos no Brasil no século precedente. Homenageou, em especial, seu papel combativo e decisivo para o restabelecimento e manutenção do Estado de Direito.[18]

Nesta ordem de ideias, o art. 133 da Carta Constitucional veio coroar esta visão ao propugnar ser o advogado indispensável à administração da justiça, sendo inviolável por seus atos e manifestações no exercício

---

[18] Nesse sentido, Voto proferido em 22.05.2019 no Habeas Corpus nº 5007450-20.2019.4.03.0000 – Relator Des. Fed. FAUSTO DE SANCTIS, 11ª Turma Criminal do Tribunal Regional Federal da 3ª Região (Estados de São Paulo e Mato Grosso do Sul) – Impetrante: Ordem dos Advogados do Brasil – Seção de São Paulo – Paciente: Daniela Silva Alves.

da profissão, nos limites da lei. Sob este viés, não se pode conceber o exercício da advocacia descompromissado com o preceito da busca da verdade (incorporado à ideia de sociedade justa), de modo a contribuir de forma eficaz para a administração da justiça e no interesse da moralidade administrativa.

Note-se que o exercício da advocacia tem por missão a defesa dos direitos humanos na sua expressão maior. Há, assim, uma ética a ser defendida na Justiça, não somente por advogados, mas por todos os que atuam na busca de uma sociedade justa. Trata-se, em verdade, de um compromisso para o bem comum. O compromisso com a ética implica o reconhecimento do compromisso com a verdade, isto é, com a obrigação ou dever de buscar a realidade fática, tanto é que, na seara da advocacia, o Estatuto da Ordem dos Advogados do Brasil - EAOB (Lei nº 8.906, de 04.07.1994) contempla dispositivos consagradores da referida imposição, cumprindo destacar:

> *Art. 7º São direitos do advogado:*
> *I - exercer, com liberdade, a profissão em todo o território nacional;*
> *(...)*
> **VI - ingressar livremente:**
> *a) nas salas de sessões dos tribunais, mesmo além dos cancelos que separam a parte reservada aos magistrados;*
> *b) nas salas e dependências de audiências, secretarias, cartórios, ofícios de justiça, serviços notariais e de registro, e, no caso de delegacias e prisões, mesmo fora da hora de expediente e independentemente da presença de seus titulares;*
> ***c) em qualquer edifício ou recinto em que funcione repartição judicial ou outro serviço público onde o advogado deva praticar ato ou colher prova ou informação útil ao exercício da atividade profissional, dentro do expediente ou fora dele, e ser atendido, desde que se ache presente qualquer servidor ou empregado;***
> *d) em qualquer assembleia ou reunião de que participe ou possa participar o seu cliente, ou perante a qual este deva comparecer, desde que munido de poderes especiais;*
> *(...)*
> *X - usar da palavra, pela ordem, em qualquer juízo ou tribunal, mediante intervenção sumária, **para esclarecer equívoco ou dúvida surgida em rela-***

ção a fatos, documentos ou afirmações que influam no julgamento, bem como para replicar acusação ou censura que lhe forem feitas;

XI - reclamar, verbalmente ou por escrito, perante qualquer juízo, tribunal ou autoridade, contra a inobservância de preceito de lei, regulamento ou regimento;

(...)

§ 2º O advogado tem imunidade profissional, não constituindo injúria, difamação puníveis qualquer manifestação de sua parte, no exercício de sua atividade, em juízo ou fora dele, sem prejuízo das sanções disciplinares perante a OAB, pelos excessos que cometer. (Vide ADIN 1.127-8). *(grifo nosso)*

Art. 34. Constitui infração disciplinar:

(...)

XIV - deturpar o teor de dispositivo de lei, de citação doutrinária ou de julgado, bem como de depoimentos, documentos e alegações da parte contrária, para confundir o adversário ou iludir o juiz da causa. *(grifo nosso)*

Art. 44. A Ordem dos Advogados do Brasil (OAB), serviço público, dotada de personalidade jurídica e forma federativa, tem por finalidade:

I - defender a Constituição, a ordem jurídica do Estado democrático de direito, os direitos humanos, a justiça social, e pugnar pela boa aplicação das leis, pela rápida administração da justiça e pelo aperfeiçoamento da cultura e das instituições jurídicas. *(grifo nosso)*

O Código de Ética e Disciplina da Ordem dos Advogados do Brasil – OAB (Resolução n. 02/2015, DOU de 04.11.2015) também contempla dispositivos que evidenciam o compromisso da advocacia com os preceitos éticos, ou seja, com o bem-estar coletivo, o que implica a contribuição à busca da verdade. Pode-se destacar:

Art. 1º. O exercício da advocacia exige conduta compatível com os preceitos deste Código, do Estatuto, do Regulamento Geral, dos Provimentos e com os princípios da moral individual, social e profissional.

Art. 2º O advogado, **indispensável à administração da Justiça, é defensor do Estado Democrático de Direito,** *dos direitos humanos e* **garantias fundamentais,** *da cidadania, da moralidade, da Justiça e da paz social,* **cum-**

prindo-lhe exercer o seu ministério em consonância com a sua elevada função pública e com os valores que lhe são inerentes.

Parágrafo único. **São deveres do advogado:**

I - preservar, em sua conduta, a honra, a nobreza e a dignidade da profissão, zelando pelo caráter de essencialidade e indispensabilidade da advocacia;

II - atuar com destemor, independência, **honestidade**, decoro, **veracidade, lealdade,**

dignidade e boa-fé;

III - velar por sua **reputação** pessoal e profissional;

IV - empenhar-se, permanentemente, no aperfeiçoamento pessoal e profissional;

V - contribuir para **o aprimoramento das instituições, do Direito e das leis;**

VI - estimular, a qualquer tempo, a conciliação e a mediação entre os litigantes,

prevenindo, sempre que possível, a instauração de litígios;

VII - desaconselhar lides temerárias, a partir de um juízo preliminar de viabilidade jurídica;

VIII - abster-se de:

a) **utilizar de influência indevida, em seu benefício ou do cliente;**

b) vincular seu nome a empreendimentos sabidamente escusos;

c) emprestar concurso aos que atentem contra **a ética, a moral, a honestidade e a dignidade da pessoa humana;**

d) entender-se diretamente com a parte adversa que tenha patrono constituído, sem o assentimento deste;

e) ingressar ou atuar em pleitos administrativos ou judiciais perante autoridades com

as quais tenha vínculos negociais ou familiares;

f) contratar honorários advocatícios em valores aviltantes.

IX - pugnar pela solução dos problemas da cidadania e pela efetivação dos direitos individuais, coletivos e difusos;

X - **adotar conduta consentânea com o papel de elemento indispensável à administração da Justiça;**

XI - cumprir os encargos assumidos no âmbito da Ordem dos Advogados do Brasil ou na representação da classe;

XII - zelar pelos valores institucionais da OAB e da advocacia;

XIII - ater-se, quando no exercício da função de defensor público, à defesa dos necessitados.

(...) (grifo nosso)

Art. 6º É defeso ao advogado expor os fatos em Juízo ou na via administrativa falseando deliberadamente a verdade e utilizando de má-fé. *(grifo nosso)*

Art. 8º As disposições deste Código obrigam igualmente os órgãos de advocacia pública, e advogados públicos, incluindo aqueles que ocupem posição de chefia e direção jurídica.

§ 1º O advogado público exercerá suas funções com independência técnica, contribuindo para a solução ou redução de litigiosidade, sempre que possível.

§ 2º O advogado público, inclusive o que exerce cargo de chefia ou direção jurídica, **observará nas relações com os colegas, autoridades, servidores e o público em geral, o dever de urbanidade, tratando a todos com respeito e consideração, ao mesmo tempo em que preservará suas prerrogativas e o direito de receber igual tratamento das pessoas com as quais se relacione.** *(grifo nosso)*

Art. 20. Sobrevindo conflitos de interesse entre seus constituintes e não conseguindo o advogado harmonizá-los, caber-lhe-á optar, com prudência e discrição, por um dos mandatos, renunciando aos demais, resguardado sempre o sigilo profissional.

Tais dispositivos avivam que o advogado, indispensável à Administração da Justiça e defensor do Estado de Direito, deve pautar-se pela imperiosa busca da verdade enquanto atributo de alto valor social para o alcance de uma sociedade justa e democrática. Logo, a busca da verdade é algo que interessa às partes também.

No mundo atual, marcado pela praticidade do direito e de seu resultado, no qual o risco é dividido entre todos para a busca do bem comum (a verdade), o papel da advocacia ganhou um protagonismo especial. Estamos diante de uma nova conformidade, delicada, porém necessária, que tem obrigado, para Antoine Garapon e Pierre Servan-Schreiber, reinventar o papel da defesa.[19]

---

[19] In GARAPON, Antoine; SERVAN-SCHREIBER, Pierre. *Deals de justice. Le marché américain de l'obéissance mondialisée.* Paris: Presses Universitaire de France, 2020, p. 105.

3.1.2. Do Papel do Ministério Público

Tanto quanto à advocacia, o Ministério Público constitui instituição permanente e com atribuição essencial à justiça, incumbindo-lhe a defesa da ordem Jurídica, do regime democrático e dos interesses sociais e individuais indisponíveis (artigo 127 da Constituição Federal). No Brasil, ao Ministério Público, existe antes o dever de agir do que o direito de ação. Esse dever é tanto mais explícito na esfera do processo penal, mas não deixa de também estar presente no processo civil.

É certo que a Lei Anticrime n.º 13.964, de 24.12.2019, instituiu o Acordo de Não Persecução Penal,[20] o que não significa ausência do dever

---

[20] Acresceu ao Código de Processo Penal o artigo 28-A a saber: *Art. 28-A. Não sendo caso de arquivamento e tendo o investigado confessado formal e circunstancialmente a prática de infração penal sem violência ou grave ameaça e com pena mínima inferior a 4 (quatro) anos, o Ministério Público poderá propor acordo de não persecução penal, desde que necessário e suficiente para reprovação e prevenção do crime, mediante as seguintes condições ajustadas cumulativa e alternativamente: I - reparar o dano ou restituir a coisa à vítima, exceto na impossibilidade de fazê-lo; II - renunciar voluntariamente a bens e direitos indicados pelo Ministério Público como instrumentos, produto ou proveito do crime; III - prestar serviço à comunidade ou a entidades públicas por período correspondente à pena mínima cominada ao delito diminuída de um a dois terços, em local a ser indicado pelo juízo da execução, na forma do art. 46 do Decreto-Lei nº 2.848, de 7 de dezembro de 1940 (Código Penal); IV - pagar prestação pecuniária, a ser estipulada nos termos do art. 45 do Decreto-Lei nº 2.848, de 7 de dezembro de 1940 (Código Penal), a entidade pública ou de interesse social, a ser indicada pelo juízo da execução, que tenha, preferencialmente, como função proteger bens jurídicos iguais ou semelhantes aos aparentemente lesados pelo delito; ou V - cumprir, por prazo determinado, outra condição indicada pelo Ministério Público, desde que proporcional e compatível com a infração penal imputada. § 1º Para aferição da pena mínima cominada ao delito a que se refere o caput deste artigo, serão consideradas as causas de aumento e diminuição aplicáveis ao caso concreto. § 2º O disposto no caput deste artigo não se aplica nas seguintes hipóteses: I - se for cabível transação penal de competência dos Juizados Especiais Criminais, nos termos da lei; II - se o investigado for reincidente ou se houver elementos probatórios que indiquem conduta criminal habitual, reiterada ou profissional, exceto se insignificantes as infrações penais pretéritas; III - ter sido o agente beneficiado nos 5 (cinco) anos anteriores ao cometimento da infração, em acordo de não persecução penal, transação penal ou suspensão condicional do processo; e IV - nos crimes praticados no âmbito de violência doméstica ou familiar, ou praticados contra a mulher por razões da condição de sexo feminino, em favor do agressor. § 3º O acordo de não persecução penal será formalizado por escrito e será firmado pelo membro do Ministério Público, pelo investigado e por seu defensor. § 4º Para a homologação do acordo de não persecução penal, será realizada audiência na qual o juiz deverá*

de agir mas uma nova possibilidade de atuação do Ministério Público. O dever de agir consiste em que, identificando a hipótese em que a lei lhe imponha uma atuação, o Ministério Público deverá, conforme o caso, propor a ação pública ou intervir no processo, não se admitindo que não o faça salvo quando a própria lei lhe consinta essa opção. Importante verificar que, entretanto, a não atuação do Ministério Público deve submeter-se a um sistema adequado de justificações.

A legislação proíbe expressamente a desistência da ação ou do recurso, na esfera penal (artigos 42 e 476 do Código de Processo Penal); não, porém na civil que não experimenta igual vedação. Entretanto, os atos de desistência do Ministério Público no processo civil são excepcionais e devem ser cercados de cautela e revistos por meio de um sistema de controle próprio. Em conclusão, o princípio da indisponibilidade da ação pública pelo Ministério Público não recebe idêntico tratamento na esfera penal e na esfera civil.

Quando o art. 81 do Código de Processo Civil dispõe acerca do direito de ação do Ministério Público, estaria, na verdade, querendo referir-se ao seu dever de agir, daí porque não teria sentido falar-se em Direito

---

verificar a sua voluntariedade, por meio da oitiva do investigado na presença do seu defensor, e sua legalidade. § 5º Se o juiz considerar inadequadas, insuficientes ou abusivas as condições dispostas no acordo de não persecução penal, devolverá os autos ao Ministério Público para que seja reformulada a proposta de acordo, com concordância do investigado e seu defensor. § 6º Homologado judicialmente o acordo de não persecução penal, o juiz devolverá os autos ao Ministério Público para que inicie sua execução perante o juízo de execução penal. § 7º O juiz poderá recusar homologação à proposta que não atender aos requisitos legais ou quando não for realizada a adequação a que se refere o § 5º deste artigo. § 8º Recusada a homologação, o juiz devolverá os autos ao Ministério Público para a análise da necessidade de complementação das investigações ou o oferecimento da denúncia. § 9º A vítima será intimada da homologação do acordo de não persecução penal e de seu descumprimento. § 10. Descumpridas quaisquer das condições estipuladas no acordo de não persecução penal, o Ministério Público deverá comunicar ao juízo, para fins de sua rescisão e posterior oferecimento de denúncia. § 11. O descumprimento do acordo de não persecução penal pelo investigado também poderá ser utilizado pelo Ministério Público como justificativa para o eventual não oferecimento de suspensão condicional do processo. § 12. A celebração e o cumprimento do acordo de não persecução penal não constarão de certidão de antecedentes criminais, exceto para os fins previstos no inciso III do § 2º deste artigo. § 13. Cumprido integralmente o acordo de não persecução penal, o juízo competente decretará a extinção de punibilidade. § 14. No caso de recusa, por parte do Ministério Público, em propor o acordo de não persecução penal, o investigado poderá requerer a remessa dos autos a órgão superior, na forma do art. 28 deste Código.

INTELIGÊNCIA ARTIFICIAL E DIREITO

de Ação. Nesse sentido é o ensinamento de Hélio Tornaghi, quando comentou o referido dispositivo do Código de Processo Civil, entendendo que *a rigor, e ao contrário do que acontece com o particular, o Ministério Público tem por vezes o dever e não apenas o direito de agir. Tem razão o Código ao dizer que ele exercerá, isto é, deverá exercer. Mas por isso mesmo não é feliz ao falar indiscriminadamente em direito de ação.*[21]

Ao dissertar sobre o princípio da legalidade no processo penal, amparado em lição de Siracusa, José Frederico Marques comenta as diversas soluções existentes no Direito comparado, e anota que *–dois são os princípios políticos que informam, nesse assunto, a atividade persecutória do Ministério Público: o princípio da legalidade (Legalitätsprinzip) e o princípio da oportunidade (Opportunitätsprinzip). Pelo princípio da legalidade, obrigatória é a propositura da ação penal pelo Ministério Público, tão só ele tenha notícia do crime e não existam obstáculos que o impeçam de atuar. De acordo com o princípio da oportunidade, o citado órgão estatal tem a faculdade, e não o dever ou a obrigação jurídica de propor a ação penal, quando cometido um fato delituoso. Essa faculdade se exerce com base em estimativa discricionária da utilidade, sob o ponto de vista do interesse público, da promoção da ação penal.*[22]

Apesar de processualmente assumir posição de parte, o Ministério Público defende o interesse público, que não pode restar insatisfeito por razões de mera oportunidade; assim, se o Ministério Público se dá conta de que a lei foi violada, não se lhe pode consentir que, por razões de conveniência, abstenha-se de acionar ou de intervir para fazer com que a lei se restabeleça. Paulo Gustavo Guedes Fontes, neste diapasão, aduz que:

> *"Não há qualquer regra, ou sobretudo princípio jurídico no direito brasileiro que impeça os membros do Ministério Público de promover diretamente diligências investigatórias. Não existe risco para os direitos fundamentais. Esse é inclusive o dever da instituição, que dele tem se desincumbido com louvor, sendo em grande parte responsável por apurações exitosas que vão aos poucos diminuindo*

---

[21] TORNAGHI, Hélio. *Comentários ao Código de Processo Civil*, vol. I, p. 278, Revista dos Tribunais, 1976.

[22] MARQUES José Frederico. *Tratado de Direito Processual Penal*, 2º vol., p. 88, Saraiva, 1980.

a impunidade no país, como os casos do TRT de São Paulo, da Sudam, o combate ao crime organizado em diversos Estados da federação, entre tantos outros"[23]

Em nada fazendo para eliminar uma situação de ilegalidade, estaria, pois, transgredindo seu dever de ofício, que é de mover-se para restauração da lei violada. Em outras palavras, não se admite que o Ministério Público, identificando uma hipótese na qual a lei exija sua atuação, se recuse a agir. Entretanto, em alguns casos, é a própria lei que concede alguma margem de discricionariedade para a atuação do Ministério Público (como na transação penal, no Acordo de Persecução Penal ou na tomada de compromisso de ajustamento de conduta na área civil). Em suma, não se pode vislumbrar no dever de agir ministerial algo como uma obrigação cega e automática, pois o Ministério Público tem liberdade para identificar ou não a hipótese de agir, desde que o faça fundamentadamente. Em sendo a ação do Ministério Público, em regra geral, vinculada e não discricionária, viola seus deveres funcionais aquele órgão que, identificando a hipótese em que a lei exija sua ação, recuse-se de maneira arbitrária a agir. Entretanto, nos casos em que a própria lei lhe concede discricionariedade para agir, ele poderá legitimamente agir de acordo com critérios de oportunidade e conveniência.

Hugo Nigro Mazzilli revela que esse caráter discricionário está presente em várias situações, como quando o Ministério Público intervém no processo civil em razão da existência de um interesse público, cuja existência a ele incumbe reconhecer, pois que, se não o reconhecer, não haverá como defendê-lo (artigo 82, III, do Código de Processo Civil); quando ele faz a transação penal nas infrações penais de menor potencial ofensivo (artigo 98, I, da Constituição Federal); quando colhe o compromisso de ajustamento de conduta em matéria de tutela de interesses difusos, coletivos ou individuais homogêneos Lei da Ação Civil Pública, n.º 7.347, de 27.07.1985, art. 5º, § 5º; ou quando opina sobre a conveniência da venda de bens de incapazes (artigos 1.691 e 1750, ambos do Código Civil brasileiro). Em suma, conclui que *o dever de agir do Minis-*

---

[23] In FONTES, Paulo Gustavo Guedes. *O Poder Investigatório do Ministério Público.* Jornal da ANPR, nº 23 - Julho de 2003, p. 12.

tério Público pressupõe a valoração da existência ou da persistência do interesse público, seja para propor a ação, seja para nela prosseguir, seja para nela intervir.[24]

Com efeito, a instituição ministerial deve apreciar a justa causa não só para propor, como para prosseguir na ação, ou para nela agir como órgão interveniente. Supõe, pois, a valoração do órgão ministerial, no caso concreto. O legislador penal optou voluntariamente por vedar a desistência, tanto que, se não a vedasse, seria possível de ser exercitada. E por que a vedou? No processo penal, o legislador vedou a desistência da ação ou dos recursos pelo Ministério Público porque, como é ele o titular privativo da ação penal pública, se desistisse da ação ou do recurso, estaria aberta a porta para todas as formas de pressões e impunidade e, claro, em prejuízo à busca da verdade, inclusive nos crimes mais graves, praticados pelas mais altas autoridades ou pelos detentores do poder econômico. Tendo, na ação penal pública, a legitimação ativa do Ministério Público exclusiva (o art. 129, I, da Constituição Federal), ninguém poderia sucedê-lo ou substituí-lo diante da desistência acaso efetuada.

Não sendo o Ministério Público legitimado exclusivo para a ação civil pública (na ação civil pública ou coletiva, a legitimação ativa é concorrente e disjuntiva), outros colegitimados podem agir ou recorrer (são colegitimadas ativas a União, os Estados, os Municípios, o Distrito Federal, as autarquias, as empresas públicas, as sociedades de economia mista, as fundações, as associações e até mesmo órgãos públicos ainda que sem personalidade jurídica), daí porque a própria Lei da Ação Civil Pública admite que possa haver desistências fundadas da ação civil: *em caso de desistência infundada ou abandono da ação por associação legitimada, o Ministério Público ou outro legitimado assumirá a titularidade ativa* (art. 5º, § 3º, da Lei n.º 7.347/1985), o que revela que o princípio da obrigatoriedade da ação pública não recebe o mesmo tratamento no processo penal e no processo civil.[25]

---

[24] MAZZILLI, Hugo Nigro. *O Princípio da Obrigatoriedade e o Ministério Público*. Revista Eletrônica do CEAF. Porto Alegre - RS. Ministério Público do Estado do RS. Vol. 1, n. 1, out. 2011/jan. 2012, in https://www.mprs.mp.br/media/areas/biblioteca/arquivos/revista/edicao_01/vol1no1art4.pdf, acessado em 13.02.2020.

[25] MAZZILLI, Hugo Nigro. *O Princípio da Obrigatoriedade e o Ministério Público*. Revista Eletrônica do CEAF. Porto Alegre - RS. Ministério Público do Estado do RS. Vol. 1, n. 1,

Importante frisar que, nas palavras de Guilherme Augusto De Vargas Soares e Giovanna Dias, o Ministério Público possui duas principais funções: a de *custos legis* (fiscal da lei) e a de acusador (nos processos em que é parte). Por causa de sua função fiscalizadora, entende-se que sua atuação é imparcial, pois não é ente dotado de interesse processual, apenas é chamado ao procedimento para fiscalizá-lo.[26] Muito se discute sobre a imparcialidade do Ministério Público, tanto que, parte da doutrina jurídica, entende que não é possível que o MP seja imparcial ou isento devido à sua função acusatória.

Aury Lopes Jr. e Alexandre de Morais da Rosa revelam que "o Ministério Público é uma parte artificialmente construída para ser o contraditor natural do sujeito passivo (afastada assim a contradição semântica de 'parte-imparcial', além de sua ilogicidade)", objetivando afirmar que a ideia de *imparcialidade* do MP é uma falsa construção dogmática, pois a imparcialidade do julgador apenas será possível a partir de uma divisão clara entre a parte que acusa, a parte que defende e o isento que julga.[27]

Logo, a partir do entendimento de que o órgão é acusador, não há que se falar em isenção, ficando esta sob responsabilidade do magistrado, tão somente. Mesmo quando atua como parte processual, o Ministério Público não atua como defensor dos interesses *particulares* da vítima — nem de seus próprios —, mas, sim, de acordo com o interesse *público*, e isso diz muito acerca de sua atribuição funcional. Portanto, a sua função acusatória é limitada pelo interesse social e pela defesa do Estado de Direito (consequentemente, pelos direitos fundamentais), pois esta é a sua função institucional numa Democracia. Daí porque nas ações públicas condicionadas à representação da vítima, os interesses particu-

---

out. 2011/jan. 2012, in https://www.mprs.mp.br/media/areas/biblioteca/arquivos/revista/edicao_01/vollno1art4.pdf, acessado em 13.02.2020.

[26] VARGAS SOARES, Guilherme Augusto de, e DIAS, Giovanna. É possível que o Ministério Público seja imparcial? Portal CONJUR, https://www.conjur.com.br/2019-mar-30/diario-classe-possivel-ministerio-publico-seja-imparcial, publicado em 30.03.2019, acessado em 15.02.2020.

[27] Citados por Guilherme Augusto De Vargas Soares e Giovanna Dias, in É possível que o Ministério Público seja imparcial? Portal CONJUR, https://www.conjur.com.br/2019-mar-30/diario-classe-possivel-ministerio-publico-seja-imparcial, publicado em 30.03.2019, acessado em 15.02.2020.

lares desta sequer importam para o ingresso da ação penal. Nesse contexto, a cisão entre as duas personalidades *fiscalizador-acusador* reduz-se à mera formalidade: quando for um, o procedimento se dará de uma forma; quando for outro, de outra forma. Não obstante, ainda que o MP atue como parte do processo, ele não perde sua função fiscalizadora, devendo objetivar, também, pelas garantias constitucionais e pelo devido processo penal (que é democrático).

Isso significa dizer que, se dentro do procedimento houver a realização de uma prova ilícita, por exemplo, o Ministério Público também possui o dever de apontá-la, haja vista que a utilização de prova ilícita vai contra o devido processo penal e pode contaminar outras provas do processo. A ideia de que o Ministério Público deixa de ser fiscal da lei quando se torna parte do processo representa um perigo à própria essência do órgão estatal e de sua razão de existir, pois ele não se reduz a ser, meramente, parte acusadora; é, sobretudo, defensora do interesse público, e isso engloba tanto um devido processo legal quanto a ideia de uma instrumentalidade garantista do processo penal.

Afirme-se, todavia, que o Ministério Público não possui a imparcialidade com os mesmos contornos da imparcialidade do julgador (e isto é claro, tendo em vista que ambos exercem funções diferentes). Todavia, isso não significa que ele não tenha sua própria imparcialidade.

Como bem afirmam Guilherme Augusto De Vargas Soares e Giovanna Dias, *promotores e procuradores não podem agir conforme seus interesses particulares (políticos, morais, de cunho preconceituoso etc.), mas, sim, de acordo com o interesse público e social.* Daí porque, em algum sentido, o Ministério Público possui obrigação de ser imparcial em relação aos seus interesses particulares ou aos interesses particulares da vítima.

Veja-se o texto constitucional do Brasil, que, ao dar ao Ministério Público vitaliciedade, inamovibilidade e independência funcional (artigo 128, § 5º, I), estabelece órgão acusatório com *perfil imparcial e isento*, sendo, exatamente por isso, detentor das garantias da magistratura (se fosse mera parte, não precisaria das garantias). Logo, ele possui semelhantes obrigações, sendo a principal delas a isenção e o dever de não se comportar como a defesa. O Ministério Público também busca a verdade quando rechaça prova ilícita ou tenha poderes investigatórios. Não se trata de ação para o benefício do acusado, mas em favor da verdade porquanto sua legitimação se dá para processar as pessoas que realmente infringiram a lei.

Para Lenio Luiz Streck, moralmente, o Ministério Público está obrigado a agir com imparcialidade. E o juiz também.[28] Na verdade, afirmaria que legalmente devem agir com imparcialidade. O Brasil é signatário do Estatuto de Roma, já incorporado desde 2002 ao Direito brasileiro. No seu artigo 54, a, consta que *a fim de estabelecer a verdade dos fatos, alargar o inquérito a todos os fatos e provas pertinentes para a determinação da responsabilidade criminal, em conformidade com o presente Estatuto e, para esse efeito, investigar, de igual modo, as circunstâncias que interessam quer à acusação, quer à defesa.*

Trata-se, pois, de preceito similar ao artigo 160 do Código de Processo Alemão: art. 160: que o *'Ministério Público'* [isto é, o equivalente] *deve buscar* [no sentido de investigar] *não apenas as circunstâncias incriminatórias como também as que exoneram* [o réu]. (*Die Staatsanwaltschaft hat nicht nur die zur Belastung, sondern auch die zur Entlastung dienenden Umstände zu ermitteln und für die Erhebung der Beweise Sorge zu tragen, deren Verlust zu besorgen ist.*).

Parece óbvio que o poder investigatório do Ministério Público deve servir também para a absolvição de inocentes. Tal circunstância colocará o MP ao patamar de uma magistratura, porque lhe impõe a obrigação de ser imparcial, do mesmo modo que um juiz deve se conduzir com imparcialidade. Há compatibilidade da investigação criminal do Ministério Público a uma finalidade constitucional que lhe é própria. Encontra pertinência temática com suas atribuições funcionais (art. 129, IX, da C.F.), cuja validade material existe se relacionada a um fim para o qual o Ministério Público esteja constitucionalmente legitimado.

O Ministério Público, conforme predica o art. 129, inciso I, da CF, é o titular da ação penal (*dominus litis*) e a ele se destinam os elementos de convicção para formação da *opinio delicti*. Assim, fica evidente que pode a própria instituição instaurar procedimento interno ou realizar diligências visando à apuração de fatos delituosos.

---

[28] STRECK, Lenio Luiz. *Projeto de lei para evitar a parcialidade na produção da prova penal*. Portal CONJUR, in https://www.conjur.com.br/2019-set-19/senso-incomum-projeto-lei-evitar-parcialidade-producao-prova-penal?utm_source=dlvr.it&utm_medium=facebook, publicado em 19.09.2019, acessado em 15.02.2020.

Observe-se que o Código de Processo Penal faculta ao Ministério Público o oferecimento de denúncia tendo por base apenas peças de informação, independentemente da existência de inquérito policial (art. 39, § 5º), e, portanto, configuraria verdadeiro contrassenso uma suposta vedação à possibilidade de investigar por parte do referido órgão, ainda que seja para verificação da verdade e eventual conclusão a favor do investigado. Vale mencionar:

> *Resulta evidente, portanto, que se é facultado ao Ministério Público oferecer denúncia prescindindo de inquérito policial, lastreado em peças de informação contendo provas coletadas diretamente pela pessoa (física ou jurídica) representante, nada mais natural que se lhe conceda, igualmente, a oportunidade de investigar, em procedimento interno, a suficiência daquele acervo informativo para subsidiar, eventualmente, uma acusação penal, assegurando a um só tempo, o não oferecimento de peça acusatória açodada e temerária, assim como a inocorrência de provável 'eternização' da apuração dos fatos pela Polícia Judiciária.*[29]

Ademais, a Constituição Federal, em seu art. 129, inc. VIII, dispõe que: *são funções institucionais do Ministério Público: (...) VIII – requisitar diligências investigatórias e a instauração de inquérito policial (...)*. Assim, a Lei Magna, ao utilizar a conjunção aditiva "e", aclara que a atividade ministerial não se resume apenas a postular diligências no bojo de inquérito policial, mas compreende também o poder de proceder a investigações na seara criminal.

Note-se, ainda, que a Lei Complementar nº 75, de 20.05.1993, em seu art. 8º, inc. V, autoriza o Ministério Público da União, para cumprimento de suas atribuições, realizar inspeções e diligências investigatórias, o que arreda qualquer alegação no sentido de que faltaria base legal para que o Ministério Público pudesse levar a cabo procedimento investigatório. Oportuno ainda trazer à baila o posicionamento de Carlos Frederico Coelho Nogueira:

> *Somos de opinião de que o MP, de lege lata, pode, perfeitamente, dentro de suas atribuições constitucionais e legais, sem qualquer usurpação das funções*

---

[29] Cf. SILVA, Aloísio Firmo Guimarães da *et alii*. *A Investigação Criminal Direta pelo Ministério Público*", in Boletim *IBCCrim*, nº 66/Jurisprudência – Maio/98, p. 251.

da polícia judiciária, efetuar procedimentos investigatórios autônomos, destinados a instruir uma denúncia criminal. A polêmica existente, aliás, não tem, em nossa opinião, razão de ser, porque se é dado a órgãos ou entidades não ligados à persecução penal, como as CPIs, as repartições fiscais, as comissões processantes dos órgãos públicos em geral, o Congresso Nacional, o STF etc., apurar fatos que podem configurar infrações penais, não tem o menor sentido pretender coarctar a atuação do exclusivo titular da ação penal pública (art. 129, I da CF) ou manietá-lo a ponto de inibir sua atuação investigatória. (...) É bom lembrar, por outro lado, a velha parêmia "quem pode o mais, pode o menos": se é dado ao Ministério Público requisitar (isto é: ordenar) diligências investigatórias, como negar-lhe o direito de realizá-las? O juiz que determina uma busca domiciliar não pode realizá-la, inclusive sem mandado, a teor do art. 241 do CPP?[30]

A norma constante do art. 144, § 1º, inc. IV, da Constituição Federal, não impede que o órgão acusatório realize investigações criminais. A expressão "com exclusividade" nela empregada deve ser interpretada de maneira sistemática, uma vez que tão somente objetiva afastar a superposição de atribuições entre a Polícia Federal e os demais órgãos policiais da União (Polícia Ferroviária e Rodoviária Federal) e impedir, outrossim, a ingerência da Polícia Judiciária dos Estados (Polícia Civil) nas áreas de atribuição da Polícia Federal.

Quando haja documentos probatórios colhidos diretamente pelo Ministério Público, durante a fase inquisitorial, não se constata, *a priori*, qualquer vício. Tanto é que no âmbito do Superior Tribunal de Justiça, o entendimento consolidou-se nesse sentido, estando tal posição refletida no texto da súmula 234, assim redigida: A participação de membro do Ministério Público na fase investigatória criminal não acarreta o seu impedimento ou suspeição para o oferecimento da denúncia (Também, RHC 22.727/GO, Quinta Turma, Rel. Min. Felix Fischer, DJ 22.06.2009).

A atuação do Ministério Público Federal mostra-se, entretanto e eventualmente, essencial, mas não exclusivamente essencial. A Segunda Turma do Supremo Tribunal Federal reforçou esse entendimento, ao

---

[30] In NOGUEIRA, Carlos Frederico Coelho. *Comentários ao Código de Processo Penal.* São Paulo: Edipro, vol I, p. 182/184.

julgar o HC 89.837/DF (Informativo STF 564). Em substancioso voto, o Min. Celso de Mello elencou, basicamente, os seguintes argumentos para fundamentar sua conclusão: a) a atribuição das funções inerentes à Polícia Judiciária, ordinariamente, às Polícias Civil e Federal (CF, art. 144, § 1º, IV e § 4º), significa, apenas, que a elas compete exclusivamente a direção dos inquéritos policiais (CPP, art. 4º, caput), mas não impede que o Ministério Público, que é o *dominus litis*, determine a abertura de inquéritos policiais, ou, então, requisite diligências investigatórias, em ordem a prover e permitir a formação de sua *opinio delicti*. Desse modo, e considerando que a existência de inquérito policial não é imprescindível ao oferecimento da denúncia, pode o órgão ministerial, ainda quando inexistente qualquer investigação penal promovida pela Polícia Judiciária, fazer instaurar, validamente, a pertinente persecução criminal; b) a outorga de poderes explícitos, ao Ministério Público (CF, art. 129, I, VI, VII, VIII e IX), supõe que se lhe reconheça, implicitamente, a titularidade de meios destinados a viabilizar a adoção de medidas vocacionadas a conferir real efetividade às suas atribuições, permitindo, assim, que se confira efetividade aos fins que lhe são constitucionalmente reconhecidos – teoria dos poderes implícitos (STF, HC n.° 89837, 2ª Turma, Rel. Min. Celso de Mello, DJE de 20.11.2009, p. 104).

O esclarecimento da verdade justifica conferir concretude e viabilidade à tese ora defendida para que sejam adequadamente instrumentalizados os órgãos estatais com elementos para perquirir as condutas que aparentemente se amoldam a delitos de monta.

Não se desconsidera, porém, ser o órgão ministerial o titular da ação penal, tanto que se procura, em sendo considerados pertinentes, adequar os pedidos da autoridade policial à manifestação desse órgão. A Constituição Federal, no artigo 129, inciso I, preconiza ser função institucional do Ministério Público *promover, privativamente, a ação penal pública, na forma da lei*, mas isto, porém, não significa suprimir a atuação independente e constitucional da Polícia Federal (C.F., art. 144). A mesma Carta, no artigo 144, § 1º, inciso I, deixa claro que a Polícia Federal destina-se a *apurar infrações penais contra a ordem política e social ou em detrimento de bens, serviços e interesses da União ou de suas entidades autárquicas e empresas públicas, assim como outras infrações cuja prática tenha repercussão interestadual ou internacional e exija repressão uniforme, segundo se dispuser em lei*, sendo que no inciso IV preconiza caber a ela *exercer, com exclusividade, as funções de polícia judiciária da União.*

O controle externo previsto no artigo 9º e seus incisos da Lei Complementar n.º 75, de 20.05.1993, e no artigo 129, inciso VII, da Constituição Federal, jamais significaria, *s.m.j.*, condução de Inquérito Policial pelo Ministério Público Federal, pois apenas há previsão de que pode o órgão ministerial requisitar a instauração de Inquéritos Policiais e acompanhá-los.

A apreciação da necessidade e pertinência de pedidos veiculados em representações policiais ou pelas defesas cabe, exclusivamente, ao Poder Judiciário, que levará, certamente em conta, o objeto das investigações; decisão judicial proferida, portanto, dentro das questões envolvidas. Vivendo-se em verdadeira "prisão normativa" no Estado de Direito, o império da lei submete a todos somente se podendo falar em interpretação ou integração interpretativa quando houver evidente ausência de previsão normativa (lacuna).

3.2. O Juiz, a Ética e a Apreciação Sensorial

No entendimento de Delphine Iweins, a constituição dos bancos de dados dessas tecnologias legais está no centro de uma importante questão ética. As informações transmitidas são tendenciosas, pois esses bancos de dados não são representativos de todas as decisões proferidas pelo litígio processado. Além disso, os projetistas de ferramentas preditivas decidem, de maneira totalmente unilateral, reter apenas certo número de decisões com base em critérios considerados relevantes por eles mesmos. Se eles não documentarem como seus bancos de dados são construídos, a justiça preditiva corre o risco de ser editorializada.

Por isso que deve haver total transparência das fórmulas algorítmicas usadas porque não protegidas por propriedade intelectual. Somente dessa forma, a justiça preditiva deve permitir compreender melhor a maneira pela qual uma questão específica é tratada pelo juiz judicial. Citando Christophe Jamin, IWEINS revela que a *personalidade do juiz pode ser mais importante do que os textos em si, os profissionais sabem disso há muito tempo.* O magistrado é um dos garantidores da não uniformidade da justiça. E ao citar Louis Larret-Chahine, cofundador da Legaltech Predictice, assevera que *nossos concidadãos considteram a justiça um pouco como uma loteria, o que levanta a questão da segurança jurídica. Esse tipo de ferramenta traz uma forma de homogeneização por uma consideração mais equilibrada de certos fatos, que devem, finalmente, gerar confiança no judiciário.* A iluminação, portanto, fornecida por essas ferramentas para práticas de jurisprudência, litígio por litígio, reforçaria a confiança dos cidadãos nos tribunais, desde que eles sejam suficientemente transparentes.[31]

O Código de Processo Penal brasileiro, ao tratar da prova, estabelece no artigo 156 que o juiz de ofício poderá ordenar a produção antecipada de provas urgentes e relevantes e a realização de diligências para dirimir dúvida sobre ponto relevante.[32] A Carta Constitucional de 1988 estabeleceu os deveres e direitos dos servidores públicos (arts. 37 a 41), e aí se deve incluir tanto o Ministério Público quanto a Magistratura, destacando-se, dentre aqueles, o de lealdade à Administração Pública e o de obediência às ordens superiores.

O dever de lealdade institucional exige do agente público maior dedicação ao serviço e integral respeito à lei e às instituições e se opõe às atividades que possam subvertê-las. O dever de obediência impõe o acatamento às ordens legais de seus superiores e sua fiel execução (no caso do juiz, obediência aos precedentes vinculantes e às determinações das Cortes Superiores), sendo essencial ao bom andamento do serviço público e à harmonia do funcionamento do aparelho jurídico-administrativo. Nesse sentido, Luiz Guilherme Marinoni e Daniel Mitidiero que entendem que *esses mecanismos processuais visam a compatibilizar as decisões jurisdicionais, uniformizando-as, concretizando, dessa ordem, o valor constitucional da igualdade no formalismo processual. Acabam por velar, nesse azo, pela unidade do Direito no Estado Constitucional brasileiro, sobre raciona-*

---

[31] IWEINS, Delphine. Comment rendre la justice prédictive éthique. Portal Les Echos. In https://business.lesechos.fr/directions-juridiques/droit-des-affaires/contentieux/0600143708191-comment-rendre-la-justice-predictive-ethique-325116.php, publicado em 20.12.2018, acessado em 15.04.2020.

[32] *Art. 156. A prova da alegação incumbirá a quem a fizer, sendo, porém, facultado ao juiz de ofício: I – ordenar, mesmo antes de iniciada a ação penal, a produção antecipada de provas consideradas urgentes e relevantes, observando a necessidade, adequação e proporcionalidade da medida; II – determinar, no curso da instrução, ou antes de proferir sentença, a realização de diligências para dirimir dúvida sobre ponto relevante.*

lizar a atividade judiciária, importando em notável economia de atos processuais. Além disso, têm por desiderato racionalizar a atividade judiciária, impedindo recursos em confronto.[33]

As reformas pelas quais passou a ciência processual denotam uma tendência nítida, qual seja, a compatibilização vertical de decisões judiciais, com o consequente ganho de força dos precedentes judiciais, fazendo com que haja certa aproximação dos sistemas anglo-saxão e romano-germânico.

A Lei n.º 8.112, de 11.12.1990, que dispõe acerca do regime jurídico dos servidores públicos civis da União, das autarquias e das fundações públicas federais preconiza acerca dos deveres inerentes aos servidores públicos. A propósito:

> *Art. 116. São deveres do servidor:*
> *I - exercer com zelo e dedicação as atribuições do cargo;*
> *II - ser leal às instituições a que servir;*
> *III - observar as normas legais e regulamentares;*
> *IV - cumprir as ordens superiores, exceto quando manifestamente ilegais;*
> *V - atender com presteza:*
> *a) ao público em geral, prestando as informações requeridas, ressalvadas as protegidas por sigilo;*
> *b) à expedição de certidões requeridas para defesa de direito ou esclarecimento de situações de interesse pessoal;*
> *c) às requisições para a defesa da Fazenda Pública.*
> *VI - levar as irregularidades de que tiver ciência em razão do cargo ao conhecimento da autoridade superior ou, quando houver suspeita de envolvimento desta, ao conhecimento de outra autoridade competente para apuração; (Redação dada pela Lei nº 12.527, de 2011)*
> *VII - zelar pela economia do material e a conservação do patrimônio público;*
> *VIII - guardar sigilo sobre assunto da repartição;*
> *IX - manter conduta compatível com a moralidade administrativa;*
> *X - ser assíduo e pontual ao serviço;*
> *XI - tratar com urbanidade as pessoas;*

---

[33] MARINONI, Luiz Guilherme e MITIDIERO, Daniel. Repercussão Geral no Recurso Extraordinário, 1ª edição, São Paulo: Editora Revista dos Tribunais, 2007, pág. 19.

XII - representar contra ilegalidade, omissão ou abuso de poder.

Parágrafo único. A representação de que trata o inciso XII será encaminhada pela via hierárquica e apreciada pela autoridade superior àquela contra a qual é formulada, assegurando-se ao representando ampla defesa. (grifo nosso)

Nessa diretriz, dispõe o art. 2º do Código de Ética dos Servidores Públicos (Lei nº 8.027, de 12.04.1990), invocável aqui diante da natureza pública das funções judiciais:

Art. 2º São deveres dos servidores públicos civis:

I - exercer com zelo e dedicação as atribuições legais e regulamentares inerentes ao cargo ou função;

II - ser leal às instituições a que servir;

III - observar as normas legais e regulamentares;

IV - cumprir as ordens superiores, exceto quando manifestamente ilegais;

V - atender com presteza:

a) ao público em geral, prestando as informações requeridas, ressalvadas as protegidas pelo sigilo;

b) à expedição de certidões requeridas para a defesa de direito ou esclarecimento de situações de interesse pessoal;

VI - zelar pela economia do material e pela conservação do patrimônio público;

VII - guardar sigilo sobre assuntos da repartição, desde que envolvam questões relativas à segurança pública e da sociedade;

VIII - manter conduta compatível com a moralidade pública;

IX - ser assíduo e pontual ao serviço;

X - tratar com urbanidade os demais servidores públicos e o público em geral;

XI - representar contra ilegalidade, omissão ou abuso de poder.

(...)

A Resolução nº 147, de 15.04.2011, do Conselho da Justiça Federal, por sua vez, instituiu o Código de Conduta do Conselho e da Justiça Federal de primeiro e segundo graus, destacando sua finalidade de tornar claras as regras de conduta dos servidores e gestores do Conselho e da Justiça Federal de primeiro e segundo graus, bem ainda de assegurar que as ações institucionais empreendidas por gestores e servidores do Conselho e da Justiça Federal de primeiro e segundo graus preservem a missão desses órgãos e que os atos delas decorrentes reflitam probidade e conduta ética (art. 1º, incisos I e II), além de reafirmar que a conduta dos destinatários do Código deverá ser pautada pelos seguintes princípios: integridade, lisura, transparência, respeito e moralidade (art. 4º).

Observe-se que os servidores, na qualidade de prestadores de serviço público, têm a obrigação de dispensar um tratamento diligente, cortês e respeitoso ao usuário do serviço público. Assim como ocorre no exercício advocacia, há uma ética a ser observada e defendida por todos os que atuam e perseveram na busca da sociedade justa.

O princípio da identidade física do juiz prescreve, singelamente, que o magistrado que concluiu a audiência de instrução deverá sentenciar o feito, uma vez que foi ele quem teve o amplo acesso à prova produzida e, desta feita, tomou conhecimento da prova, pessoalmente, com o maior aprofundamento possível (extraído, por exemplo, da aferição de como uma testemunha se portou ao ser arguida acerca de determinado fato).

Importante ser dito que o Código de Processo Civil de 1973, alterado pela Lei nº 8.637, de 31 de março de 1993, previa em seu art. 132 o postulado em tela,[34] o que, contudo, não foi reproduzido no Código de 2015. Por sua vez, o Código de Processo Penal, por força de alteração promovida em decorrência da aprovação da Lei nº 11.719, de 20 de junho de 2008, passou a estabelecer que o juiz presidente da audiência deve proferir a sentença.[35]

A par de digressões no sentido de que não mais haveria que se falar na aplicação do princípio da identidade física do juiz na medida em que tal postulado não restou mantido quando da edição do Código de Processo Civil de 2015 (o que poderia produzir influxos na seara processual penal por força do art. 3º do Código de Processo Penal que autoriza a aplicação supletiva do Código de Processo Civil), fato é que a pessoalidade do magistrado na obtenção da prova oral a ponto de vinculá-lo sua pessoa no ato sentencial permite uma melhor análise do arcabouço

---

[34] *Art. 132. O juiz, titular ou substituto, que concluir a audiência julgará a lide, salvo se estiver convocado, licenciado, afastado por qualquer motivo, promovido ou aposentado, casos em que passará os autos ao seu sucessor.*

[35] Vide o art. 399, § 2º: *o juiz que presidiu a instrução deverá proferir a sentença.*

fático-probatório então amealhado, reforçando até mesmo sua necessária imparcialidade, uma vez que a formação da convicção do julgador estará mais bem preservada justamente pelo contato direto com as testemunhas ouvidas sob o pálio do devido processo legal, sem se descurar da própria oitiva do autor e do réu, oportunidades propícias para se inferir como os fatos ocorreram e, assim, possibilitar a exaração de comando judicial tendente a estar mais próximo do valor verdade objetivado.

Consigne-se, na linha do ora asseverado, que, especificamente no âmbito processual penal, o ato de interrogatório do acusado – erigido à categoria de meio de prova a partir da edição da Lei nº 10.792, de 1º de dezembro de 2003 – mostra-se eminentemente pessoal no sentido de que cabe à autoridade judicial processante ouvi-lo e, a partir de suas considerações (acaso não haja a prevalência do direito constitucional ao silêncio – art. 5º, LXIII: *o preso será informado de seus direitos, entre os quais o de permanecer calado, sendo-lhe assegurada a assistência da família e de advogado*), compor o cenário fático subjacente no qual teria sido praticada – ou não – a infração penal. Ressalte-se que a pessoalidade que fundamenta a realização do interrogatório referenda entendimento segundo o qual defeso mostra-se a realização de tal ato processual por meio de carta precatória, tendo o legislador previsto, para situações em que a princípio seria necessária a expedição de indicada carta, a possibilidade de realização do ato por meio de sistema de videoconferência (art. 185, § 2º, do Código de Processo Penal), tudo sempre visando preservar a interação pessoal entre autoridade judicante e acusado.

Verifica-se, a partir da Reforma do Judiciário (Emenda Constitucional nº 45, de 30 de dezembro de 2004), na esteira de Fernando Capello Calazans, a criação de diversos institutos jurídicos com o objetivo máximo de efetivação da tutela jurisdicional, como por exemplo: [36]

---

[36] Nesse sentido, CALAZANS, Fernando Capello. Monografia ao Curso de Especialização em Direito Processual Tributário junto à Pontifícia Universidade Católica de São Paulo – PUC SP – monografia intitulada "PRECEDENTES JUDICIAIS – Mecanismos de Compatibilização Vertical de Decisões", 2008, Orientador: Prof. Felippe Ramos Breda.

- *A explicitação de um novo direito fundamental do cidadão, qual seja, o direito a um processo com duração razoável (art. 5º, LXXVIII, da Constituição Federal: Todos são iguais perante a lei, sem distinção de qualquer natureza, garantindo-se aos brasileiros e aos estrangeiros residentes no País a inviolabilidade do direito à vida, à liberdade, à igualdade, à segurança e à propriedade, nos termos seguintes: (...) LXXVIII – a todos, no âmbito judicial e administrativo, são assegurados a razoável duração do processo e os meios que garantam a celeridade de sua tramitação);*
- *A criação das súmulas vinculantes, visando dar um maior destaque às decisões proferidas pelo Supremo Tribunal Federal (art. 103-A, do Texto Magno: O Supremo Tribunal Federal poderá, de ofício ou por provocação, mediante decisão de dois terços dos seus membros, após reiteradas decisões sobre matéria constitucional, aprovar súmula que, a partir de sua publicação na imprensa oficial, terá efeito vinculante em relação aos demais órgãos do Poder Judiciário e à administração pública direta e indireta, nas esferas federal, estadual e municipal, bem como proceder à sua revisão ou cancelamento, na forma estabelecida em lei);*
- *A instituição de um novo filtro para a admissibilidade do recurso extraordinário, vale dizer, a previsão do requisito da repercussão geral para o conhecimento do mencionado recurso (art. 102, § 3º, do Texto Constitucional: No recurso extraordinário o recorrente deverá demonstrar a repercussão geral das questões constitucionais discutidas no caso, nos termos da lei, a fim de que o Tribunal examine a admissão do recurso, somente podendo recusá-lo pela manifestação de dois terços de seus membros); e*
- *A extensão dos efeitos vinculante e 'erga omnes' às ações de controle concentrado de constitucionalidade (previsão que anteriormente tinha apenas assento infraconstitucional – art. 102, § 2º, da Constituição Federal: As decisões definitivas de mérito, proferidas pelo Supremo Tribunal Federal, nas ações diretas de inconstitucionalidade e nas ações declaratórias de constitucionalidade produzirão eficácia contra todos e efeito vinculante, relativamente aos demais órgãos do Poder Judiciário e à administração pública direta e indireta, nas esferas federal, estadual e municipal).*

Não há que se falar em inconstitucionalidade da compatibilização vertical de decisões em face do princípio que prega a liberdade de convicção daqueles que exercem a judicatura. É que, segundo o autor mencionado, a solução para esse problema está no emprego da técnica da ponderação de interesses no caso concreto, pois dois princípios de índole constitucional estão se chocando: de um lado, o postulado da igualdade (no sentido de que jurisdicionados em situações semelhantes merecem do Estado-Juiz respostas também idênticas) e, de outro, a garantia constitucional de que o juiz decide de acordo com sua convicção (desde que motive sua posição – sistema da persuasão racional), salientando-se que o Texto Constitucional vem preferindo o valor igualdade em situações como a ora apresentada.

O Direito Processual Civil, em sua concepção mais clássica, conformava-se, por meio do desenvolvimento válido de um processo, com o desiderato de se buscar apenas a verdade formal, que é aquela contida e emanada da análise das provas como manifestação de atividade desenvolvida pelas partes, não se aceitando a atuação judicial na obtenção ou na produção de tais elementos probatórios. Em contrapartida, o Direito Processual Penal, porque fundado em interesses tidos como indisponíveis (principalmente a liberdade), sempre esteve balizado nos postulados que conclamam a busca da verdade real, compreendida esta não como sendo apenas aquela produzida nos autos (verdade formal), mas, sim, de acordo com eventos ocorridos fora dele, refutando, em regra, presunções e/ou ficções jurídicas e permitindo, consequentemente, a atividade probatória supletiva do magistrado.

Todavia, com o passar do tempo, tal concepção dicotômica de verdade (formal X real) acabou por se esmaecer à luz de que a ciência processual passou a ser relida com supedâneo em premissas constitucionais garantistas (podendo ser citada, apenas a título de exemplo, a constatação de que a função judicial também deve estar pautada na busca de uma sociedade livre, justa e solidária, visando à promoção do bem comum a todos – art. 3º, I e IV, da Constituição Federal) a ponto de não mais se aceitar que o valor verdade pudesse ficar adstrito tão somente ao que restou encartado e produzido ao longo dos cadernos processuais.

Dentro de tal contexto, o legislador brasileiro que elaborou o Código de Processo Civil de 2015 previu expressamente, no art. 370, que o magistrado possa suprir a atividade probante por meio da determinação da realização desta ou daquela prova, sem prejuízo de lhe ser atribuída a prerrogativa de decidir os requerimentos apresentados pelas próprias partes sobre o tema – a propósito: *Caberá ao juiz, de ofício ou a requerimento da parte, determinar as provas necessárias ao julgamento do mérito.*

Nítida, pois, a alteração de concepção e de leitura que se fazia e atualmente se faz do magistrado em relação à determinação de atividade probante: de um juiz completamente passivo e apenas expectador do que as partes trouxessem para a relação processual que lhe fora apresentada a julgamento, passa a existir um magistrado interessado em desvendar a situação jurídica que lhe foi trazida à baila por meio da determinação de realização supletiva das provas que entender pertinentes para se descobrir a verdade (ou o que mais perto dela se mostrar) daquele caso subjacente.

Poder-se-ia indagar se o art. 370 do Código de Processo Civil violaria a isonomia a ponto de afetar a imparcialidade daquele juiz que lançasse mão da possibilidade nele contida a ponto de tal preceito legal ser acoimado de inconstitucional. Ocorre, entretanto, que não se mostra possível antever eventual mácula à imparcialidade em decorrência da determinação de ofício supletiva da produção de prova pelo juiz na medida em que não se sabe de antemão a quem tal elemento probatório poderá beneficiar de molde que aquela atividade judicial de busca da verdade, porque desconhecido o resultado da prova a ser obtida, não possui o condão de vincular subjetivamente o juiz a qualquer dos atores processuais.

Aplica-se à ciência processual o *princípio da comunhão da prova* (também nominado de *princípio da aquisição processual da prova*) expressamente previsto no art. 371 do Código de Processo Civil,[37] razão pela qual, independentemente de quem tenha sido a ideia de produzi-la (das partes ou do magistrado supletivamente), a prova obtida pertencerá ao processo, podendo beneficiar ou prejudicar quem quer que seja. Nessa toada, ainda que a prova tenha sido requerida pelo autor, uma vez levada a efeito e, diferentemente do planejado, vindo ela a lhe prejudicar, poderá o juiz empregá-la como fundamento de sua decisão a ponto de beneficiar o réu, situação plenamente possível de ocorrer acaso a atividade probante tenha sido inaugurada por meio de postulado do réu e o resultado, ao cabo, favoreça o autor.

---

[37] *Art. 371. O juiz apreciará a prova constante dos autos, independentemente do sujeito que a tiver promovido, e indicará na decisão as razões da formação de seu convencimento*

Desta feita, ainda que a atividade probatória tenha sido executada em decorrência do emprego da prerrogativa supletiva deferida ao magistrado (nos termos previstos no art. 370 do Código de Processo Civil), justamente porque não se sabe o desfecho que tal prova apontará (se benéfica ao autor ou ao réu) e porque a prova integra o processo sob o pálio do princípio da comunhão anteriormente indicado (art. 371 do mesmo Diploma), não se verifica qualquer pecha a indicar ofensa à imparcialidade que o juiz deve ostentar em toda e qualquer relação processual.

Ressalte-se, por oportuno, que embora o magistrado deva buscar a verdade real, todos os outros princípios do ordenamento jurídico que regem o Direito Processual, notadamente de natureza Penal, devem ser respeitados, como a ampla defesa, o contraditório, a presunção da inocência etc. O norteamento ditado por estes princípios preza que o Estado só exerça a punição ao indivíduo que de fato cometeu um delito e que tenha exercido o direito de se defender das acusações feitas e, apenas depois do convencimento do magistrado acerca da verdade dos fatos, a punição possa ser exercida. O magistrado é verdadeiramente imparcial quando busca de modo objetivo a verdade dos fatos, fazendo dela o verdadeiro e exclusivo fundamento racional da decisão. Sob esse prisma, aliás, a busca da verdade torna-se um atributo essencial da imparcialidade do juiz.

Nesse sentido, tem-se Maiara Guimarães, que considera imparcial o juiz que não tenha interesse no objeto do processo, nem queira favorecer uma das partes, assim a imparcialidade decorre da exigência de igualdade no tratamento dispensado às partes na relação processual; isto é, o juiz imparcial não é o que se mantém indiferente ao que ocorre no processo, mas o que, vale-se dos poderes instrutórios que o ordenamento lhe oferece, empregando-os de modo imparcial para atingir os conhecimentos fáticos imprescindíveis para a decisão mais favorável. As provas, mesmo quando produzidas por determinação do juiz e não por iniciativa de uma das partes, se indicarem que se deva dar ganho de causa a um dos lados, não podem ser confundidas com parcialidade, se o contraditório foi respeitado. Não se pode confundir o juiz ativo, que busca a verdade dos fatos, com o juiz parcial, que propositalmente se afasta da verdade.[38]

---

[38] GUIMARÃES, Maiara. O Juiz e o princípio da imparcialidade. In Portal Jusbrasil,

Ademais, há quem negue a importância da verdade para a administração pública na atribuição de seus atos, porém, inserida em um sistema democrático, torna-se incoerente que a verdade não seja buscada antes de o Estado exercer seu direito de punir. Michele Taruffo assevera, nesse diapasão, que *seria um tanto paradoxal imaginar um sistema democrático, inspirado no valor da verdade, ao qual, entretanto, a administração da justiça não se inspirasse em tal valor, ou mesmo que se fundasse sistematicamente no erro, na mentira e na distorção da verdade.*[39] Quanto à valoração das provas apresentadas no processo a fim de determinar a verdade dos fatos, apesar do livre convencimento do juiz, elas não devem ser valoradas de maneira discricionária, ao revés, o valor do conteúdo probatório deve ser atribuído de maneira racional e pautado na apuração da verdade dos fatos.

Especificamente quando houver a possibilidade da produção de prova científica que aponte com clareza a verdade dos fatos e a margem de erro seja pequena, ela torna-se indispensável ao processo, em respeito ao princípio da verdade real, conforme é possível ser inferido do julgado que segue:

AGRAVO INTERNO. RECURSO ESPECIAL. CIVIL E PROCESSO CIVIL. INVESTIGAÇÃO DE PATERNIDADE. AÇÃO ANTERIORMENTE AJUIZADA. EXAME DE DNA NÃO REALIZADO. COISA JULGADA. RELATIVIZAÇÃO. AÇÃO DE ESTADO. PREVALÊNCIA DA VERDADE REAL. JURISPRUDÊNCIA CONSOLIDADA. AGRAVO NÃO PROVIDO.
*1. Deve-se dar prevalência ao princípio da verdade real, nas ações de estado, como as de filiação, admitindo-se a relativização da coisa julgada, quando na demanda anterior não foi possível a realização do exame de DNA. 2. **O Poder Judiciário não pode, sob a justificativa de impedir ofensa à coisa julgada, desconsiderar os avanços técnico científicos inerentes à sociedade moderna, os quais possibilitam, por meio de exame genético, o conhecimento da verdade real, delineando, praticamente sem margem de erro, o estudo de filiação ou parentesco de uma pessoa**. 3. Agravo interno não provido.*[40] (destaque nosso)

https://maiaraguimaraesadv.jusbrasil.com.br/artigos/580818106/o-juiz-e-o-principio-da-imparcialidade., publicado em 22.05.2018, acessado em 10.02.2020.

[39] TARUFFO, Michele. *Uma simples verdade. O juiz e a construção dos fatos.* Trad. Vitor de Paula Ramos. São Paulo: Marcial Pons Brasil, 1ª ed., 2016, pág. 120 e 121.

[40] Vide Superior Tribunal de Justiça – STJ, AgInt no REsp 1414222 SC 2013/0352142-4,

Cabe ressaltar, nos termos até mesmos já aduzidos, que o magistrado deve adotar postura inerte no processo para resguardar sua imparcialidade, entretanto, isso não significa que ele deve deixar de agir em busca da verdade real. O juiz tem o dever de buscar pela verdade dos fatos e, quando da inércia das partes, manifestar-se em busca de conteúdo probatório que satisfaçam este princípio – nesse sentido:

> *RECURSO ORDINÁRIO EM HABEAS CORPUS. CORRUPÇÃO PASSIVA E QUADRILHA. OITIVA DE TESTEMUNHA INDICADA DE OFÍCIO PELO JUÍZO. CONSONÂNCIA COM O PRINCÍPIO DA BUSCA DA VERDADE REAL. CONSTRANGIMENTO ILEGAL INEXISTENTE. 1. O nosso sistema processual é informado pelo princípio da cooperação, sendo pois, o processo, um produto da atividade cooperativa triangular entre o juiz e as partes, **onde todos devem buscar a justa aplicação do ordenamento jurídico no caso concreto, não podendo o Magistrado se limitar a ser mero fiscal de regras, devendo, ao contrário, quando constatar deficiências postulatórias das partes, indicá-las, precisamente, a fim de evitar delongas desnecessárias e a extinção do processo sem julgamento do mérito. 2. A regra ne procedat judex ex officio não transforma o juiz num órgão absolutamente inerte, pois a autoridade judiciária, pode e deve, promover o bom e rápido andamento do feito.** Presidindo a instância penal, cabem ao juiz (art. 251, Código de Processo Penal) a direção e regularidade do processo. 3. A teor do art. 209 do CPP, o juiz, quando julgar necessário, poderá ouvir outras testemunhas, além das indicadas pelas partes, não havendo, assim, que falar em nulidade na oitiva de testemunhas indicadas pelo próprio Magistrado. Precedentes. 4. No caso, não fere o sistema acusatório a determinação, de ofício, pelo Juízo processante da oitiva de testemunha sigilosa cujo depoimento foi colhido no inquérito policial. 5. Recurso ordinário em habeas corpus improvido.*[41] (destaque nosso)

Min. Lázaro Guimarães (Desembarg. Convocado do TRF-5), QUARTA TURMA, DJE DATA:29/06/2018.

[41] SUPERIOR Tribunal de Justiça – STJ, RHC 102457 SP 2018, Min. Reynaldo Soares da Fonseca, QUINTA TURMA, DJE DATA:19/10/2018.

Ressalte-se, por oportuno, que a busca da verdade material pelo magistrado não foi derrogada pelo art. 3º-A do Código de Processo Penal brasileiro,[42] incluído por força da edição da Lei nº 13.964, de 24 de dezembro de 2019. Nota-se que, com a criação da figura do Juiz de Garantias, restou proibida qualquer atuação judiciária de ofício quando da fase investigativa, de molde que acabaram por ser revogadas as disposições constantes da legislação processual penal que concediam a possibilidade de atuação do magistrado de ofício para fins de determinação de diligências investigativas como, por exemplo, a regra constante do art. 242 do Código de Processo Penal (que previa a possibilidade de deferimento de busca e apreensão pela autoridade judiciária de ofício). Até mesmo a decretação de ofício da prisão preventiva de investigado (sob o pálio do art. 311 do Código de Processo Penal) também se encontra derrogada por força da vedação imposta pelo art. 3º-A anteriormente indicado.

Sebastião Oscar Feltrin, ao abordar os desafios éticos da função judicial, considera que: *essa constatação e essa preocupação não estão imunes a angústias e desgastes, que o levam a um permanente estado de vigilância, sobretudo, quando começa a notar que suas emoções, suas crenças, seus preconceitos, seus idealismos e ideologias, aos quais se sente aprisionado, passam a agir como condicionantes de sua percepção e acabam por influenciar sua atividade funcional, em particular, na direção do processo e na obtenção da prova oral, onde emerge o seu primeiro momento de apreensão.*[43]

A angústia do magistrado se eleva à medida que entrem em conflito os valores acima apontados. A esse respeito, cabe consignar as palavras de Wagner Gonçalves que aduz ser ética "tudo", ou seja, *postura e ação. É a coragem de ser verdadeiro, no dizer de Viktor Salis (autor do livro 'Ócio Criador, Trabalho e Saúde', Ed. Claridade). É o que sobra, interiormente, depois da ruína de todas as regras legais. É a conduta do homem, na forma com que se conduz em um campo de batalha, à procura de si mesmo ou dos despojos da guerra. É o que fica, quando se esquece tudo o que se aprendeu. Ética dirige-se à vontade, ao âmago do ser humano, à consciência. Mais do que ciência, Ética é sabedoria,*

---

[42] *Art. 3º-A. O processo penal terá estrutura acusatória, vedadas a iniciativa do juiz na fase de investigação e a substituição da atuação probatória do órgão de acusação.*

[43] Vide FELTRIN, Sebastião Oscar. As ansiedades do juiz. *Revista dos Tribunais*, ano 77, v. 628, p. 275, fev.1988.

na feliz lição do Prof. Vitorino Félix Sanson, no artigo 'Ética estóica', publicado no livro 'Ética e Trabalho'.[44]

Referido autor assevera que *para algumas categorias e profissões, principalmente para aquelas formadas por agentes políticos (que detêm parte do poder do Estado), que são os juízes, advogados públicos, Ministério Público e mesmo os advogados (que prestam funções essenciais à Justiça), poder-se-ia pensar que todas as regras de conduta já existem a partir da Constituição, da educação obrigatória e dos conceitos religiosos, sendo dispensável um Código de Ética. Entretanto, na prática, um Código de Ética é fundamental para qualquer profissão, porque ele objetiva evitar racionalizações acerca de comportamentos duvidosos, que afetam o discernimento da pessoa, justificando condutas ou atos humanos desleais, amorais ou desonestos.*[45]

Ética significa, em síntese: fazer o bem; agir com moderação; saber sopesar adequadamente os valores e bem escolher; praticar as virtudes, a paz e a justiça; valer-se da razão; ser fraterno; cultivar o amor. Trata-se, pois, de um compromisso para o bem comum. A condição humana e sua dignidade exigem de todos a defesa de certos padrões intransponíveis, previstos, inclusive em diversos diplomas internacionais que servem de modelo ao mundo na defesa dos direitos humanos, sendo certo que o Estado que se diz Democrático não pode recalcitrar.[46]

---

[44] Cf. GONÇALVES, Wagner. Ética na justiça: atuação judicial da advocacia pública e privada. *Etical*: ética na América Latina. Disponível em: <http://www.etical.org.br>. Acesso em 09.02.2020.

[45] *Ibidem*

[46] Com efeito, a Declaração dos Direitos Humanos aprovada pela Resolução n.º 217, na 3ª Sessão Ordinária da Assembleia Geral da ONU, em Paris, em 10 de dezembro de 1948, dispõe em seus artigos III e V o seguinte: *Art.III Toda pessoa tem direito à vida, à liberdade e à segurança pessoal; Art. V Ninguém será submetido a tortura, nem a tratamento ou castigo cruel, desumano ou degradante.*" Já, a Convenção Americana sobre Direitos Humanos, conhecida por *Pacto de San José da Costa Rica*, aprovada no Brasil pelo Decreto Legislativo n.º 27, de 25 de setembro de 1992, e promulgada pelo Decreto n.º 678, de 06 de novembro de 1992, preceitua: *Art. 1º Obrigação de respeitar os direitos 1. Os Estados-partes nesta Convenção comprometem-se a respeitar os direitos e liberdades nela reconhecidos e a garantir seu livre e pleno exercício a toda pessoa que esteja sujeita à sua jurisdição, sem discriminação alguma, por motivo de raça, cor, sexo, idioma, religião, opiniões políticas ou de qualquer outra natureza, origem nacional ou social, posição econômica, nascimento ou qualquer outra condição social; Art. 5º Direito à integridade pessoal 1. Toda pessoa tem direito a que se respeite sua integridade física, psíquica e moral.*

Apesar de o conceito de *white-collar crime* somente ter aparecido no final dos anos trinta do século passado, por obra de Sutherland,[47] as infrações cometidas pelos poderosos mereceram sempre um tratamento diferenciado dos demais. O surgimento do conceito veio contribuir decisivamente para o descrédito das tradicionais explicitações de natureza individual, ao demonstrar que a atividade delituosa não é exclusiva de pessoas diferentes do cidadão comum. Ao chamar a atenção para os crimes dos bem sucedidos, não mais se pode identificar a delinquência com "anormalidade", sendo certo que a criminalidade deixa de ser explicitada exclusivamente com base na pobreza e na desinserção social.

Analisando a história da criminalidade em geral, desde os primórdios da Justiça Medieval, muitas questões éticas vêm à tona na medida em que a repercussão do crime, notadamente do delito de colarinho branco, sempre se traduziu na imposição de valores da classe dominante à classe dominada. A vingança privada, constituindo-se na primeira forma de solução, levava o ofendido a fazer justiça pelos seus próprios meios. Ela identificar-se-ia, desde logo, com a justiça do mais forte.

Havia uma classe privilegiada, "uma espécie de nobreza", da qual faziam parte pessoas mais poderosas (resultante da linhagem, da riqueza, da força militar ou, inclusive do desempenho de cargos públicos), que utilizava o seu poderio de modo a iludir a aplicação das rudes sanções criminais próprias da época.

Os romanos não desconheceram o cometimento de crimes pelos mais influentes. Segundo Jean-Marie Carbasse,[48] nos tempos iniciais da República, cabia aos magistrados superiores o exercício da ação penal e, se o suspeito fosse um cidadão romano, o processo devia ser público e aquele magistrado estaria sujeito ao controle da assembleia do povo. No caso de condenação, havia recurso (*a provocatio*) para uma das diversas

---

[47] Edwin Sutherland (in White-collar criminality, *American Sociological Review*, vol, 5, 1940; Is 'White-collar crime' crime?, *American Sociological Review*, 1945; White-Collar crime?, *American Sociological Review*, 1945; *White-Collar Crime, The Uncut Version*, New Haven: Yale University Press, 1983); Edwin Sutherland e Donald Cressey (in *Principes de Criminologie*, Paris: Éditions Cujas, 1966).

[48] In CARBASSE, Jean Marie. *Introduction Historique au Droit Pénal*. Paris: Presses Universitaires de France, 1990, p. 21 e ss.

assembleias do povo, que poderiam manter ou não a decisão. Mas, se o cidadão não fosse romano, o aplicador do direito dispunha de uma *coercitio* ilimitada, podendo sozinho decidir no final de um procedimento mais ou menos abreviado. No plano sancionatório, na vigência da *lex Cornelia*, o homicida era punido com a *interdictio aquae et ignis*, sendo privado de seu patrimônio e perdendo a qualidade de cidadão; posteriormente, no século II, havia distinção entre *honestiores* e *humiliores*, enquanto que os primeiros ficavam apenas sujeitos à deportação, os segundos eram punidos com a morte. No período, surgiu ainda a *indulgentia*, figura largamente utilizada durante o Império para afastar a condenação ou os efeitos da pena relativamente aos favoritos do Imperador: esta medida restituía o agraciado à exata situação em que se encontrava antes da sentença, com todos os seus bens e honrarias. Tratava-se de instrumento com aptidão para o benefício de alguns privilegiados.

Com a queda do Império Romano, inicia-se a fragmentarização do poder, que caracterizou todo o período medieval; assiste-se o retorno à vingança privada, prevendo-se várias formas de composição pecuniária. Todavia, esta carregava, por vezes, uma carga negativa devido ao caráter infamante da renúncia ao exercício da vingança. O procedimento só se iniciava mediante queixa do ofendido, o que ocorreria apenas se ele tivesse renunciado à faida (a vingança privada, uma faculdade ao seu dispor) e não tivesse sido possível chegar a um acordo quanto à composição pecuniária. Carbasse menciona que, considerando a composição pecuniária como o preço da renúncia à vingança, "o preço do sangue", no final do século V, a lei fixa já valores para o "acerto de contas", variáveis segundo a natureza da infração e a qualidade da vítima – a morte de um Franco "valia" o dobro da de um Galo-Romano e, se a vítima estivesse sob a proteção do rei, o valor triplicaria.[49]

Albéric Allard, citando Montesquieu, revela que os povos germanos explicitam a justiça medieval no sentido de que *fazer justiça mais não era do que conceder àquele que tinha cometido um delito proteção contra a vingança do ofendido, e obrigar este último a receber a satisfação que lhe era devida, de tal*

---

[49] ALLARD, Albéric. Histoire de la Justice Criminelle au Seizième Siècle. Réimpression de l'Édition Gand, 1868, Scientia Verlag Aalen, 1970, p. 76.

modo que, entre os germanos, diferentemente de todos os outros povos, a justiça servia para proteger o criminoso daquele que ele tinha ofendido.[50]

Até o século XI, a justiça penal era uma verdadeira prerrogativa das classes mais favorecidas, podendo os seus membros recorrer sempre à vingança privada, o sancionamento do senhor feudal é encarado como uma espécie de serviço que se pode "requisitar". Para os trabalhadores rurais ou artesãos, ao contrário, a justiça do senhor mais não é do que um constrangimento, propiciador de vantajosos lucros para os baús do castelo.

A situação só viria sofrer algumas alterações por volta do século XII, com a concessão de garantias processuais pelas cartas de franquia e, progressivamente, com a centralização do poder nas mãos dos monarcas. Enquanto tal não sucedeu, os senhores feudais foram aplicando a justiça a seu bel prazer. Comprando as suas cartas comunais a peso de ouro, adquiriam o direito de se sujeitarem apenas à sua própria justiça, elegendo seus aplicadores. O privilégio acusatório, até então na realidade exclusivo dos cavaleiros, veio posteriormente a ser reivindicado pelos burgueses e frequentemente consagrado nas cartas de franquia: o julgamento passou a ter de ser, necessariamente, antecedido pela apresentação formal de uma queixa por parte do ofendido. Uma outra prerrogativa dos nobres, a faculdade de aguardar o julgamento em liberdade, mediante pagamento de uma caução, desde que o crime não fosse sancionado com a pena capital. As penas pecuniárias, substitutivas das corporais, acabariam por sancionar as pessoas que não dispusessem de meios de pagamento.

Antônio Manuel de Almeida Costa revela que *o dualismo acabaria por dominar toda a justiça penal durante a idade média*, pois que *enquanto as classes privilegiadas eram, via de regra, sancionadas tão-só pecuniariamente, o âmbito das penas corporais restringia-se, grosso modo, aos mais desfavorecidos, sem capacidade econômica para as remir.*[51]

---

[50] In ALLARD, Albéric. Histoire de la Justice Criminelle au Seizième Siècle. Réimpression de l'Édition Gand, 1868, Scientia Verlag Aalen, 1970, p.03.

[51] Cf. ALMEIDA COSTA, Antônio Manuel. *O Registro Criminal. História. Direito comparado. Análise político-criminal do instituto.* Coimbra: Coimbra ed., 1985, p. 56.

Já, no século XIII, há notícias de práticas delituosas por parte da classe emergente conhecida como burguesia, desejosa de aumentar o seu poderio econômico para desse modo modificar também a sua influência social. A extensão atribuída aos crimes de heresia, de blasfêmia, de sacrilégio e de feitiçaria, e a criação, na primeira metade do século XIII, dos tribunais da Inquisição, fizeram recair sobre os ombros da Igreja Católica a responsabilidade pela administração de uma larga fatia da justiça criminal.

Uma das notas geralmente apontadas como caracterizadoras do fim do período medieval, prende-se ao fortalecimento do poder real e ao surgimento de uma ideia de Estado. Houve uma progressiva transferência do *ius puniendi* das mãos dos senhores feudais para as mãos do monarca – movimento, aliás, que se iniciara a partir dos séculos XII e XIII, com a preocupação de limitar as anteriores formas de autodefesa, essencialmente a justiça privada e a perda da paz.

No século XIV, ao que parece na França, apareceu um corpo organizado e hierarquizado de funcionários reais a quem cabia representar o interesse de toda a coletividade na perseguição e punição dos agentes. Assim, a instituição da figura do Ministério Público foi retirando dos particulares ofendidos pelo crime a disponibilidade da ação penal. Doravante, não mais se exigirá (regra geral) uma manifestação de vontade para o funcionamento do aparelho repressivo, contribuindo para que sanções criminais passassem a atingir todos, e não apenas os menos influentes. Subsistem diferenças de sancionamento consoante a posição social: enquanto as penas corporais continuaram a ser quase que exclusivas das classes mais desfavorecidas, as penas pecuniárias permaneceram um apanágio das classes superiores e, em regra, não passíveis de conversão em castigo corporal, mesmo que não pagas.

A tortura que, até então, atingira níveis insuspeitados, com a rejeição de provas irracionais, tornou-se necessária à descoberta da verdade através de outros métodos, porém, persiste no que considera a Idade Moderna. Ela é objeto de uma aplicação diferenciada, cuja legitimidade dependia quer da espécie de delito, quer da qualidade do suspeito, chegando a utilizar-se mesmo contra testemunhas. O processo inquisitório, devido à influência da justiça canônica, somente culminaria a contento mediante uma confissão de culpa (a *probatio probatissima*). O fato de esta estrutura basear-se no secretismo e não na publicidade, anteriormente dominante, radicava na pretensão da defesa dos interesses dos intervenientes processuais. Considerava-se que a publicidade tinha prejudicado a igualdade, por sujeitar aqueles que incriminavam alguém de maior poderio à sua vingança, desincentivando-se, assim, o recurso aos tribunais por parte dos menos influentes.

Outro fator de diferenciação no processo criminal é a manutenção de várias jurisdições especiais: os membros do clero continuavam a ser julgados por tribunais da Igreja, suscitando enorme polêmica. Registraram-se, aliás, inúmeras situações em que laicos simulavam a qualidade de religioso para escapar aos tribunais comuns.

Pouco a pouco, o julgamento de crimes graves começou a ser reivindicado pela justiça pública. Segundo Carbasse,[52] a teoria dos casos privilegiados foi progressivamente utilizada para retirar dos tribunais eclesiásticos grande parte da sua competência em matéria criminal, o que não impediu a Igreja de exigir que, mesmo no caso de crimes graves, o condenado cumprisse, em primeiro lugar, uma pena canônica, conseguindo, deste modo e com alguma frequência, subtraí-lo à pena que primeiramente lhe tinha sido aplicada. O Monarca, os Senhores e a Igreja eram os três poderes em luta durante a Idade Média.

No final do século XV, o regime feudal estava fortemente abalado, se não destruído. A Igreja e o Rei tinham conservado todo o seu vigor. O conceito de arbítrio não possuía forte conotação negativa (subjetividade e injustiça), que veio a adquirir a partir do século XVIII. A condição social, quer do agente, quer da vítima, relevava-se na determinação da pena. A nobreza raramente funcionava em desfavor do suspeito.

Quanto ao sistema português, as Ordenações eram caracterizadas pela desigualdade das penas consoante a classe do ofensor e do ofendido. As Ordenações Afonsinas (1446, Afonso V) não sancionavam com a morte o sedutor de condição social superior ao marido da adúltera, *a menos que a tivesse levado de casa do marido*. O ladrão que não pagasse o anoveado, nove vezes o valor do objeto furtado, seria enforcado, enquanto que o mesmo crime cometido por um fidalgo teria como consequência a degolação. Também os açoites consistiam

---

[52] *Ob. cit.*, p. 131.

numa pena em princípio exclusivamente aplicável a pessoas de baixa condição, e não a fidalgos. Nas Ordenações Manuelinas (1521, Manuel I), a mão dos fidalgos ou equiparados não era cortada, devendo a pena ser comutada, e nas Filipinas (1603, Felipe II), a condição social superior já não impede a aplicação da pena capital. Nestas, sendo, porém, condenado algum nobre, havia a obrigação de dar conhecimento do fato ao monarca antes da aplicação da pena capital, podendo aquele afastar a punição. Como causa de comutação ou de perdão da pena de morte, encontrava-se, ainda, nomeadamente, o fato de o condenado ser *peritissimo, e muito insigne na sua arte: porque semelhante qualidade do homem, e que tem tal engenho não deve morrer*, devendo-lhe impor pena correspondente à sua nobreza.

Paschoal de Mello Freire considera que as Ordenações faziam *a famosa e escandalosa diferença entre o fidalgo, desembargador, e os outros homens, como se todos não tivessem o mesmo e igual direito à sua honra*, sendo que no seu projeto de Código Criminal, do século XIX, (Título 4º, §§ 13 e 14), consigna que *os juizes farão dar os mesmos castigos e penas corporais e infamantes a todos os criminosos, sem distinção de pessoa, naqueles casos, em que a lei a não fizer; nas pecuniárias, deixadas ao seu arbítrio, devem fazer sempre a diferença entre o rico e o pobre* e que *a qualidade da pessoa, e a sua maior inteligência e entendimento não desculpa, antes agrava o delito; e por consequência não diminui, antes aumenta a pena.*[53]

Na Antiga Grécia, no Império Romano e no regime das Ordenações havia as clemências régias, ou seja, *o rei concede graça quando, como e a quem quiser. O perdão público é um ato de graça, voluntário e arbitrário, concedido pela soberania ilimitada do princípe.*[54]

Com o iluminismo, surge a preocupação de precisar as várias formas da clemência pública, havendo grande resistência em seu uso, visto como injusto e prejudicial para o respeito às normas. O iluminismo revolucionou a aplicação da justiça criminal. As novas preocupações huma-

---

[53] *Apud* Cláudia Maria Cruz Santos (cf. *O crime de colarinho branco. Da origem do conceito e sua relevância criminológica à questão da desigualdade na administração da justiça penal.* Coimbra: Coimbra ed., 2001, p.36).

[54] Cf. CARVALHO, Taipa e CORREIA, Eduardo. Direito Criminal III, Lições Policopiadas, 1980, p.10.

nistas repercutir-se-ão, de forma necessária, nas profundas alterações propugnadas, sendo que a conhecida fórmula "liberdade, igualdade, fraternidade" que simboliza a Revolução Francesa, acentua, precisamente a igualdade perante a lei.

Somente no século XIX começa a despontar a distinção teórica entre uma criminalidade tipicamente rural, essencialmente violenta, em oposição à urbana, constituída basicamente por furtos e "delitos de astúcia" ou fraudes.

Pierre Lascoumes[55] faz referência expressa à questão da desigualdade no sancionamento, lembrando que *os criminalistas do séc. XVIII já salientavam as disparidades entre as penas aplicadas ao furto doméstico em comparação com as aplicadas aos negociantes falidos.* O domínio exercido por uma classe origina uma diferenciação ideológica que se traduz no fato de a classe dominada ser abarcada por tipos penais indiscutidos (o furto, v. g.), cabendo a sua repressão aos tribunais comuns; a dominadora, por sua vez, é abarcada por várias categorias, não exclusivamente penais, e os conflitos são resolvidos através de uma gestão diferenciada relacionada com jurisdições especiais que permitem, entre outras coisas, transações e sanções atenuadas.

No século XX, o conceito *white collar crime* atingiu celebridade em 1939, quando da intervenção de Edwin Sutherland perante a *American Sociological Association.* Já é possível descortinar, contudo, em períodos anteriores, a ideia de que também os ricos e os poderosos praticam condutas criminosas, notando-se que tal concepção foi sempre claramente marginal. A recusa da miséria como causa de todas as infrações é, todavia, já visível no pensamento de Aristóteles, para quem *os crimes mais graves são causados pelo excesso, e não pela necessidade...Há crimes cujo motivo é a carência...Mas a carência não é o único incentivo ao crime; os homens desejam porque querem satisfazer alguma paixão que os devora.*[56]

John Braithwaite[57] acentua a existência de duas tradições importantes no estudo da criminalidade de colarinho branco: a do marxista Bon-

---

[55] LASCOUMES, Pierre. *Les Affaires ou l'Art de L'Ombre.* Paris: Le Centurion, 1986, p. 41.

[56] Vide Cláudia Maria Cruz Santos (*ob. cit.*, p.39).

[57] In BRAITHWAITE, John. *Criminological theory and organizational crime, Justice Quarterly,* vol. 06, n.º 3, set. 1989, p.55.

ger, para quem a explicação do crime residia na cupidez e no egoísmo inerentes ao sistema capitalista, e a de Sutherland, que recebeu as influências do funcionalismo da sociologia americana do pós-guerra. Em meados da década de trinta, Sutherland abandonou a ideia de que o crime possui múltiplas causas iniciando a construção de uma teoria geral explicativa do crime.

Sutherland considera que o crime resulta de um processo de aprendizagem e não de uma "herança biológica". A teoria da associação diferencial assenta na consideração de que quer a motivação para a prática do crime, quer o conhecimento dos procedimentos para o cometer são apreendidos através de processos de comunicação no interior de grupos. Ou seja, quando os valores dominantes no seio do grupo forem propícios ao cometimento da infração, o indivíduo violará a lei, precisamente porque os estímulos favoráveis a tal comportamento excedem os desfavoráveis. O crime pode ser cometido por pessoas absolutamente normais, que apenas receberam a influência de padrões favoráveis à infração.[58]

Logo, não é a diferença (física, psíquica ou econômica), relativamente aos padrões normais, que motiva o crime: os criminosos de colarinho branco são, inequivocamente, não só pessoas com uma boa situação econômica, socialmente integradas, como sujeitos perfeitamente aptos, capazes quer do ponto de vista biológico, quer do intelectual, e, por vezes, até com capacidades acima da média. Eis, pois, a razão pela qual a teoria do white-collar crime surge como uma espécie de "jó e uma definição do crime de White-collar crime como o *que é cometido no âmbito da sua profissão por uma pessoa de respeitabilidade e elevado estatuto social.*

Geis e Goff, na interessante introdução à obra de Sutherland, revelam que também os magistrados tendem a considerar menos graves os delitos negociais ou profissionais cometidos por *aqueles que frequentaram os mesmos colégios, pertenceram às mesmas igrejas e partilharam a mesma vizinhança.*

Para Sutherland, os potenciais perpetradores de crimes de colarinho branco são oriundos de meios sociais dominados por ideias de honestidade e cumprimento da lei, vindo a ser contagiados pelas representa-

---

[58] In SUTHERLAND, Edwin H. *White-Collar Crime – The Uncut Version*. New Haven: Yale University Press, 1983, p.05.

ções próprias do mundo dos negócios, *business is business* ou *business was never built on the beatitudes.*

A crítica que se faz ao conceito do autor citado é que ele restringe, como se observa, o crime de colarinho branco às infrações cometidas por pessoas de elevado estatuto social e respeitabilidade no exercício da profissão. Deste modo, ficam excluídos os atos praticados por aqueles agentes, mas não relacionados com uma ocupação legítima, bem ainda todos os comportamentos ilícitos, profissionais ou não, adotados por pessoas sem as referidas características. Chama ele atenção, aliás, com alguma indignação, para a forma privilegiada como os criminosos de colarinho branco são tratados pela justiça, entendimento este partilhado por numerosos autores, salientando-se Vilhelm Aubert,[59] que caracterizou esse crime da seguinte forma: a diferenciada e ineficaz aplicação da lei; o estatuto dos agentes, a tolerância do público e o apoio social de que gozam os infratores. Várias razões são apontadas, segundo Sutherland, para justificar tal desigualdade:[60]

a. O status social do homem de negócios provoca nos aplicadores da justiça um misto de temor e admiração, para além do que existe uma "homogeneidade cultural" entre o juiz, o Ministério Público e o suspeito, que torna este último mais subsumível ao estereótipo de "pessoa de bem";

b. A descrença na operatividade do direito penal para combater a prática de muitas infrações é ainda mais evidente no domínio do crime de colarinho branco;

c. Distonia entre a lei e os hábitos enraizados[61], sendo de nota que quase todas as leis são muito recentes e não se têm ainda sedimentado, quer na consciência coletiva, quer na ética específica do mundo dos negócios. Com bastante frequência, as violações se prolongam no tempo e afetam um grande número de pessoas,

---

[59] Cf. AUBERT, Vilhelm. White-collar crime and social structure, *The American Journal of Sociology*, 58, 1952, p.266.

[60] Cf. SUTHERLAND, Edwin H. *White-Collar Crime – The Uncut Version*. New Haven: Yale University Press, 1983, p.137/138.

[61] No mesmo sentido Aubert, *ob. cit.*, p. 266/267.

mas, relativamente a cada uma delas, sem demasiada gravidade e sem que as próprias vítimas se apercebam da ofensa aos seus interesses;[62]

d.   A indispensabilidade de conhecimentos muito específicos para a investigação do crime, objeto de escassa divulgação.

Conclui-se que o white-collar crime é verdadeiramente crime, tratado com especial brandura.[63] Há desigual sancionamento, o que é injusto. Herbert Edelhertz, então membro do *National Institute of Law Enforcement and Criminal Justice* dos EUA, avançou com um entendimento radicalmente diverso de Sutherland, para considerar, de forma ampla, o crime de colarinho branco como *um ato ilegal ou uma série de atos ilegais, praticados através de meios não físicos e com dissimulação ou engano, para obter dinheiro ou bens, para evitar o pagamento ou perda de dinheiro ou bens, ou para obter vantagens negociais ou pessoais.* Conclui esse autor que *as características do white-collar crime devem encontrar-se nos seus modus operandi e objetivos e não na natureza do agressor.*[64]

Um conceito que logrou alguma unanimidade radica na consideração de que o crime de colarinho branco se traduz sempre numa violação de confiança. Exemplar por excelência deste entendimento, Susan Shapiro[65] revela que o conceito de Sutherland tornou-se refém da estrutura

---

[62] Francisco de Assis Betti, ao abordar os crimes económicos de uma maneira geral, compreende-os como crimes em que haja *constatação da ausência de valoração social negativa, que procede de vários fatores: apego excessivo aos bens materiais, como o lucro; egoísmo exagerado dos detentores do capital, que devotam total desprezo às classes menos favorecidas e a certeza da impunidade. A maioria desses crimes é abafada pelas autoridades coniventes e, quando vêm a público, as provas são mal produzidas, os fatos são de difícil apuração, exigindo assessoria técnica especializada nas diversas áreas de que se originaram, culminando, quase sempre, na impunidade* (in *Aspectos dos crimes contra o sistema financeiro no Brasil*, p.20).

[63] Além de Sutherland, pode-se citar: Hazel Croall, *White-Collar Crime*, Open University Press, 1992, p.09, e Vicenzo Ruggiero, *Organized Crime and Corporate Crime in Europe*, Dartmouth, 1996, p.09.

[64] Cf. EDELHERTZ, Herbert. The nature, impact and prosecution of white-collar crime, *ICR*, 1970, p.70/71.

[65] In SHAPIRO, Susan. Collaring the crime, not the criminal, *American Sociological Review*, vol. 55, 1990, p.346 ss.

que assumiu. De igual modo, compreenderam Kitty Calavita e Henry Pontell. Eles, ainda, afirmam que, ao se deslocar o problema para o *modus operandi*, contribui-se para a apresentação daquela criminalidade como algo materialmente diverso.[66]

Parece ser pacífica a ideia de que o comportamento dos infratores representa como que um refinamento dos métodos adotados pelos criminosos comuns, sendo que a utilização da violência se torna, regra geral, desnecessária, porque se opta pelo aproveitamento de uma posição facilitadora da obtenção das vantagens desejadas. Aliás, as atividades delituosas têm uma tão inócua aparência que os próprios ofendidos não se apercebem da sua vitimização. Klaus Tiedemann, por sua vez, revela que *a principal característica do crime econômico deve procurar-se menos na personalidade do delinquente e na sua pertença às classes sócio-econômicas superiores do que na específica forma da sua atuação e no objeto de seus atos.*[67]

Já, Susan Shapiro também considera que a explicação é consideravelmente mais complexa.[68] Embora, segundo ela, não se negue uma menor dureza no sancionamento, existe, contudo, em relação a essa criminalidade, um diverso tratamento que pode ser interpretado como decorrência da própria estrutura das relações de confiança, que dificulta a descoberta do ilícito e a aplicação da pena, e não a preconceitos de classe.

Na verdade, a dificuldade em detectar os abusos de confiança e determinar a culpabilidade dos agentes, a sutileza da vitimização, os problemas na obtenção do material probatório e a ineficácia do processo e das sanções criminais são apontados como os principais responsáveis pelo diverso tratamento dos criminosos de colarinho branco.

Susan Shapiro propõe definição de colarinho branco como uma violação de confiança *tout court*, o que suscita, como, aliás, ela própria reconhece, algumas dificuldades. É possível distinguir claramente as relações de confiança de todas as outras, sendo de nota a assumida flexibilidade da noção de confiança. Günther Kaiser considera exagerada a

---

[66] In CALAVITA, Kitty e PONTELL, Henry. Saving and loan fraud as organized crime: toward a conceptual tipology of corporate illegality, *Criminology*, n.º 31, 1993, p.519 ss.

[67] Cf. TIEDEMANN, Klaus. *Aspects Criminologiques de la Délinquance d'Affaires – Études Relatives à la Recherche Criminologique*, vol. XV, Conseil de l'Europe, 1977, p.10.

[68] *Ob. cit.*, p.358.

extensão do princípio da confiança, não o impedindo de asseverar que, não obstante *numa parte das condutas abrangida pelo conceito de white-collar, desempenha um papel considerável o abuso de confiança.*[69]

A ideia de discriminação pressupõe, com efeito, um tratamento desigual e injustificado de situações semelhantes. Os que caracterizarem os crimes de colarinho branco através de especificidades inerentes ao próprio delito, apresentando-os, pois, como algo distinto da restante criminalidade, dificilmente poderão invocar qualquer arbítrio na justiça penal em contraposição aos crimes comuns, podendo-se, apenas, comparar a danosidade inerente às várias espécies de infrações para aferir a correção de algumas valorações inerentes à justiça penal. Já, aqueles que perfilharem a definição tradicional e qualificarem a infração pelas características do agente terão toda a legitimidade para comparar a punição por crimes, cuja danosidade social até pode ser semelhante, apenas se distinguindo por força do especial poder do infrator.

A extensão do conceito para agentes sem white-collar (proposta por Edelhertz e Tiedemann), acaba desvirtuando-o inteiramente, privando-o, segundo Günther Kaiser,[70] de toda a sua *dinâmica e explosividade*, que poderiam evaporar-se. Logo, o crime de colarinho branco deve preservar o seu núcleo essencialmente subjetivo, restringindo-se às infrações penais cometidas por agentes especialmente influentes, não renunciando à qualificação como *pessoas de elevado ou respeitado estatuto social*, advindo o seu poder de uma privilegiada posição social, econômica, profissional.[71] Técnicas de neutralização do delito de colarinho branco:[72]

---

[69] In SHAPIRO, Susan. *Kriminologie: ein Lehrbuch*, Heidelberg/Karlsruhe: CFM, 1980, p.484, 486 e 487.

[70] KAISER, Günther. Kriminologie: ein Lehrbuch. Heidelberg/Karlsruhe: CFM, 1980, p. 483.

[71] Nesse sentido, além de Sutherland, John Braithwaite (in White-collar crime, *Annual Review of Sociology*, n.º 11, 1985, p.1/21).

[72] Como reconhecem, ao lado de Sutherland, David Matza e Gresham Sykes (in Techniques of neutralization: a theory of delinquence, *American Sociological Review*, n.º 22, 1957, p.666 e 667).

a. Negação da responsabilidade, justificando comportamento com a possível perda do emprego; apelo às lealdades superiores parece um expediente idôneo a desdramatizar a prática do crime; negação do dano;[73]
b. Negação da vítima, no caso de ofendido abstrato;
c. Recusa da legitimidade punitiva dos julgadores - é uma técnica particularmente compreensível com relação a condutas que podem suscitar dúvidas quanto à sua qualificação como crimes, para além de serem vistas como de prática comum.

A fim de extirpar ou reduzir o suposto desigual tratamento da criminalidade da atividade econômico-financeira, urge o seguinte entendimento:

a. Polícia – deve haver preocupação de garantir um total controle da sua intervenção, seja através da integral vinculação da sua atividade pelo princípio da legalidade (diminuição da discricionariedade), seja na compreensão da sua dependência funcional aos membros do Ministério Público e às autoridades judiciárias. Ela responde por grande parte da seleção da criminalidade operada pelo sistema, evidenciando-se aí enorme margem de liberdade;
b. Ministério Público – órgão autônomo de administração da justiça (independência perante o governo e perante os tribunais), orienta-se por um princípio de separação e paralelismo relativamente à judicatura. Daí a conveniência e viabilidade prática de, num sistema de interdependência de poderes, serem formulados no interior do sistema judiciário os princípios de ação relativos à repressão da criminalidade. A regulamentação legal do controle da decisão de arquivamento, apesar de veementes críticas, pode ser considerada adequada, ao lado das constantes atenção

---

[73] O raciocínio do delinquente poderia ser o seguinte: *se todos fogem ao fisco, por que razão devo eu declarar todos os meus rendimentos? Se nem os políticos, os advogados e os juízes o fazem* (cf. Cláudia Maria Cruz Santos, ob. cit., p.130/131).

e orientação dos trabalhos policiais, devendo possuir, mediante certos requisitos, poderes investigativos;

c. Julgamento – sofre com o forte sentimento experimentado pelo cidadão comum quanto à desigualdade da repressão penal e residir, entre os membros das classes mais desfavorecidas, a consciência de que a injustiça é mais aguda. Mesmo entre os criminólogos que, mais recentemente, negam a ideia tradicional do "preconceito de classe" na punição dos criminosos de colarinho branco existe, porém, o reconhecimento de "algumas diferenças" no sancionamento, decorrente da efetiva desigualdade de punição. No "corporate crime", praticado no seio de empresas ou de instituições financeiras, os proprietários ainda são tratados com muito menos severidade que os administradores das suas próprias organizações. Os criminosos de colarinho branco que chegam a julgamento são, proporcionalmente, condenados a prisão efetiva num número menor de casos; algumas vezes, contudo, a duração do encarceramento é superior. A justiça criminal corre o risco de descrédito caso não sejam minoradas, ou, de preferência, debeladas, as desigualdades que, *s.m.j.*, subsistem no seu funcionamento. Os agentes que concluíram o ensino superior, os empregados, aqueles que não têm antecedentes, beneficiam-se de um tratamento privilegiado ao longo de todo o processo, mais, especialmente, na sua fase inicial, o que se reflete no número de casos proporcionalmente menor.[74] É pacífico o entendimento segundo o qual o igual deve ser

---

[74] Apesar da enorme visibilidade alcançada pela Declaração dos Direitos do Homem de 1789, onde se podia ler que *les hommes naissent et demeurent libres et égaux en droits*, a primeira previsão jurídica da igualdade deu-se no *Virginia Bill of Rights*, de 1776, de Madison, referindo-se aí que *all men are by nature equally free and independent and have certain inherent rights*. Tais formulações foram concebidas de forma abstrata. Mesmo durante o período medieval, havia a existência de reflexões sobre a importância da igualdade, nomeadamente na obra de São Tomás de Aquino e, de modo geral, em todo o repensar da filosofia aristotélica, onde se identificava a justiça com o tratamento igualitário (igualdade e justiça são sinónimos). Ser justo é ser igual, ser injusto é ser desigual. Não bastou a consagração do preceito da igualdade, na sua vertente formal, que sofreu, então, o mais duro reverso, com a consagração da dimensão relativa da igualdade.

tratado igualmente e o desigual, desigualmente, na medida exata da diferença, apesar de algumas vozes ainda compreenderem inútil o preceito, como, por exemplo, Peter Westen, que encara o princípio da igualdade como uma fórmula vazia, sem conteúdo.[75] Exige-se, por conseguinte, uma conexão razoável e suficiente entre o critério da igualdade como uma proibição de atuação arbitrária dos poderes públicos.[76] Determinada solução será materialmente justa se permitir que aquilo que foi considerado igual entre si se torne cada vez mais próximo do que até aí lhe era desigual e afigura-se como desejável num dado momento histórico;

d. Execução prisional – estudos da população prisional são unânimes na afirmação de que ela é essencialmente composta pelos mais pobres, pelos que têm menos formação escolar, pelos membros de grupos sociais mais marginalizados. Nas palavras de Eugene Debs, *não é tanto o crime que é penalizado, mas antes é a pobreza que é punida.*[77]

James Coleman integra uma das mais recentes tendências na compreensão do crime de colarinho branco que é a integração das explicações parceladamente apontadas. Também, Steven Box, que apenas analisa, porém, o *corporate crime.*[78]

---

[75] In WESTEN, Peter. The empty Idea of equality, *Harvard Law Review*, vol. 95, n.º 3, 1982, p.592.

[76] Jorge Miranda entende, a respeito da igualdade jurídica (compreendida em sentido formal) e da igualdade social (concreta), que *já não é válida a contraposição entre igualdade jurídica e igualdade social, se se pensa em dois princípios estanques ou opostos: a) porque a igualdade social como igualdade efetiva pode considerar-se um elemento ou um momento de uma igualdade jurídica de conteúdo mais rico; b) porque, mesmo quando a igualdade social postula a concessão de direitos especificamente a certas pessoas – as que se encontram em situações de carência, de inferioridade ou de menor proteção -, a diferenciação tem como objetivo alcançar a igualdade, e tais direitos aparecem como instrumentais em vista desse fim* (cf. Princípio da Igualdade, *Polis*, vol. 3, p.408).

[77] Apud REIMAN, Jeffrey, *The Rich get Richer and the Poor get Prison*, 5ª ed., Allyn and Bacon, 1997, p.101.

[78] In BOX, Steven. *Power, Crime and Mystification.* Londres: Tavistock, 1983, p.33 ss.

No entender do primeiro, a teoria do crime de colarinho branco é comparável a uma tapeçaria em que numerosos fios são combinados num todo integrado, ainda que incompleto. Como ponto de partida, Coleman considera que a ocorrência de um crime pressupõe três elementos fundamentais: a motivação, a neutralização dos constrangimentos éticos que impedem a conduta delituosa e a oportunidade. Motivação – ambição, imprudência, egocentrismo e a anti-sociabilidade. Neutralização dos controles sociais – mediante recurso às técnicas de neutralização, como a ilegitimidade da atuação do Estado ou na injustiça da lei; na negação da importância do dano e da própria vítima; na ideia de que todos violam as normas; no juízo de indispensabilidade do crime para a sobrevivência da própria organização ou subsistência da ocupação do indivíduo; na ideia de que o empregado merece aquele proveito porque tem sido explorado pelo empregador, ou a organização pelo fisco etc. Oportunidade – conjunto de concretas oportunidades para qualquer estudo; quanto mais competitivo for o meio e quanto mais empresas existirem na luta pelo domínio de mercado, maiores serão as oportunidades de violação da lei, já que se generaliza o recurso a todas as formas de sobrevivência.[79]

Não se defende que os criminosos de colarinho branco sejam sistematicamente condenados a penas de prisão efetivas, até porque existem outras formas de sancionamento que parecem mais adequadas à punição do *corporate crime*. Representaria, de fato, uma enorme contradição apontar as desvantagens da pena privativa de liberdade em relação ao grosso da criminalidade – mencionando o seu caráter dessocializador, estigmatizante e criminógeno – e vir depois clamar pela sua aplicação em maior número de casos aos *white-collars*. Imperativo é, ao invés, que, tal como em relação a todos os agentes considerados culpados pela prática de um crime, a pena de prisão só seja aplicada quando for indispensável à luz de considerações preventivas.

Apresenta-se impossível a determinação rigorosa das fronteiras do crime de colarinho branco, não se podendo abstrair, entretanto, o seu núcleo irrenunciável, as características do agente tendencialmente

---

[79] Cf. COLEMAN, James. *The Criminal Elite*, 4 ed., St. Martin's Press, Nova Iorque, 1998, p.176 ss.

comuns ao crime. Porém, não se deseja banir os aspectos relacionados com o seu modo de execução ou a danosidade que provoca.

Nota caracterizadora da criminalidade de colarinho branco é a danosidade social que ocasiona, imperceptível de plano, tendo Sutherland afirmado que *o custo financeiro do white-collar crime é, provavelmente, muitas vezes maior do que o custo financeiro de todos os crimes que normalmente são vistos como os 'crimes-problema'.*[80]

Por tudo isto, muitas legislações, e a brasileira não foi diferente (Lei n.º 7.492, de 16 de junho de 1986), definiram os crimes de colarinho branco, para a maioria dos tipos previstos, não exige um resultado naturalístico, contentando-se o legislador ora com a mera previsão do resultado ou da conduta, sendo esta configuradora daquele. Sob esse ângulo já se observa a necessidade do estabelecimento de um rol de tipos cuja relevância criminal já se denota com a simples prática da conduta, e isso não foi sem razão exatamente porque o resultado tem se convertido, diante dos bens jurídicos que modernamente se pretende proteger, em conceito cada vez mais normativo e abstrato, obrigando, quer ao legislador, quer ao juiz, na esteira de Cuesta Aguado e Cristina Mendez Rodriguez,[81] a valoração da conduta como idônea o bastante para criar um perigo de lesão ao bem jurídico. Assim, o nexo causal, praticamente inexistente, passa a ser entendido em critério de probabilidade de produção de dano.

José de Faria Costa e Manuel da Costa Andrade sublinham nesse sentido que *é fundamentalmente devido ao fato de a criminalidade econômica ser refratária a uma valoração objetiva do desvalor do resultado – este traduz-se*

---

[80] Ele estudou o comportamento de **70 das mais importantes sociedades norte-americanas**, apreciando as decisões judiciais e chegou à conclusão devastadora de que, nos últimos 20 anos, todas tinham sido objeto de "condenações", sendo o número total de decisões de 980, o que equivale a uma média de 14 infrações por sociedade. As condenações penais ascendiam a 158 e concentravam-se especialmente no período mais recente do estudo, de 1935 a 1944. Revelou, ainda, a **reincidência de 91,7%**, sendo que as práticas ilícitas variavam, indo das fraudes fiscais até às práticas lesivas da concorrência e passando pela venda de produtos com características diferentes das publicadas ou mesmo defeituosos, até traição, revelação de informações confidenciais (*ob. cit.,* p.09).

[81] In respectivamente *Causalidad de los delitos contra el medio ambiente,* (p.78 e 188) e *Los delictos de peligro y sus técnicas de tipificación* (p.132).

muitas vezes unicamente numa violação da confiança no sistema econômico, como bem salienta Delmas-Marty – que o legislador sente a necessidade de considerar que o mero pôr em perigo determinados bens jurídicos é um elemento do tipo (crimes de perigo concreto) ou mesmo entender que a produção do perigo nem sequer é elemento do tipo (crimes de perigo abstrato). É evidente que principalmente os crimes de perigo abstrato facilitam enormemente a superação das dificuldades de prova que a criminalidade econômica acarreta, o que levou o legislador de muitos países (Alemanha Federal, Áustria, Bélgica, Espanha, França, Grécia, Japão, Polônia, Suíça) a utilizarem esta forma de tipo legal de crime.[82]

Klaus Tiedemann, nesse diapasão, considera ser *indiscutível que esse emprego de tipos penais de perigo abstrato constitui uma considerável restrição da liberdade da ação empresarial, e assim o aduzem constantemente* e que, com respeito à alegação de que a incriminação baseada no perigo abstrato se choca contra o princípio constitucional da proporcionalidade ou contra a ideia do Direito Penal como *ultima ratio*, assevera que *cabe dizer que a proibição de executar certas ações corresponde a ideia de que o Direito não pode impedir que se produza um resultado danoso, senão somente que se levem a cabo ações perigosas.* Finalmente, com relação ao Direito Administrativo, aduz que *um Direito Penal que se limite a controlar mediante a criação de tipos penais e a persecução de fatos puníveis pode ser, portanto, mais permissivo que uma legislação administrativa sem sanções penais.*[83]

Buscou-se, então, criar um instrumental eficaz que não dependesse de um sistema de infrações limitador da ação estatal para que fosse possível verdadeiramente atingir a criminalidade moderna, de vasta complexidade, e por esse motivo de difícil repressão.

Em síntese, entre a tradicional desconsideração dos crimes dos poderosos e a alegada excessiva importância que lhes foi atribuída pelos criminólogos interacionistas e radicais (que utilizaram o *white-collar crime* como forma de retirar relevo ao crime de rua, o qual consideravam objeto de uma preocupação despropositada), outra corrente, chamada de realista, procura uma adequada consideração da questão, que

---

[82] Cf. FARIA COSTA, José e COSTA ANDRADE, Manuel. Sobre a concepção e os princípios do Direito Penal Económico. *Direito Penal Económico e Europeu: Textos Doutrinários*, vol. I., p.356.

[83] Cf. TIEDEMANN, Klaus. *Poder económico y delito*, p.33-4.

não se traduza numa hipervalorização, camufladora daqueles que são os reais problemas da classe trabalhadora. Partem, assim, do reconhecimento da efetividade e importância do crime comum, apesar de não negarem o *white-collar crime.*

Tanto a importância de um ou outro caso, consideradas a partir de valores sócio-culturais e históricos do progresso da civilização humana, revelam a feição humana dos julgamentos o que poderia ser minimizado com a utilização da Inteligência Artificial. A questão que se coloca é como alimentar as bases do sistema levando em conta esse caldo sociológico que permeia a cronologia do avanço social e científico.

Veja que Stanton Wheeler, David Weisburd e Nancy Bode, ao compararem o sucedido a diferentes espécies de agentes que cometeram o "mesmo" crime, concluem que, quanto mais elevado for o estatuto sócio-econômico do agressor, maior probabilidade existe de que ele seja condenado a uma pena de prisão, pelo fato de o tribunal considerar a sua conduta mais censurável. Nas suas próprias palavras, *os dados revelam uma relação consistente e positiva entre o estatuto sócio-econômico e a severidade da sentença*[84] denotando pois a veia humana das decisões judiciais.

Mas, a crença no merecimento de um tratamento menos severo, em virtude da inexistência de violência e da desnecessidade de intervenção ressocializadora, não parece adequada. Se há casos de menor necessidade punitiva por força da menor gravidade da infração, outros há de natureza radicalmente diversa. E o mesmo se diga quanto à menor carência de ressocialização: vários estudos têm demonstrado que os white-collars nem sempre são, como se julgava, delinquentes não reincidentes, pelo que talvez se possa questionar a necessidade de algum tipo de intervenção destinada a incentivar o cumprimento das normas.[85] Tudo isto está a revelar que a ética na atividade econômico-financeira exige que o tratamento daqueles que violam os valores consagrados pelo Estado brasileiro, tutelados pelos tipos de colarinho branco, seja correspondente à gravidade do comportamento adotado, independentemente

---

[84] In BODE, Nancy, WHEELER, Stanton e WEISBURD, David. Sentencing the white-collar offenders: rhetoric and reality. American Sociological Review, n.º 47, 1982, p.658.

[85] Vide Cláudia Maria Cruz Santos, *ob. cit.*, p.211.

das características do agente. Estas, porém, poderiam influir na qualidade e quantidade da sanção, apenas na medida justa da culpabilidade.

Tanto as partes quanto a magistratura devem perseguir a ideia de que existe uma ética a ser defendida por todos os que atuam na busca de uma sociedade justa, de molde que se deseja o comprometimento com a verdade, isto é, a obrigação ou o dever de retratar a realidade, enquanto atributo de alto valor social. Em outras palavras, a justiça social é decorrência de um sistema eficaz de distribuição da tutela jurisdicional de forma que todo aquele que viole as bases vitais traçadas pela comunidade há de merecer a devida consequência, sem a qual haverá generalização grave do sentimento de opressão social.[86]

A compatibilização entre os preceitos da verdade/democracia e da defesa (não culpabilidade/silêncio) apresenta-se aparentemente conflituosa e somente se dá com a ponderação de valores de forma que um não exclua o outro. Não é sem razão que o artigo 156 do Código de Processo Penal faculta ao magistrado, de ofício, a prova de diligências para dirimir dúvida a fim de arrimar sua decisão, enquanto que o artigo 157 do mesmo Estatuto, a livre apreciação da prova, uma vez que o processo penal não transige com a busca da verdade real. Os juízes aplicam a lei a homens concretos e reais e não a seres abstratos. No seu papel de intérprete e distribuidor da Justiça, deve ter a permanente preocupação de bem dimensionar as desigualdades sociais, adotando código próprio de valores, para viabilizar uma desigual apreciação e propiciar interpretação correta e justa. Portanto, inerente é a atividade sensorial do magistrado.

O desenvolvimento de soluções "inteligentes" nos campos do direito rapidamente deu origem à ideia na forma de "justiça preditiva": é possível explorar o *Big Data* que constitui a jurisprudência e "prever" a decisão de tal jurisdição confrontado com tal caso. Essa visão foi rapidamente acompanhada por fantasmas de robôs-juízes, veredictos determinados pelo processamento de dados ou desaparecimento completo de advogados, cuja eloquência ficaria obsoleta.

Fortes barreiras existem há muito tempo na França para enquadrar tais desenvolvimentos, começando com a Lei n.º 78-17, de 06.01.1978,

---

[86] Tal consideração decorre da eleição do Estado Democrático de Direito (artigo 1º da C.F.) como único capaz de garantir a igualdade de todos perante a lei.

da Comissão Nacional de Informática e das Liberdades – CNIL: "Nenhuma decisão judicial que envolva uma avaliação do comportamento humano pode ser baseada no processamento automatizado de informações, dando uma definição do perfil ou personalidade da pessoa em questão" (artigo 2).[87]

Loik Amis, diretor de estratégia da LexisNexis, revela que não se pode esquecer uma decisão judicial é uma construção intelectual sofisticada. Para ele a *IA não pode substituir a inteligência humana, que só pode apreciar a sutileza do raciocínio.* Por outro lado, ela pode servir de apoio ao profissional, fornecendo-lhe o poder analítico que somente a tecnologia pode gerar.[88] E como a Inteligência Artificial faria essa ponderação de valores?

O compromisso com a ética e a importância das prerrogativas humanas foi bem traduzida pelo Papa Francisco que considera que *convém observar que a denominação 'inteligência artificial', embora certamente eficaz, pode correr o risco de ser enganosa. Os termos ocultam o fato de que, apesar do útil cumprimento de tarefas servis (esse é o significado original do termo 'robô'), os automatismos funcionais permanecem qualitativamente distantes das prerrogativas humanas do saber e do agir. E, portanto, podem se tornar socialmente perigosos.*[89]

Após realçar a importância da defesa de princípios morais, tanto teóricos quanto práticos no uso da tecnologia, o papa Francisco solicitou às gigantes do Vale do Silício que tivessem cuidado e controlassem os avanços tecnológicos - como a inteligência artificial - para que a humanidade não se torne vítima, segundo ele, de uma "barbárie", na qual a lei do mais forte prevaleça sobre o bem comum. O temor do líder cató-

---

[87] LEGIFRANCE, https://www.legifrance.gouv.fr/affichTexte.do;jsessionid=4C80CD1 FA6D646249F306348059EC9D0.tplgfr28s_2?cidTexte=JORFTEXT000000886460& dateTexte=20040806, acessado em 15.03.2020.

[88] AMIS, Loik, En finir avec la justice prédictive. L'intelligence artificielle dans la pratique juridique: pouvoirs fantasmés et progrès réels. In http://www.tendancedroit.fr/ extrait-finir-justice-predictive/, acessado em 16.03.2020.

[89] PAPA Francisco. Portal do Instituto Humanitas Unisinos. Vaticano: instituições católicas reforçam debate sobre ética e inteligência artificial. In http://www.ihu.unisinos. br/78-noticias/589534-vaticano-instituicoes-catolicas-reforcam-debate-sobre-etica-e-inteligencia-artificial, publicado em 28.05.2019, acessado em 15.03.2020.

lico é que a Inteligência Artificial seja usada *para circular opiniões tendenciosas e dados falsos que poderiam envenenar os debates públicos e até manipular as opiniões de milhões de pessoas, a ponto de ameaçar as próprias instituições que garantem uma coexistência civil pacífica.*[90] A ética requer respostas que permitam que as decisões reflitam adequadamente uma aplicação justa da lei para o aprimoramento da coletividade. Para tanto, não se pode ir além ou estar aquém deste desafio.

3.3. Mundo Virtual e Cooperação Internacional

O exercício da jurisdição, que historicamente tem sido uma atividade pessoal, pode ser visto como problemático no caso de ausência de contato presencial entre o réu e aquele que vai julgá-lo. Os estados podem ser tentados a criar novas regras de responsabilidade civil de terceiros que tenham presença física em determinado território. Por exemplo, um Estado, incapaz de obrigar um comerciante não residente a pagar imposto sobre vendas pode determinar que uma instituição financeira no exterior, com representação no país, colete o tributo quando os cartões de crédito emitidos por esta favorecer o residente. E se essa execução fosse fruto de uma decisão decorrente do uso da Inteligência Artificial quando em outro Estado não haja essa possibilidade? Aí realça a necessidade de uma ação global para discussão da matéria.

A *internet*, sendo a face mais evidente da globalização, resiste à imposição de fronteiras e tem requerido um sistema regulatório próprio. Porém, embora o uso de um *site* possa ter efeitos além do território do usuário, esses efeitos resultam da tecnologia que possibilita esse acesso de qualquer lugar.

As modernas tecnologias de geolocalização oferecem um meio automático, preciso e acessível de identificar a localização geográfica de um usuário da *internet*. Como agora todo operador de portais (*sites*) tem, segundo Kevin F. King, *a capacidade de rastrear usuários por jurisdição, o principal obstáculo à constitucionalidade de muitas dessas leis pouco se discute.*

---

[90] SCHAEFFER, Cesar. Portal do Olhar Digital. Papa Francisco pede cuidado com usos da Inteligência Artificial. In https://olhardigital.com.br/noticia/papa-francisco-pede-cuidado-com-usos-da-inteligencia-artificial/90855, publicado em 27.09.2019, acessado em 17.03.2020.

Essa nova ordem tecnológica muda o foco para uma outra demanda: quanto as legislações são livres para obrigar os sites a adotarem tecnologias de geolocalização? O simples fato de tais tecnologias existirem não significa que exista uma obrigação para seu uso seja constitucionalmente permitido.[91]

Imagine-se que uma agência governamental suspeite que alguém nos EUA esteja envolvido em uma conspiração para detonar uma bomba em um café em Paris. As autoridades policiais, que buscam reunir informações sobre o suspeito o mais rápido possível, correm para um portal da *web* e de provedor de serviços *on-line* e pedem ao gerente local de segurança de dados que divulgue voluntariamente todas as informações relacionadas ao suspeito. O provedor coopera e revela todas as informações relacionadas ao suspeito.

Como ficariam as legislações esparsas de diversas jurisdições que legitimam ou não legitimam tal iniciativa? Normalmente, os agentes da lei precisam de uma ordem judicial autorizando a busca e apreensão das informações desde que a justiça se convença de suspeitas razoáveis com base em uma causa provável. A intervenção do Estado é justificada neste campo, assim como qualquer outra atividade humana que possa afetar o bem-estar coletivo, limitando a intervenção para proteger os direitos civis.

Facilitar a cooperação entre as agências policiais e o setor privado exige muita atenção, evitando a concentração de poder e a ameaça aos direitos humanos. Cabe aos governos democráticos e seus cidadãos trabalharem juntos para alcançar um equilíbrio entre os níveis mais básicos e necessários de intervenção e os direitos inerentemente democráticos dos cidadãos.

Para Renee Keen, *os cidadãos e as organizações que lutam contra a regulamentação, e os governos que procuram proteger seus cidadãos por meio da regulamentação, devem se unir e reconhecer seus objetivos comuns, a fim de efetivar mudanças que necessariamente ocorrerão por meio do sacrifício mútuo. Os cidadãos devem aceitar que um nível mínimo de filtragem da Internet possa ser*

---

[91] KING, Kevin F. Personal Jurisdiction, Internet Commerce, and Privacy: The Pervasive Legal Consequences of Modern Geolocation Technologies (2011). 21 Alb. L. J. Sci & Tech, p.109.

necessário para que o governo efetivamente realize a tarefa de prevenir e punir atividades ilegais realizadas on-line.[92]

Jurisdições firmadas com base na presença física não se alteram pelo uso de tecnologia. Atos fora do estado, que, de uma forma ou de outra, poderiam ter como alvo os residentes desse estado, permitem a afirmação de jurisdição, se for possível dizer que os alvos são os residentes do estado, desde que possa ser uma declaração razoável.

Para facilitar a cooperação internacional no combate à lavagem de dinheiro, os Estados Unidos e outras nações ratificaram os Tratados de Assistência Mútua - MLATs. Segundo Christopher Hoffmahn, *os MLATs agilizam o processo de descoberta e processamento de lavagem de dinheiro internacional, por exemplo, cumprindo obrigações vinculativas entre os países para fornecer evidências importantes, apesar das leis de privacidade domésticas.*[93]

De fato, uma empresa ao manter um *site* pode, em tese, estar sujeita a jurisdição de qualquer lugar, porque a *internet* é amplamente acessível em muitas jurisdições estrangeiras. Portanto, *a mera manutenção de um site não pode sujeitar um réu à jurisdição global pelo fato de a nova tecnologia permitir uso significativo e difuso. Se cada site sujeitasse seu patrocinador ou responsável à jurisdição global, muitos renunciariam ao uso da tecnologia por medo de seus custos secundários. Se, na prática, estes custos não existissem porque os julgamentos proferidos por tribunais distantes não seriam capazes de serem executados por tribunais com competência para a apreensão de bens e prisão de pessoas, comprometido estaria todo um sistema em evolução e necessário de princípios jurisdicionais internacionalmente aceitos.*[94]

A questão central é verificar onde os atos ocorreram e não as escolhas que um determinado réu fez. A interatividade seria relevante apenas para determinar se, por exemplo, a transferência de propriedade digital foi 'realizada' no terminal do vendedor ou no do comprador. Os

---

[92] KEEN, Renee. *Untangling the Web: Exploring Internet Regulation Schemes in Western in Western Democracies* (2011). 13 San Diego Int'l L. J., p. 381.

[93] HOFFMAHN, Christopher D. Encrypted Digital Cash Transfers: Why Traditional Money Laundering Controls May Fail without Uniform Cryptography Regulations (1998). Fordham International Law Journal, vol. 21:799, p. 800.

[94] *Ibidem*, p. 1850 and 1855.

atos que o acusado faça no território de uma jurisdição são suficientes para permitir o reconhecimento desta.

Por um lado, a manutenção de um *site* fora de uma jurisdição, mesmo quando associada às vendas da jurisdição primária, pode ser insuficiente para sustentar uma afirmação de jurisdição geral. Por outro lado, empresas estrangeiras que realizam negócios em um país continuamente devem registrar um local de negócios e indicar um representante. Como o principal local de negócios da empresa está fora do país, essa indicação de residência seria suficiente para uma afirmação de jurisdição geral.

Sempre existirá o risco de uma regulamentação rígida, se não for feita de forma pensada globalmente. Como afirma Michael M. Mostyn, falando sobre privacidade e anonimato, *se forem aprovadas regulamentações fortes que ameacem indiretamente os operadores de reenvio das atividades dos usuários, então tais operadores podem começar a se estabelecer em outros lugares*.[95]

Segundo John Hunt, as organizações criminosas tentariam explorar brechas na legislação ultrapassada para promover seus objetivos cometendo crimes antigos usando métodos modernos. Utilizando as técnicas da *internet* e do *cyberlaundering*, empresas criminosas podem transferir fundos legais e ilegais para todo o mundo em segundos.[96] E, tendo em vista a brecha existente quanto a validade de decisões fruto da Inteligência Artificial, podem se aproveitar delas.

Uma rede de ligação pode ser flexível, desde que existam regras precisas baseadas em protocolos ou anexos. Tais regras são possíveis de serem idealizadas quando as preocupações com a soberania dos estados são reduzidas e a incerteza sobre o estado da pesquisa científica é menos aguda. É imperativo que os países desenvolvidos e os países em desenvolvimento compartilhem igualmente o diálogo e harmonizem seus interesses, tendo um consenso global sobre o que é e o que não é aceito em termos de decisões de correntes de *machine learning* possibilitando a cooperação entre as jurisdições de diferentes nações. Para James

---

[95] MOSTYN, Michael M. The Need for Regulation Anonymous Remailers (2000), International Review of Law Computers & Technology, vol.14, nº 1, p.86.

[96] See HUNT, John. The New Frontier of Money Laundering: How Terrorist Organizations Use Cyberlaundering to Fund Their Activities, and How Governements Are Trying to Stop Them (2011). Information & Communications Technology Law, vol. 20, nº 2, June 2011, p. 145.

Alexander French e Rafael X. Zahralddin, especificamente, a investigação e o acesso, incluindo perguntas sobre informações em oposição a objetos tangíveis, devem ser resolvidas.[97]

Portanto, em nível nacional, os acordos e tratados devem ser atualizados para responder às questões criadas pelas novas tecnologias, incluindo o uso da Inteligência Artificial. As leis locais de muitos países ainda inadequadas para tratar da questão da Inteligência Artificial aplicada à justiça e, uma vez que se tornem eficientes, podem levar, mesmo assim, aos países a muitos conflitos de jurisdições.

Para Molly Beutz Land, citando Laura Thoms, e tratando da falta de regulamentação adequada das negociações *on-line a principal vantagem dessa elaboração de políticas incrementais é a flexibilidade; os estados podem adaptar estratégias específicas às condições existentes em seus países, concordar com um regime internacional perante a comunidade científica e revisar a estrutura dos regimes, conforme necessário.*[98] E isso se aplicaria também à Inteligência Artificial.

Comentando sobre o direito europeu, Richard Eccles revela que o artigo 101 do Tratado sobre o Funcionamento da União Europeia - TFUE *trata a venda na Internet como 'passiva' em oposição a 'vendas ativas'. Geralmente, sob o regime de direito da concorrência da UE para acordos verticais, as restrições às vendas ativas podem ser permitidas sob os critérios de exceção do Artigo 101 (3), enquanto as restrições às vendas passivas são quase sempre proibidas.*[99] Isso significa que uma restrição à venda passiva, incluindo uma restrição à venda pela *internet* é tratada conforme sua natureza, ou seja, violando regras de concorrência, sem precisar demonstrar que realmente possui efeitos anticoncorrenciais. Portanto, um sistema internacional regulatório pela *internet* deve ser considerado limitado. Esse raciocínio é válido na questão de decisões fruto do *machine learning*, ou seja, em dadas hipóteses poderão ser aceitas tais decisões sem que haja maiores indagações.

---

[97] FRENCH, James Alexander and ZAHRALDDIN, Rafael X. (1996). The Difficulty of Enforcing Laws in the Extraterritorial Internet, 1 Nexus, p. 127.

[98] LAND, Molly Beutz. Protecting rights Online (2009). The Yale Journal of International Law, vol. 34, nº 1, p. 28.

[99] ECCLES, Richard. Online Sales and Competition Law Controls (2015). International Journal of Franchising Law, vol. 13, Issue 3, p. 4.

A cooperação requer confiança mútua entre os órgãos cooperantes e também uma comunicação bidirecional que complemente a necessidade de transferência de informações; portanto, a cooperação entre instituições é uma consequência lógica desta última afirmação. Um problema desse tamanho pode falhar em oferecer soluções, pois atinge diferentes jurisdições, com diferentes níveis de proteção da *internet*, da justiça e de seus preceitos, forçando a existência de um franco debate internacional, um fórum ideal para implementar uma solução para um problema de alcance internacional e que exija um alto grau de cooperação mútua.

Para Todd M. Gardella, *a regulamentação desse meio - que depende de seus usuários para construir a arquitetura, fornecer o conteúdo e, organizadamente, melhorar o estado da arte, é complicada e potencialmente destrutiva.*[100] Portanto, é preciso ter cuidado para que a regulamentação não chegue ao ponto de tolher a liberdade do uso de importantes tecnologias sem que se prejudique a força-matriz dos preceitos da justiça: a busca da verdade.

Capítulo 3 – Referências

ALLARD, Albéric. *Histoire de la Justice Criminelle au Seizième Siècle.* Réimpression de l'Édition Gand, 1868, Scientia Verlag Aalen, 1970.

ALMEIDA COSTA, Antônio Manuel de. *O Registro Criminal. História. Direito comparado. Análise político-criminal do instituto.* Coimbra: Coimbra ed., 1985.

AMIS, Loïk, En finir avec la justice prédictive. L'intelligence artificielle dans la pratique juridique: pouvoirs fantasmés et progrès réels. In http://www.tendancedroit.fr/extrait-finir-justice-predictive/, acessado em 16.03.2020.

ANDREUCCI, Ricardo Antônio. O Direito Penal Máximo. *Revista da Associação Paulista do Ministério Público.* São Paulo. Revista da A.P.M.P., n.35, p. 48-49, out./nov. 2000.

AUBERT, Vilhelm White-collar crime and social structure. *The American Journal of Sociology,* 58, 1952.

---

[100] GARDELLA, Todd M. Beyond Terrorism: the Potential Chilling Effect on the Internet of Broad Law Enforcement Legislation (2006). St. John's Law Review, vol. 80, p. 691.

BARROSO, Luís Roberto. Da Constitucionalidade do Projeto de Lei 3.115/97. *Revista de Direito Bancário, do Mercado de Capitais e da Arbitragem*, n.16, p.199-210.

BODE, Nancy, WHEELER, Stanton e WEISBURD, David. Sentencing the white-collar offenders: rhetoric and reality. *American Sociological Review*, n.º 47, 1982.

BECCARIA, César de Bonessana. *Dos delitos e das penas*, tradução de José de Faria Costa, Fundação Calouste Gulbenkian, 1998.

BETTI, Francisco de Assis. *Aspectos dos crimes contra o sistema financeiro no Brasil – Comentários às Leis 7.492/86 e 9.613/98*. Belo Horizonte: Del Rey, 2000.

BOULOC, Bernard. Coactivité en matière de publicité trompeuse. *Revue de Science Criminelle et de Droit Pénal Comparé*, [s.l.], p.95, jan./mars 1995.

BOX, Steven. *Power, Crime and Mystification*. Londres: Tavistock, 1983.

BRANCO, Vitorino Prata Castelo. *A Defesa dos Empresários nos Crimes Econômicos*. São Paulo: Saraiva, 1982.

BRAITHWAITE, John. White-collar crime. *White-Collar Crime – Classic and Contemporary Views*, eds. Geis/Méier/Salinger, The Free Press, Nova Iorque, 1995.

_____. White-collar crime. *Annual Review of Sociology*, n.º 11, 1985.

_____. Criminological theory and organizational crime. *Justice Quarterly*, vol. 06, n.º 3, set. 1989.

BROYER, Philippe *et alii*. La nouvelle économie criminelle. *Criminalité financière – Comment le blanchiment de l'argent sale et le financement du terrorisme sont devenus une menace pour les entreprises et les marchés financiers*. Paris: Éditions d'Organisation, 2002.

BUSTOS RAMÍREZ, Juan. *Manual de Derecho Penal Español – Parte general*. Barcelona: Ariel Editorial, 1984.

CALAVITA, kitty, PONTELL, Henry. Saving and loan fraud as organized crime: toward a conceptual tipology of corporate illegality. *Criminology*, n.º 31, 1993.

CALAZANS, Fernando Capello. Monografia ao Curso de Especialização em Direito Processual Tributário junto à Pontifícia Universidade Católica de São Paulo – PUC SP – monografia intitulada "PRECEDENTES JUDICIAIS – Mecanismos de Compatibilização Vertical de Decisões", 2008, Orientador: Prof. Felippe Ramos Breda.

CALLEGARI, André Luís. Importância e Efeito da Delinqüência Econômica. *Boletim do Instituto Brasileiro de Ciências Criminais*. São Paulo, nº.101, abr. 2001.

CARBASSE, Jean-Marie. *Introduction Historique au Droit Pénal*. Paris: Presses Universitaires de France, 1990.

CARTIER, Marie-Elizabeth et al. *Entreprise et responsabilité pénale*. Paris: LGDJ, 1994.

CARVALHO, Márcia Dometila Lima de. *Fundamentação constitucional do direito penal*. Porto Alegre: Sérgio A. Fabris, Editor, 1992.

CARVALHO, Taipa e CORREIA, Eduardo. *Direito Criminal III*, Lições Policopiadas, 1980.

CASTILHO, Ela Wiecko V. de. *O controle penal nos crimes contra o sistema financeiro nacional*. Belo Horizonte: Del Rey, 1998.

CHAUVIN, Francis. *La responsabilité des communes*. Paris: Dalloz, série Connaissance du droit, 1996.

COLEMAN, James. *The Criminal Elite*. Nova Iorque: St. Martin's Press, 4 ed., 1998.

CONTE, Philippe e LARGUIER, Jean. Le recel de choses et le blanchiment. *Droit pénal des affaires*. Paris: Armand Colin, 2004.

_____. *Dróit Pénat des affares*. Paris: Dalloz, 11ed., 2004, p. 238.

CORREIA, Eduardo. Introdução ao Direito Penal Econômico. *Direito Penal Econômico e Europeu: Textos Doutrinários*. Coimbra: Coimbra ed., vol.I, 1998, p.293-318.

_____. Novas críticas à penalização de atividades econômicas. *Direito Penal Econômico e Europeu: Textos Doutrinários*. Coimbra: Coimbra ed., vol.I, 1998, p.365-73.

COSTA ANDRADE, Manuel da. A nova lei dos crimes contra a economia (Dec-Lei n.º 28/84, de 20 de janeiro) à luz do conceito de "bem jurídico". *Direito Penal Econômico e Europeu: Textos Doutrinários*. Coimbra: Coimbra ed., vol.I, 1998, p.387-411.

_____ e FARIA COSTA, José de. Sobre a concepção e os princípios do Direito Penal Econômico. *Direito Penal Econômico e Europeu: Textos Doutrinários*. Coimbra: Coimbra ed., vol.I, 1998, p.347-64.

_____ e FIGUEIREDO DIAS, Jorge de. Problemática geral das infrações contra a economia nacional. *Direito Penal Econômico e Europeu: Textos Doutrinários*. Coimbra: Coimbra ed., vol.I, 1998, p.319-346.

CROALL, Hazel. *White-Collar Crime*. Open University Press, 1992.

CROCQ, Jean-Christophe. *Le guide des infractions*. Paris: Dalloz, 3 ed., Collection Dalloz Service, 2001.

CRUZ SANTOS, Cláudia Maria. *O crime de colarinho branco*. Da origem do conceito e sua relevância criminológica à questão da desigualdade na administração da justiça penal. Coimbra: Coimbra ed., 2001.

CUESTA AGUADO, Paz M. de la. *Causalidad de los delitos contra el medio ambiente*. Valencia: Tirant lo Blanch, 1995.

DALY, Kathleen. Gender and varieties of white-collar crime, *Criminology*, vol.27, n.º 4, 1989.

DELMAS-MARTY, Mireille. *Droit pénal des affaires*. Paris: Presses Universitaire de France, 3 ed., 1990, t. 1.

_____. e GIUDICELLI-DELAGE, Geneviève. *Droit pénal des affaires*. Paris: Presses Universitaire de France, 4 ed, 2000.

DIAS, José Carlos. Evasão de Divisas. In: *Direito penal dos negócios – Crimes do Colarinho Branco*. São Paulo: Associação dos Advogados de São Paulo, 1990.

EDELHERTZ, Herbert. The nature, impact and prosecution of white-collar crime. *ICR*, 1970, p.70/71.

EIZIRIK, Nelson. *Instituições financeiras e mercado de capitais – jurisprudência*. Rio de Janeiro: Renovar, v.1 e v.2, 1996.

FARIA COSTA, José de. A responsabilidade jurídico-penal da empresa e dos seus órgãos (ou uma reflexão sobre a alteridade nas pessoas colectivas à luz do direito penal). *Direito Penal Econômico e Europeu: Textos Doutrinários*. Coimbra: Coimbra Editora, vol.I, 1998, p.507-24.

_____. O branqueamento de capitais (algumas reflexões à luz do direito penal e da política criminal). *Direito Penal Econômico e Europeu: Textos Doutrinários*. Coimbra: Coimbra Editora, vol.II, 1999, p.301-20.

_____. Breves reflexões sobre o Decreto-Lei n.º 207-B/75 e o direito penal econômico. *Direito Penal Econômico e Europeu: Textos Doutrinários*. Coimbra: Coimbra Editora, vol.I, 1998, p.277-92.

FELTRIN, Sebastião Oscar. As ansiedades do juiz. *Revista dos Tribunais*, ano 77, vol. 628, fev.1988, p.275-278.

FIGUEIREDO DIAS, Jorge de. Breves considerações sobre o fundamento, o sentido e a aplicação das penas em Direito Penal Econômico. *Direito Penal Econômico e Europeu: Textos Doutrinários*. Coimbra: Coimbra Editora, vol.I, 1998, p.374-86.

_____. *Questões Fundamentais do Direito Penal Revisitadas*. São Paulo: Revista dos Tribunais, 1999.

FONTES, Paulo Gustavo Guedes. *O Poder Investigatório do Ministério Público*. Jornal da ANPR, nº 23 - Julho de 2003, p. 12.

FRENCH, James Alexander and ZAHRALDDIN, Rafael X. (1996). The Difficulty of Enforcing Laws in the Extraterritorial Internet, 1 Nexus, p. 127.

GARAPON, Antoine; SERVAN-SCHREIBER, Pierre. *Deals de justice. Le marché américain de l'obéissance mondialisée*. Paris: Presses Universitaire de France, 2020, p. 105.

GARDELLA, Todd M. Beyond Terrorism: the Potential Chilling Effect on the Internet of Broad Law Enforcement Legislation (2006). St. John's Law Review, vol. 80, p. 691.

GODINHO, Jorge Alexandre Fernandes. *Do Crime de "Branqueamento" de Capitais. Introdução e Tipicidade*. Coimbra: Almedina ed., 2001.

GOMES, Luiz Flávio. Limites à inviolabilidade do advogado e do seu escritório (2). *Site: www.ultimainstancia.com.br*, em 30.08.2005

_____. Crimes de lavagem de capitais. *Curso de Direito Penal – crimes de competência da Justiça Federal*. Palestra aos 09.09.2004 na Escola de Magistrados da Justiça Federal da 3ª Região.

_____. Crime organizado: que se entende por isso depois da Lei nº 10.217/01? – Apontamentos sobre a perda de eficácia de grande parte da Lei 9.034/95. *Site: www1.jus.com.br*, em 01.06.2004.

_____. *Lei de lavagem de capitais*. São Paulo: Revista dos Tribunais, 1998.

_____. Aspectos penais das liquidações e intervenções extrajudiciais – parte I. *Intervenção e Liquidação Extrajudicial no Sistema Financeiro Nacional – 25 anos da Lei 6.024/74*. Jairo Saddi organizador. São Paulo: Textonovo, 1999.

GONÇALVES. Wagner. Ética na Justiça - Atuação judicial da advocacia pública e privada. *Site: www.etical.org*, acesso em 9.5.2006.

HASSEMER, Winfried. *Fundamentos del derecho penal*. Trad. Muñoz Conde. Barcelona: Bosch, 1981.

_____. e MUÑOZ CONDE, Francisco. *La responsabilidad por el producto en derecho penal*. Valencia: Tirant lo Blanch, 1995.

HIDALGO, Rudolph et al. *Entreprise et responsabilité pénale*. Paris: LGDJ, 1994.

HOFFMAHN, Christopher D. Encrypted Digital Cash Transfers: Why Traditional Money Laundering Controls May Fail without Uniform Cryptography Regulations (1998). Fordham International Law Journal, vol. 21:799.

IWEINS, Delphine. Comment rendre la justice prédictive éthique. Portal Les Echos. In https://business.lesechos.fr/directions-juridiques/droit-des-affaires/contentieux/0600143708191-comment-rendre-la--justice-predictive-ethique-325116.php, publicado em 20.12.2018, acessado em 15.04.2020.

JESCHECK, Hans-Heinrich. *Tratado de Derecho Penal – Parte General.* Granada: Comares, 4.ed., tradução José Luis Manzanares Samaniego, 1993.

KAISER, Günther. *Kriminologie: ein Lehrbuch.* Heidelberg/Karlsruhe: CFM, 1980.

KEEN, Renee. *Untangling the Web: Exploring Internet Regulation Schemes in Western in Western Democracies* (2011). 13 San Diego Int'l L. J.

KING, Kevin F. Personal Jurisdiction, Internet Commerce, and Privacy: The Pervasive Legal Consequences of Modern Geolocation Technologies (2011). 21 Alb. L. J. Sci & Tech.

KINSEY, R. e YOUNG, Jock. *Losing the Fight agains Crime.* Oxford: Blackwell, 1986.

LACERDA DA COSTA PINTO, Frederico de. Crimes econômicos e mercados financeiros. *Revista Brasileira de Ciências Criminais,* São Paulo, n.39, p.28-62, jul./set. 2002.

LAND, Molly Beutz. Protecting rights Online (2009). The Yale Journal of International Law, vol. 34, nº 1.

LASCOUMES, Pierre. *Les Affaires ou l'Art de L'Ombre.* Paris: Le Centurion, 1986.

LEGIFRANCE, https://www.legifrance.gouv.fr/affichTexte.do;jsessionid=4C80CD1FA6D646249F306348059EC9D0.tplgfr28s_2?cidTexte=JORFTEXT000000886460&dateTexte=20040806, acessado em 15.03.2020.

LYRA, Roberto. *Criminalidade econômico-financeira.* Rio de Janeiro: Forense, 1978.

MACHADO, Agapito. *Crimes do colarinho branco e contrabando/descaminho.* São Paulo: Malheiros, 1998.

GUIMARÃES, Maiara. O Juiz e o princípio da imparcialidade. In Portal Jusbrasil, https://maiaraguimaraesadv.jusbrasil.com.br/artigos/580818106/o-juiz-e-o-principio-da-imparcialidade., publicado em 22.05.2018, acessado em 10.02.2020.

MARINONI, Luiz Guilherme e MITIDIERO, Daniel. Repercussão Geral no Recurso Extraordinário, 1ª edição, São Paulo: Editora Revista dos Tribunais, 2007, pág. 19.

MARQUES José Frederico. *Tratado de Direito Processual Penal*, 2º vol., p. 88, Saraiva, 1980.

MARQUES DA SILVA, Germano. *Direito Penal Português – parte geral*. Lisboa: Verbo, vol.II, 1999.

MATZA, David e SYKES, Gresham. Techniques of neutralization: a theory of delinquence. *American Sociological Review*, n.º 22, 1957, p.666.

MENDEZ RODRIGUEZ, Cristina. *Los delictos de peligro y sus técnicas de tipificación*. Madrid, 1993.

MIRANDA, Jorge. Princípio da Igualdade. *Polis*, vol. 3, p.408.

MIR PUIG, Santiago. *Derecho Penal – parte general (Fundamentos y Teoría del delicto)*. Barcelona: Promociones Publicaciones Universitarias, 1984.

MORAES FILHO, Antônio Evaristo et al. Habeas Corpus – Crime de gestão fraudulenta de instituição financeira. *Revista Brasileira de Ciências Criminais*. São Paulo: Revista dos Tribunais, n.20, out./dez. 1997.

MOSTYN, Michael M. The Need for Regulation Anonymous Remailers (2000), International Review of Law Computers & Technology, vol.14, nº 1.

MUCCHIELLI, Laurent. *Histoire de la Criminologie Française*. Paris: L'Harmattan, 1994.

MUÑOZ CONDE, Francisco. Principios politicocriminales que inspiran el tratamiento de los delitos contra el orden socioeconômico en el proyecto de Código Penal Español de 1994. *Revista Brasileira de Ciências Criminais*. São Paulo: Revista dos Tribunais, n. 11, p. 7-20, jul./set. 1995.

NELKEN, David. *White-Collar Crime*. Dartmouth, 1994.

NOGUEIRA, Carlos Frederico Coelho. *Comentários ao Código de Processo Penal*. São Paulo: Edipro, vol I, p. 182/184.

OLIVEIRA, William Terra de. *Lei de lavagem de capitais*, em co-autoria com Raúl Cervini e Luiz Flávio Gomes. São Paulo: Revista dos Tribunais, 1998.

PAPA Francisco. Portal do Instituto Humanitas Unisinos. Vaticano: instituições católicas reforçam debate sobre ética e inteligência artificial. In http://www.ihu.unisinos.br/78-noticias/589534-vaticano-institui-coes-catolicas-reforcam-debate-sobre-etica-e-inteligencia-artificial, publicado em 28.05.2019, acessado em 15.03.2020.

PARIENTE, Maggy et al. Les groupes de sociétés et la responsabilité pénale des personnes morales. In: *La responsabilité pénale des personnes morales*. Paris: Dalloz, 1993.

PEARCE, Frank e TOMBS, Steve. Realism and corporate crime. *Issues in Realist Criminology*. Londres: Sage Publications, 1992.

PEDROSA MACHADO, Miguel. A propósito da revisão do Decreto-Lei n.º 28/84, de 20 de janeiro (Infracções antieconômicas). *Direito Penal Econômico e Europeu: Textos Doutrinários*. Coimbra: Coimbra Editora, vol.I, 1998, p.489-99.

PIMENTEL, Manoel Pedro. *Crimes contra o sistema financeiro nacional – comentários à Lei 7.492, de 16/6/86.*. São Paulo: Revista dos Tribunais, 1987.

_____ . Crimes contra o Sistema Financeiro. In: *Direito Penal dos Negócios – Crimes do Colarinho Branco*. São Paulo: Associação dos Advogados de São Paulo, 1990.

_____ . Responsabilidade penal das pessoas jurídicas. *Repertório IOB de Jurisprudência*, São Paulo, n.12, p.230-2, jun.1990.

REALE JÚNIOR, Miguel. Despenalização no direito penal econômico: uma terceira via entre o crime e a infração administrativa? *Revista Brasileira de Ciências Criminais*. São Paulo: Revista dos Tribunais, n.28, out./set. 1999.

REIMAN, Jeffrey. *The Rich get Richer and the Poor get Prison*. Allyn and Bacon, 5ª ed., 1997.

ROCHA, Fernando A. N. Galvão da. Responsabilidade penal da pessoa jurídica. *Revista da Associação Paulista do Ministério Público*, São Paulo, n.18, maio 1998.

RODRIGUES DA SILVA, Antônio Carlos. *Crimes do Colarinho Branco*. Brasília: Brasília Jurídica, 1999.

ROXIN, Claus. *Problemas Fundamentais de Direito Penal*. Tradução: Ana Paula dos Santos Luís Natscheradetz (Textos I, II, III, IV, V, VI, VII e VIII), Maria Fernanda Palma (Texto IX) e Ana Isabel de Figueiredo (Texto X). Lisboa: Vega Universidade/Direito e Ciência Jurídica, 3ª ed., 1998.

RUGGIERO, Vicenzo. *Organized Crime and Corporate Crime in Europe*. Dartmouth: 1996.

SANTIAGO, Rodrigo. O "branqueamento" de capitais e outros produtos do crime: contributos para o estudo do art. 23.º do Decreto-Lei n.º 15/93, de 22 de janeiro, e do regime de prevenção da utilização do sistema financeiro no "branqueamento" (Decreto-Lei n.º 313/93, de 15 de setembro). *Direito Penal Econômico e Europeu: Textos Doutrinários*. Coimbra: Coimbra Editora, vol.II, 1999, p.363-409.

SANTOS, Gérson Pereira dos. *Direito penal econômico*. São Paulo: Saraiva, 1981.

SCHAEFFER, Cesar. Portal do Olhar Digital. Papa Francisco pede cuidado com usos da Inteligência Artificial. In https://olhardigital.com.br/noticia/papa-francisco-pede-cuidado-com-usos-da-inteligencia--artificial/90855, publicado em 27.09.2019, acessado em 17.03.2020.

SEXER, Ives. Les conditions de la responsabilité pénale des personnes morales. *Droit et patrimoine*. [s.l.], p.38-46, jan. 1996.

SHAPIRO, Susan. Collaring the crime, not the criminal. *American Sociological Review*, vol. 55, 1990, p.346 ss.

SILVA, Aloísio Firmo Guimarães da *et alii*. *A Investigação Criminal Direta pelo Ministério Público*", in Boletim *IBCCrim*, nº 66/Jurisprudência – Maio/98, p. 251.

STOCO, Rui. Direito penal econômico. *Revista Brasileira de Ciências Criminais*. São Paulo: Revista dos Tribunais, n.16, out./set. 1996.

SUPERIOR Tribunal de Justiça – STJ, AgInt no REsp 1414222 SC 2013/0352142-4, Min. Lázaro Guimarães (Desembarg. Convocado do TRF-5), QUARTA TURMA, DJE DATA:29/06/2018.

SUPERIOR Tribunal de Justiça – STJ, RHC 102457 SP 2018, Min. Reynaldo Soares da Fonseca, QUINTA TURMA, DJE DATA:19/10/2018.

SUTHERLAND, Edwin. *White-Collar Crime*. The Uncut Version. New Haven: Yale University Press, 1983.

_____. Is "White-collar crime" crime?. *American Sociological Review*, 1945.

_____ . White-collar criminality. *American Sociological Review*, vol, 5, 1940.

_____ . e Donald Cressey. *Principes de Criminologie*. Paris: Édition Cujas, 1966.

TARUFFO, Michele. *Uma simples verdade. O juiz e a construção dos fatos*. Trad. Vitor de Paula Ramos. São Paulo: Marcial Pons Brasil, 1ª ed., 2016, pág. 120 e 121.

TIEDEMANN, Klaus. Responsabilidad penal de personas jurídicas y empresas en derecho comparado. *Revista Brasileira de Ciências Criminais*. São Paulo, n. 11, p. 21-35, jul./set. 1995.

_____ . *Poder económico y delito (Introducción al derecho penal económico y de la empresa)*. Barcelona: Ariel, 1985.

_____ . *Delitos contra el orden económico – la reforma penal*. Madrid: Instituto Alemão, 1982.

_____ . *Aspects Criminologiques de la Délinquance d'Affaires – Études Relatives à la Recherche Criminologique*, vol. XV, Conseil de l'Europe, 1977.

TORNAGHI, Hélio. *Comentários ao Código de Processo Civil*, vol. I, p. 278, Revista dos Tribunais, 1976.

TRIBUNAL Regional Federal da 3ª Região, Habeas Corpus nº 5007450-20.2019.4.03.0000 – Relator Des. Fed. FAUSTO DE SANCTIS, 11ª Turma Criminal do Tribunal Regional Federal da 3ª Região (Estados de São Paulo e Mato Grosso do Sul) – Impetrante: Ordem dos Advogados do Brasil – Seção de São Paulo.

VERMELLE, Georges. *Le nouveau Droit Pénal*. Paris: Dalloz, série Connaissance du droit, 1994.

WELZEL, Hans. *Derecho penal alemán – parte general*. Santiago/Chile: Jurídica, 11.ed., 4.ed. castellana, tradução de Juan Bustos Ramírez e Sérgio Yánez Pérez, 1997.

WESTEN, Peter. The empty Idea of equality. *Harvard Law Review*, vol. 95, n.º 3, 1982.

YOUNG, Jock. Incessant chatter: recent paradigms in criminology. *The Oxford Handbook of Criminology*, Clarendon Press, 1994.

CAPÍTULO 4

Inteligência Artificial – IA

4.1. VICTOR, ELIS, SOCRATES, SIGMA. A Experiência Brasileira

Batizado de VICTOR, a ferramenta de inteligência artificial é resultado da iniciativa brasileira do Supremo Tribunal Federal, sob a gestão da Ministra Cármen Lúcia, em conhecer e aprofundar a discussão sobre as aplicações de IA no Judiciário. Cuida-se do maior e mais complexo Projeto de IA do Poder Judiciário e, talvez, de toda a Administração Pública Brasileira. Na fase inicial, VICTOR possui aptidão de ler todos os recursos extraordinários que sobem para o STF e identificar quais estão vinculados a determinados temas de repercussão geral. Essa ação representa apenas uma parte (pequena, mas importante) da fase inicial do processamento dos recursos no Tribunal, mas envolve um alto nível de complexidade em aprendizado de máquina.

VICTOR está na fase de construção de suas redes neurais para aprender a partir de milhares de decisões já proferidas no STF a respeito da aplicação de diversos temas de repercussão geral. O objetivo, nesse momento, é que ele seja capaz de alcançar níveis altos de acurácia – que é a medida de efetividade da máquina –, para que possa auxiliar os servidores em suas análises. O projeto está sendo desenvolvido em parceria com a Universidade de Brasília – UnB (universidade federal), o que também o torna o mais relevante Projeto Acadêmico brasileiro relacionado à aplicação de IA no Direito. A UnB colocou na equipe pesquisadores, professores e alunos de alto nível, muitos com formação acadêmica no exterior, de 3 centros de pesquisa de Direito e de Tecnologias.

O objeto de pesquisa e desenvolvimento deste projeto é aplicar métodos de aprendizado de máquina (*machine learning*) com o fim de usar seus potenciais no processo de reconhecimento de padrões nos processos jurídicos relativos a julgamentos de repercussão geral do Supremo Tribunal Federal – STF. Pragmaticamente, com o objetivo de desenvolvimento de um sistema composto de algoritmos de aprendizagem profunda de máquina que viabilize a automação de análises textuais destes processos jurídicos. Isso será feito com a criação de modelos de *machine learning* para análise dos recursos recebidos pelo Supremo Tribunal Federal quanto aos temas de Repercussão Geral mais recorrentes, com objetivo de integrar o parque de soluções do Tribunal para auxiliar os servidores responsáveis pela análise dos recursos recebidos a identificar os temas relacionados.[101]

VICTOR não se limitará ao seu objetivo inicial. Como toda tecnologia, seu crescimento pode se tornar exponencial e já foram colocadas em discussão diversas ideias para a ampliação de suas habilidades. O objetivo inicial é aumentar a velocidade de tramitação dos processos por meio da utilização da tecnologia para auxiliar o trabalho do Supremo Tribunal. A máquina não decide, não julga, isto é historicamente atividade humana. Está sendo treinado para atuar em camadas de organização dos processos para aumentar a eficiência e velocidade de avaliação judicial.

Os pesquisadores e o Tribunal pretendem que todos os tribunais do Brasil possam fazer uso do VICTOR para pré-processar os recursos extraordinários logo após sua interposição (esses recursos são interpostos contra acórdãos de tribunais), o que visa antecipar o juízo de admissibilidade quanto à vinculação a temas com repercussão geral, o primeiro obstáculo para que um recurso chegue ao STF. Com isso, poderá impactar na redução dessa fase em 2 ou mais anos. VICTOR é promissor e seu campo de aplicação tende a se ampliar cada vez mais.

---

[101] Vide Portal do Grupo de Pesquisa e Aprendizado de Máquina da Universidade de Brasília - GPAM, http://gpam.unb.br/victor/, acessado em 12.02.2020.

O nome do projeto, VICTOR, é uma clara e merecida homenagem a Victor Nunes Leal, ministro do STF de 1960 a 1969, autor da obra *Coronelismo, Enxada e Voto* e principal responsável pela sistematização da jurisprudência do Supremo em Súmula, o que facilitou a aplicação dos precedentes judiciais aos recursos, basicamente o que será feito por VICTOR.[102]

Entre as funções do robô está a de separar e classificar as peças processuais mais utilizadas nas atividades do STF. Somente nesse ponto, a máquina consegue fazer em 5 segundos um trabalho que antes era feito por servidores em aproximadamente 30 minutos, representando grande economia na alocação de tempo de trabalho dos servidores especializados.

Outra função desempenhada pelo robô é identificar a incidência dos temas de repercussão geral mais comuns. O robô auxilia na resolução de cerca 10 mil recursos extraordinários que chegam ao STF por ano. Para Luiz Fux, *a máquina não decide, tampouco julga. Afinal, isso é atividade humana. Em verdade, o objetivo do projeto é que as máquinas treinadas atuem em camadas de organização dos processos auxiliando com que os responsáveis pela análise dos recursos possam identificar os temas relacionados de forma mais clara e consistente, isto é, o intuito é auxiliar e não substituir os servidores.*[103]

Rafael Moraes Moura e Amanda Pupo, consideram que VICTOR agilizará *os processos na Corte máxima – que conta com onze magistrados -, a partir da leitura de todos os recursos extraordinários e identificação dos vinculados a temas de repercussão geral.*[104] VICTOR identifica quais os recursos extraordinários que estão vinculados a determinados temas de repercussão geral, o que representa uma pequena, mas importante, fase inicial do

---

[102] Vide Portal do Supremo Tribunal Federal, Notícias STF, Inteligência artificial vai agilizar a tramitação de processos no STF, in http://www.stf.jus.br/portal/cms/verNoticiaDetalhe.asp?idConteudo=380038, acessado em 10.01.2020.

[103] FUX, Luiz. *Fux mostra benefícios e questionamentos de inteligência artificial no Direito.* Portal CONJUR, in https://www.conjur.com.br/2019-mar-14/fux-mostra-beneficios-questionamentos-inteligencia-artificial, publicado em 14.03.2019, acessado em 15.03.2020.

[104] MORAES MOURA, Rafael e PUPO, Amanda. 'Victor', o 12.º ministro do Supremo. *Estadão*, https://politica.estadao.com.br/blogs/fausto-macedo/victor-o-12-o-ministro-do-supremo/, publicado em 01.06.2018, acessado em 10.03.2020.

processamento dos recursos e que envolve um alto nível de complexidade em aprendizado de máquina.

O que se espera é que o sistema alcance níveis altos de acurácia, que é a medida de efetividade do sistema, para que possa auxiliar os funcionários em suas análises. O resultado obtido com o sistema, é possível recorrer a um dos Ministros para reapreciação, o que resguarda a necessidade de controle e apreciação pessoalizada dos julgamentos.

Existe outro importante exemplo. No Judiciário de Pernambuco, um sistema de IA realiza o exame de novas ações de execução fiscal e decide quais delas estão de acordo com as regras processuais e quais estão prescritas. Segundo o juiz de direito José Faustino Macêdo, da Vara de Executivos Fiscais de Recife, no dia a dia utiliza-se o sistema batizado de ELIS, que usa inteligência artificial no processo decisório, e que possui custo zero para a corte, já que foi desenvolvido por servidores do próprio tribunal.

Para o Magistrado, "Elis de certa forma decide. Ela diz se o processo está ok ou não, e bota na minha caixa para eu assinar. É como se me substituísse até. Agora, não digo que ela me substitui porque eu tenho que parar, logar e posso olhar, verificar se está certo ou não."[105] Importante mencionar que nos processos há sempre uma menção expressa sobre o uso da IA para permitir transparência. O sistema de IA na Justiça de Pernambuco foi criado em 2018 e alimentado com dados provenientes das cerca de 450 mil execuções fiscais que estavam em andamento à época no Recife, referentes principalmente ao não pagamento de imposto sobre a propriedade - IPTU e o imposto sobre o serviço social - ISS.

No Superior Tribunal de Justiça - STJ, o sistema de IA recebeu o nome de SOCRATES e foi "treinado" com uso dos dados de 300 mil decisões da corte, segundo o tribunal. A IA "lê" os processos novos e agrupa aqueles com assuntos semelhantes, para que possam ser julgados em blocos. O software também é usado na triagem para barrar a entrada de alguns tipos de causas que não tenham relação com as atri-

---

[105] Veja FERREIRA, Flávio. Ferramentas tecnológicas tiram proveito da digitalização que já ultrapassou 100 milhões de causas desde 2008 no Judiciário. Folha de São Paulo, em 10.03.2020, acessado em 12.03.2020.

buições do tribunal. Essa barreira digital é importante porque a Justiça brasileira criou uma categoria denominada demanda repetitiva, que se aplica a todo o processo que tenha como tema uma questão jurídica comum a outros milhares de processos. São temas jurídicos que envolvem milhões de pessoas, como reajustes de planos de saúde ou índices de correção de taxas públicas.

Nesse tipo de situação, a identificação de uma apelação como demanda repetitiva faz com que ela seja devolvida ao tribunal de origem nos estados. Quando sai a sentença do tribunal superior sobre o assunto, cada corte estadual é que irá aplicar a decisão judicial a cada caso. O STJ quer irá mais longe no uso da tecnologia e relata que já está em andamento o projeto Sócrates 2, no qual a ideia é avançar para que a IA em breve forneça de forma organizada aos juízes todos os elementos necessários para o julgamento das causas, como a descrição das teses das partes e as principais decisões já tomadas pelo tribunal em relação ao assunto do processo.

O Tribunal Regional Federal da 3ª Região (TRF3) iniciou, em 03.07.2020, a implantação do programa de inteligência artificial (SIGMA) para auxílio na elaboração de relatórios, decisões e acórdãos no sistema do Processo Judicial Eletrônico (PJe). O SIGMA é um sistema inteligente de utilização de modelos para produção de minutas. O programa ordena os textos armazenados, comparando informações extraídas das peças processuais com a maneira como cada unidade utiliza seus modelos. A inteligência artificial gera insumos para a redação do relatório e, observando as peças processuais, sugere modelos já utilizados para um mesmo tipo de processo, acelerando a produtividade de magistrados e servidores, de forma a evitar, ainda, decisões conflitantes.

O programa facilita e acelera a pesquisa no acervo do órgão de Justiça. Para isso, utiliza ferramentas de tecnologia da informação, que, diferentemente dos sistemas convencionais, são capazes de executar tarefas mais rapidamente do que o raciocínio humano. Um dos mais avançados sistemas de inteligência artificial de todo o judiciário brasileiro, o SIGMA foi criado em colaboração por diversos órgãos da Justiça Federal da 3ª Região: a Vice-Presidência do TRF3, a Secretaria de Tecnologia da Informação (SETI), o Laboratório de Inteligência Artificial

Aplicada da 3ª Região (LIAA-3R) e a Divisão de Sistemas de Processo Judicial Eletrônico (DSPE).

A ferramenta já estava sendo utilizada, de forma experimental, pelo Gabinete da Vice-Presidência para o aprimoramento do fluxo de processos em tramitação e para maior celeridade na prestação jurisdicional. Iniciou-se com a centralização de modelos de minutas no sistema de inteligência artificial para os juízos de conformidade e admissibilidade recursal. O SIGMA está disponível para todos os gabinetes do TRF3, e será, também, estendido ao PJe em todo o país.[106]

4.2. Desafios da Inteligência Artificial

Os sistemas de Inteligência Artificial trazem diversos benefícios à prática do Direito, especialmente em relação à automatização de atividades repetitivas, proporcionando maior agilidade e precisão. Entretanto, os impactos que as novas tecnologias vêm produzindo na sociedade igualmente levantam uma série de questionamentos ético-jurídicos na seara regulatória. Haveria, contudo, de ser regulamentada na esteira do que o Congresso brasileiro tenta realizar com o Projeto de Lei n.º 5.691, de 2019, de autoria do Senador Styvenson Valentim e cujo relator atual é o Senador Rogério Carvalho. O referido projeto visa estimular a formação de um ambiente favorável ao desenvolvimento de tecnologias em Inteligência Artificial, criando, inclusive com consulta pública, verdadeira política nacional para o tema.[107]

Fortemente impulsionada pelo rápido desenvolvimento tecnológico, a Inteligência Artificial está cada vez mais presente na vida das pessoas, nas corporações e nos governos, sendo considerada uma nova fronteira tecnológica com potencial para alavancar novas frentes de crescimento. De acordo com a pesquisa da empresa de consultoria Accenture, essa tecnologia pode duplicar as taxas de crescimento econômico anual até 2035. A previsão é que a Inteligência Artificial aumentará a produti-

---

[106] Vide endereço eletrônico do TRF3. TRF3 começa a utilizar inteligência artificial em gabinetes. In http://web.trf3.jus.br/noticias/Noticias/Noticia/Exibir/396711, publicado em 07.07.2020, acessado em 10.07.2020.

[107] Vide Senado Federal, Projeto de Lei nº 5691, de 2019, https://www12.senado.leg.br/ecidadania/visualizacaomateria?id=139586, acessado em 10.01.2020.

vidade em até 40% e permitirá a otimização do tempo por parte das pessoas. Devido a sua importância estratégica para o desenvolvimento econômico e social, a proposição, destinada a instituir a Política Nacional de Inteligência Artificial no Brasil, com o objetivo de articular esforços e estimular a formação de um ambiente favorável à implantação de um ecossistema tecnológico que incorpore esse novo fator de crescimento.

Segundo o Projeto citado, são princípios da Política Nacional de Inteligência Artificial: I - desenvolvimento inclusivo e sustentável; II - respeito à ética, aos direitos humanos, aos valores democráticos e à diversidade; III - proteção da privacidade e dos dados pessoais; IV - transparência, segurança e confiabilidade (Artigo 2º). Por sua vez, há uma grande preocupação ética e de valorização do trabalho humano, quando disciplina como diretrizes da Política Nacional de Inteligência Artificial, dentre outros: I - estabelecimento de padrões éticos para o uso da Inteligência Artificial; II - promoção de crescimento inclusivo e sustentável; III - melhoria da qualidade e da eficiência dos serviços ofe-recidos à população; IV - estímulo a investimentos públicos e privados em pesquisa e desenvolvimento da Inteligência Artificial; V - promo-ção da cooperação e interação entre os entes públicos, entre os setores público e privado e entre empresas; VI - desenvolvimento de estratégias para incrementar o intercâmbio de informações e a colaboração entre especialistas e instituições nacionais e estrangeiras; VII - estímulo às atividades de pesquisa e inovação das instituições de Ciência, Tecnolo-gia e de Inovação; VIII - desenvolvimento de mecanismos de fomento à inovação e ao empreendedorismo digital, com incentivos fiscais voltados às empresas que investirem em pesquisa e inovação; IX - capacitação de profissionais da área de tecnologia em Inteligência Artificial; X - valori-zação do trabalho humano; XI - promoção de uma transição digital justa com a mitigação das consequências adversas da Inteligência Artificial para o mercado de trabalho e para as relações trabalhistas (Artigo 3º).

Determina, ainda, que as soluções de Inteligência Artificial devem: I - respeitar a autonomia das pessoas; II - preservar a intimidade e priva-cidade das pessoas; III - preservar os vínculos de solidariedade entre os povos e as diferentes gerações; IV - ser inteligíveis, justificáveis e aces-síveis; V - ser abertas ao escrutínio democrático e permitir o debate e controle por parte da população; VI - ser compatíveis com a manutenção da diversidade social e cultural e não restringir escolhas pessoais de estilo de vida; VII - conter ferramentas de segurança e proteção que permitam a intervenção humana sempre que necessária; VIII - prover decisões rastreáveis e sem viés discriminatório ou preconceituoso; IX - seguir padrões de governança que garantam o contínuo gerenciamento e a mitigação dos riscos potenciais da tecnologia (Artigo 4º).

Por fim, o referido Projeto estabelece como instrumentos da Política Nacional de Inteligência Artificial: I - programas transversais elaborados em parceria com órgãos públicos e instituições privadas; II - fundos setoriais de ciência, tecnologia e inovação; III - convênios para desenvolvimento de tecnologias sociais (Artigo 5º), prevendo que a União, ou seja, o governo federal, e os entes públicos dotados de personalidade jurídica poderão celebrar convênios com entidades privadas ou públicas, nacionais ou internacionais, para obtenção de recursos técnicos, humanos ou financeiros destinados a apoiar e fortalecer a Política Nacional de Inteligência Artificial (Artigo 6º), justamente o que o Supremo Tribunal Federal brasileiro fez ao implementar o VICTOR em convênio com a Universidade de Brasília - UnB.

Na visão do Ministro Luiz Fux, do Supremo Tribunal Federal, o estudo da Inteligência Artificial no Direito divide-se em três partes: o alcance e o escopo da aplicação da Inteligência Artificial no mundo jurídico; desafios e problemas éticos relacionados à regulação dessas novas tecnologias; e exemplos de sucesso da aplicação dessa tecnologia no Judiciário brasileiro.[108]

Em relação ao primeiro tópico, na esteira do que considera o ministro, importante verificar como a Inteligência Artificial tem sido aplicada no mundo jurídico, como o advogado-robô Ross, criado pela IBM e usado por uma das maiores bancas dos Estados Unidos, a Baker & Hostetler. Segundo ele, nesse escritório, *o robô Ross analisará passagens relevantes de casos ou leis para que os advogados não tenham que gastar mais tempo que o necessário encontrando a legislação aplicável e jurisprudência sobre o assunto.*

---

[108] FUX, Luiz. *Fux mostra benefícios e questionamentos de inteligência artificial no Direito.* Portal CONJUR, in https://www.conjur.com.br/2019-mar-14/fux-mostra-beneficios-questionamentos-inteligencia-artificial, publicado em 14.03.2019, acessado em 15.03.2020.

O fato é que o uso de Inteligência Artificial e o aprendizado de máquina já está impondo mudanças nas práticas de mercado e na prestação de serviços em algumas partes do setor jurídico. No entanto, o papel das soluções orientadas à eficiência com tecnologia de IA - e o espaço jurídico da tecnologia em geral - ainda está evoluindo no setor jurídico. A revisão de contratos também seria outra função da Inteligência Artificial destacada pelo ministro. A tecnologia tem sido aplicada também em outras áreas como o Direito de Família. Como exemplo, existe uma plataforma que auxilia casais a preparar todos os documentos necessários para o divórcio.

No que tange a questão Ética e direitos fundamentais, o Ministro explorou também os desafios regulatórios para a Inteligência Artificial no Direito, lembrando que, nos últimos anos, muito se tem discutido a respeito da necessidade de regulação de novas tecnologias. O Ministro apresenta quatro áreas que têm levantado questionamentos de natureza ética-jurídica: (i) a responsabilidade civil por atos autônomos de máquinas; (ii) a proteção de Direitos Autorais e a produção de obras por máquinas; (iii) a noção de devido processo legal e de isonomia perante possíveis vieses algorítmicos; (iv) o direito à privacidade e a utilização de dados pessoais por sistemas de Inteligência Artificial.

Aduz que não haveria *dúvida de que quanto mais autônomo for o robô, menos poderá ser encarado como um simples instrumento nas mãos de outros intervenientes, como o fabricante, o operador, o proprietário, o utilizador, etc*", ao falar sobre responsabilidade civil.

Quanto aos direitos autorais, o Ministro Fux destaca que práticas como pintura ou composição de música e textos, que foram fruto exclusivo do intelecto humano, cada vez mais têm sido delegadas aos computadores. Nessas hipóteses, questiona, a quem pertencem os direitos autorais dessas obras? No Brasil, explica, segundo a Lei de Direitos Autorais, somente pode ser considerado autor de uma obra a pessoa física que a produziu. Dessa forma, o robô não poderia ser o autor dessas.

O uso de algoritmos também é uma ferramenta pelo Poder Judiciário nos Estados Unidos que calcula a probabilidade de algum indivíduo ser reincidente, bem como sugere qual tipo de regime/supervisão ele deveria receber na prisão. Durante o julgamento do uso desse *soft-*

ware, o então Advogado-Geral da União dos EUA, Eric Holder, afirmou que estudos vêm se preocupando cada vez mais com a existência de vieses algorítmicos em relação a tais sistemas de inteligência artificial, em especial no tocante ao quesito raça. Para Luiz Fuz, *em face de os vieses se apresentarem como uma característica intrínseca do pensar humano, pode-se concluir, de igual modo, que um algoritmo criado por seres humanos enviesados provavelmente padecerá do mesmo 'mal', não de forma proposital, mas em decorrência das informações fornecidas ao sistema. Dessa maneira, surgem os chamados vieses algorítmicos, que ocorrem quando as máquinas se comportam de modos que refletem os valores humanos implícitos envolvidos na programação, então, enviesando os resultados obtidos.*[109]

Dado importante sobre a ética é que existem programas que conseguem perceber nossos padrões de comportamento na *internet* (o que pesquisamos, o que compramos, quais são os nossos interesses). Essa habilidade, conhecida como *pattern recognition*, torna a fronteira entre a vida pública e privada cada vez mais tênue, e, muitas vezes, acabamos compartilhando informações sem consentir.

O Brasil promulgou a Lei n.º 13.709, de 14.08.2018 (Lei de Geral de Proteção de Dados) dispondo sobre o tratamento de dados pessoais, inclusive nos meios digitais, por pessoa natural ou por pessoa jurídica de direito público ou privado, com o objetivo de proteger os direitos fundamentais de liberdade e de privacidade e o livre desenvolvimento da personalidade da pessoa natural. Assim, o uso da Inteligência Artificial deverá ser desafiada com os diplomas que tratam da proteção de dados pessoais.

No sistema de justiça especificamente, a IA tem o potencial de influenciar radicalmente a maneira como os processos criminais e civis são ouvidos e decididos - embora existam muitas perguntas sobre sua eventual aplicação e a necessidade de considerar as implicações éticas do uso dessa tecnologia.

---

[109] FUX, Luiz. *Fux mostra benefícios e questionamentos de inteligência artificial no Direito*. Portal CONJUR, in https://www.conjur.com.br/2019-mar-14/fux-mostra-beneficios-questionamentos-inteligencia-artificial, publicado em 14.03.2019, acessado em 15.03.2020.

4.3. Impacto da IA ao Sistema Judicial

Já é percebido no setor jurídico os benefícios do uso da Inteligência Artificial porquanto possui a capacidade de agilizar os procedimentos e a obtenção ágil do resultado pretendido. Sylvie Delacroix, professora de Direito e Ética da Universidade de Birmingham, faz parte da Comissão de Políticas Públicas da Sociedade de Direito criada para analisar Algoritmos no Sistema de Justiça, com a missão de examinar o uso de algoritmos no sistema de justiça na Inglaterra e no País de Gales e quais controles, se houver, são necessários para proteger os direitos humanos e confiar no sistema de justiça.

Ela acredita, no que tange à eficiência do uso da IA, que *nas soluções voltadas para o cliente, veremos uma explosão de 'aplicativos jurídicos'. Haverá casos (multas de estacionamento irregular) em que há pouca desvantagem no aumento vital da acessibilidade que a automação traz, desde que a transparência, a responsabilidade e a privacidade sejam asseguradas. No entanto, esses casos bem definidos de automação sem problemas não são tão comuns. Por mais louvável que seja, o esforço para democratizar a experiência jurídica, destilando-a em aplicativos de solução de problemas de mercado de massa, pode ocultar questões que exigem contribuição humana. Como exemplo, é recomendável que um aplicativo que permita que aqueles que foram demitidos recentemente de seu emprego tenham direito a indenizações (que podem ser opacas devido a legislação complexa). No entanto, sem um sistema de referência proativo, esse aplicativo falharia com seus usuários. A vulnerabilidade que é inenerente ao estar desempregado não pode ser tratada por algoritmos, não importando quanta empatia esses aplicativos possam possuir.*[110]

Na realidade, quando o foco se restringe à eficiência, em termos de celeridade, corre-se o risco da adoção de ferramentas ágeis de previsão de decisões judiciais de molde a interferir no sistema jurídico. Os advogados, por exemplo, ao aconselharem seus clientes sobre se valeria a pena ingressar com a demanda em juízo, certamente não ousaria caso constatasse probabilidade alta de insucesso, o que pode contribuir para um crescente grau de conservadorismo, uma vez que é imprová-

---

[110] DELACROIX, Sylvie. *How could AI impact the justice system?* In Thomson Reuters website, Legal Insights Europe, https://blogs.thomsonreuters.com/legal-uk/2018/11/30/how-could-ai-impact-the-justice-system/, publicado em 30.11.2018, acessado em 15.03.2020.

vel que os casos com baixa previsão de sucesso sejam julgado diferentemente nos tribunais.

Isso, por sua vez, torna menos prováveis as mudanças orgânicas na jurisprudência. As mudanças na jurisprudência geralmente dependem de um acúmulo de casos anteriores, que desencadeiam um número crescente de vozes dissidentes. Deve-se desenvolver ferramentas que não apenas prevejam as chances de sucesso nos tribunais, mas também a probabilidade de que um caso em particular acabe contribuindo para alguma evolução orgânica da jurisprudência. A questão será como existir incentivos comerciais para o desenvolvimento e o uso de tais ferramentas.

O gerenciamento automatizado de documentos já se tornou comum, poupando horas de trabalho monótonas de muitos profissionais, mas ainda há espaço para o aproveitamento de todo o potencial de dados agora disponíveis. Tudo dependerá exatamente de como aproveitaremos esse potencial, se permitimos que uma lógica instrumentista assuma ou se os objetivos que presidem essa mineração de dados refletem o que queremos para a lei.

A natureza de muitas funções mudará com o uso da Inteligência Artificial. Em muitas áreas, provavelmente não será preciso tantos profissionais, como advogados, servidores, promotores ou juízes. No entanto, urge observar que tais profissionais deverão ser treinados em governança de dados, o que demandará conhecimentos em estatística e ciência da computação. Isto deve impactar as universidades de direito. Katie Brigham revela ser *fácil imaginar que existe uma maneira melhor, que um dia encontraremos uma ferramenta que possa tomar decisões neutras e desapaixonadas sobre investigações e punição,*[111] entretanto, não se pode desconsiderar que humanos são imperfeitos porquanto sujeitos a preconceitos e estereótipos e, quando estes entram em jogo no sistema de justiça criminal, as pessoas mais desfavorecidas acabam sofrendo.

Existe enorme risco se polícia e magistratura se socorrem de algoritmos de Inteligência Artificial para ajudá-los a decidir de tudo, desde

---

[111] Veja BRIGHAM, katie. CNBC. *Courts and police departments are turning to AI to reduce bias, but some argue it'll make the problem worse,* in https://www.cnbc.com/2019/03/16/artificial-intelligence-algorithms-in-the-criminal-justice-system.html, publicado em 17.03.2019, acessado em 17.03.2020.

onde mobilizar policiais até soltar réus sob fiança. Os seus defensores acreditam que a tecnologia levará a um aumento da objetividade, com melhor segurança jurídica. Os críticos, porém, argumentam que os dados fornecidos nesses algoritmos são codificados com viés humano, o que significa que a tecnologia simplesmente reforçaria as disparidades históricas. Oleksii Kharkovyna faz uma importante reflexão sobre o uso da Inteligência Artificial em sistemas judiciais, concentrando-se nos riscos de falhas de decisões, embora feitas por meio de algoritmos. Ao pensarmos no sistema judicial de hoje, os adjetivos que normalmente surgem são corrupto, enviesado, falido.[112]

A Inteligência Artificial não significa apenas uma palavra da moda. Ela interfere na vida de todos com capacidade de transformar vários procedimentos antes impensáveis. O uso da tecnologia, além de buscar a celeridade dos julgamentos, visa remover o erro humano, retirando--o da equação. Em outras palavras, a experiência humana alimentada nos sistemas, poderia nos oferecer decisões judiciais objetivas, ou seja, sem vieses porque fruto de nossos preconceitos, dramas e angústias.

Não haveria como culpar os juízes por serem intencionalmente não--objetivos. É isso que eles recebem da maioria dos editoriais - muitos rótulos, como racista, corrupto, preconceituoso, arbitrário, esquecendo--se, simplesmente, tratar-se de um ser humano.

A Inteligência Artificial seria, então o remédio perfeito para retirar o subjetivismo judicial e, com isso, as falhas humanas. Em verdade, em muitas hipóteses, pode melhorar o sistema, mas não em todas. A IA, para Oleksii Kharkovyna, usada nas dependências do tribunal não significa deixar a máquina fazer todo o trabalho. O objetivo é ajudar os seres humanos e as máquinas a colaborarem com o sucesso, contemplando uns aos outros com objetividade técnica e experiência humana.[113]

---

[112] KHARKOVYNA, Oleksii. https://medium.com/@oleksii_kh/ai-is-entering-judicial-system-do-we-want-it-there-632f56347c51, publicado em 13.04.2018, acessado em 13.04.2020.

[113] KHARKOVYNA, Oleksii. https://medium.com/@oleksii_kh/ai-is-entering-judicial-system-do-we-want-it-there-632f56347c51, publicado em 13.04.2018, acessado em 13.04.2020.

INTELIGÊNCIA ARTIFICIAL E DIREITO

Jean-Claude Marin revela que a justiça preditiva constitui "versão moderna da bola de cristal", de acordo com a expressão de Frédéric Rouvière, e consiste em prever, sabemos, a solução dada a um litígio por meio do processamento de dados. Longe de ser nova, a própria ideia de justiça preditiva já estava, como lembra o autor, pautando-se pelo professor Bruno Dondero, nos trabalhos do matemático Siméon-Denis Poisson, publicado em 1837 e que tratava da probabilidade de julgamentos.

Ao usar as palavras de Antoine Garapon, Marin revela que a justiça preditiva, é uma "revolução cognitiva", trazendo conhecimento não jurídico e questionando as formas atuais de justiça, o Direito e sua prática. Carregaria a fantasia da precisão aritmética da solução e do fim da incerteza jurídica, que daria lugar a uma espécie de *jus ex machina*. No entanto, se a justiça preditiva pode responder a uma demanda social vinculada a um desejo de previsibilidade da decisão do tribunal e, da mesma forma, aumentar a confiança na instituição judicial no sentido amplo, ela ignora frequentemente a dimensão humana irredutível à frieza da equação matemática.

Existem disputas e situações que, no estado atual do conhecimento, não podem ser resolvidas apenas pela lei matemática, mesmo as mais sofisticadas. Além disso, a Justiça só pode ser preditiva analisando decisões passadas que oferecem a probabilidade de uma determinada solução. Basta dizer que, paradoxalmente, essa justiça do futuro é eminentemente conservadora. Portanto, sempre caberá ao juiz determinar o escopo de uma nova norma, ou mesmo conhecer uma situação atípica ou observar a obsolescência de jurisprudência bem estabelecida que não estaria mais em conformidade com a sociedade que a cerca ou infringiria os princípios estabelecidos pela jurisprudência recente dos tribunais.[114]

Curioso que o raciocínio das decisões dos tribunais que, para muitos, seria um mistério, pode deixar de sê-lo a partir do uso da Inteligência

---

[114] MARIN, Jean-Claude. La justice prédictive. Discurso do Sr. Jean-Claude Marin, Procurador Geral do Tribunal de Cassação, durante o colóquio "Justiça preditiva", organizado pela Ordem dos Advogados do Conselho de Estado e do Tribunal de Cassação, em 12 de fevereiro de 2018. Portal do Tribunal de Cassação, https://www.courdecassation.fr/publications_26/prises_parole_2039/discours_2202/marin_procureur_7116/justice_predictive_38599.html, publicado em 12.02.2018, acessado em 12.03.2020.

Artificial ao passar explicitar a razão pela qual uma decisão foi tomada com relação a uma pessoa, um suspeito. O aprendizado de máquina, a partir do que lhe é ensinado, pode levar a uma confiança maior no sistema judicial. E não é só. Possibilidade de acompanhamento em tempo real do filtro dos procedimentos e de algumas decisões será fator de prestação de contas do sistema judicial.

Os próprios *sites* de justiça poderiam ser adaptados para fornecerem, com o uso da Inteligência Artificial, respostas a frequentes indagações dos cidadãos ou advogados. Questão importante é saber se seria possível terceirizar o uso de algoritmos com risco de conhecimento privado do resultado dos sistemas que são utilizados pelos tribunais para a tomada de suas decisões judiciais. Ou seja, dispensa-se sistema judicial porque se sabe de antemão qual seria o teor da decisão de um determinado caso ainda não levado a julgamento. A questão ganha realce já que a justiça lida com o destino das pessoas.

Para implementar a IA nas práticas legais, faz-se necessário primeiro conhecer o modelo de seu raciocínio. Oleksii Kharkovyna revela um caso ocorrido em 2013 em que a falta de transparência da Inteligência Artificial pode comprometer o julgamento. Trata-se do caso Wisconsin vs Loomis. A sentença do juiz condenando Eric Loomis foi influenciada pela análise do *COMPAS* - uma ferramenta de avaliação de risco da IA. Ele analisou a personalidade de Loomis como "de alto risco" para cometer um novo crime. Mais tarde, Loomis decidiu apelar de seu caso e exigiu transparência do algoritmo. No entanto, seu pedido para revisar o raciocínio do COMPAS não foi aceito e Eric Loomis cumpriu uma sentença de seis anos, sendo liberado em 2019. Na verdade o Supremo Tribunal de Wisconsin considerou que a decisão estava apoiada em outros fatores e não apenas no COMPAS.[115]

Em Willie Allen Lynch v. State of Florida, a Corte de Apelações da Flórida refutou os argumentos de Lynch, decidindo que o reconhecimento da identidade pelo sistema de base de dados a partir da foto tirada de um celular, do endereço do local do crime e do apelido do criminoso "Midnight" era válido. O tribunal rejeitou os argumentos de

---

[115] Veja STATE of Wisconsin v. LOOMIS | 881 N.W.2d 749 (2016), in https://www.courts.ca.gov/documents/BTB24-2L-3.pdf, acessado em 05.05.2020.

Lynch afirmando que cabia a este demonstrar que o resultado da identificação seria diferente se outras fotos fossem acessadas pelo acusado e que foram rejeitadas pelo *software*.[116]

Nesse sentido, também Jonathan Vanian, que acredita que a aplicação da Inteligência Artificial não pode levar a decisões, por exemplo, sobre prisão de suspeitos. Um relatório publicado em 19 de abril de 2019, pela "Partnership on AI" (PAI), formado por gigantes da tecnologia como Amazon, Google e Facebook, juntamente com grupos de defesa como a União Americana das Liberdades Civis, pretende ser uma nota de advertência sobre o uso do buzzy tecnologia no sistema de justiça criminal. A mensagem abrangente é que a I.A. pode ser uma ferramenta útil, mas que também possui limites significativos.[117]

No caso citado, não lhe foi dada a possibilidade de conhecer a tecnologia usada para considerá-lo de alto risco, o que Oleksii Kharkovyna chama de era do "terror tecnológico". Portanto, nossa liberdade, destino e direitos estão agora protegidos ou ameaçados pela Inteligência Artificial.[118] "Neutralidade de algoritmos" é uma ideia popular na mídia e pode reduzir ou aniquilar, na teoria, vieses e preconceitos humanos porquanto a Inteligência Artificial levará apenas em conta as condutas.

O problema é que, para desenvolver um algoritmo de IA, são usados conjuntos de dados. As informações são coletadas e "alimentadas" para a IA humanizar seu raciocínio. O efeito colateral produzido pode ser o tal "viés algorítmico". O autor citado revela um estudo que investigava a maneira como o computador decide com base apenas em suas características faciais. Acontece que as pessoas com lábios menores, mais cur-

---

[116] Veja LYNCH v. STATE of Florida, First Disctrict Court of Appeal (N.º 1D16-3290, 2018, in https://law.justia.com/cases/florida/first-district-court-of-appeal/2018/16-3290. html, acessado em 05.05.2020.

[117] VANIAN, Jonathan. Fortune. *Law Enforcement Shouldn't Rely Entirely on A.I. to Decide Whether to Detain Suspects, Report Says*, in https://www.msn.com/en-us/money/companies/law-enforcement-shouldnt-rely-entirely-on-ai-to-decide-whether-to-detain-suspects-report-says/ar-BBWjVsA, publicado em 26.04.2019, acessado em 20.03.2020.

[118] KHARKOVYNA, Oleksii. https://medium.com/@oleksii_kh/ai-is-entering-judicial-system-do-we-want-it-there-632f56347c51, publicado em 13.04.2018, acessado em 13.04.2020.

vos e olhos mais próximos têm maior probabilidade de serem rotulados como criminosos. Não se sabe a razão dessa conclusão pelos algoritmos.

Além disso, a IA é quase tão sensível ao gênero e ao preconceito racial quanto o ser humano e o motivo disso é simplesmente pelo fato de a IA aprender com o que os humanos escrevem, filmam e gravam. Por tudo isso, deve-se evitar usar a Inteligência Artificial como tomadora exclusiva de decisões, preferindo-se um cérebro humano a ela. A razão disso é simples: um humano pode ser solicitado a explicar suas decisões, diferentemente de um algoritmo.

As áreas em que normalmente confiamos o uso da IA para tomar decisões são inofensivas – usamos um GPS para escolher a melhor rota, a Netflix usa algoritmos para encontrar filmes à sua semelhança. Mas, ao se falar em sistema judicial, seria excessivo terceirizar soluções com a IA. Afinal, é sobre família de quem estamos cuidando, a liberdade que não pode ser retirada, vidas que podem facilmente ser arruinadas. A confiança na IA aplicada a nosso sistema judicial ocorrerá quando for possível saber como as escolhas são realizadas e de que forma os controles dessa decisão são exercidos. A IA previu corretamente 70% das decisões do Corte Suprema dos Estados Unidos, comparadas com 66% dos resultados prognosticados corretamente por especialistas humanos. Esses dados provam que implementar Inteligência Artificial no sistema judicial não é uma má ideia - é, de fato, promissora. No entanto, nossos algoritmos ainda são tendenciosos e carecem de transparência.

4.4. Justiça Preditiva ou Dedutiva

Uma das fronteiras mais avançadas do desenvolvimento tecnológico na sociedade contemporânea está ligada ao uso cada vez mais difundido de ferramentas de Inteligência Artificial em muitas áreas das atividades humanas. Por Inteligência Artificial, deve-se entender o complexo de métodos, teorias e técnicas científicas que tendem a reproduzir, através de cálculos e algoritmos, as habilidades cognitivas dos seres humanos; alguns objetos e serviços já em uso comum ou em fase avançada de experimentação são produtos de inteligência artificial, como assistentes virtuais, *chatbots*, sistemas de reconhecimento facial, tradutores automáticos, veículos autônomos etc.

O objetivo prático da IA é essencialmente fazer a máquina executar tarefas complexas anteriormente executadas pelo homem, economizando tempo e dinheiro. Nos últimos tempos, um debate cada vez mais estreito se desenvolveu sobre o potencial e os limites do uso de algoritmos e ferramentas de inteligência artificial no campo jurídico. Quando se fala em Justiça Preditiva ou Dedutiva vem à mente a figura fascinante e perturbadora do robô-juiz em questões criminais. Esta encontra uma primeira aplicação nos Estados Unidos, especialmente em Wisconsin, com o algoritmo chamado *Compass* (perfil corretivo de gerenciamento de infratores por sanções alternativas), que avalia e determina o risco de reincidência de um réu. Com base nas respostas dadas a um questionário composto por 137 perguntas, que dizem respeito a idade, trabalho, vida social, educação, uso de drogas, opiniões pessoais, trajetória criminal etc.

A justiça preditiva é uma mistura de inteligência artificial (com algoritmos preditivos resultantes da abertura das bases da jurisprudência em código aberto) e o Direito. Chouchane Islame considera que a *capacidade preditiva de um método de antecipação de decisões futuras baseia-se, no todo ou em parte, na análise de decisões de jurisprudência do passado, que é o indicador de seu valor científico.*

Ela revela que com essa nova tecnologia tornou-se possível fazer estatísticas, aferir probabilidades de soluções para um determinado problema jurídico: as decisões jurídicas envolvem uma parcela de aleatoriedade que pode ser medida, avaliada as chances de uma ação judicial ou dos riscos legais, determinada uma quantia possível de reparação.[119] É importante enfatizar, acima de tudo, que a justiça preditiva possui origem no mundo anglo-saxão. Nos Estados Unidos, vários estados usam *software* na área do direito penal, bem como para a realização de atos legais, arquivamento de documentos, contabilidade etc. O Reino Unido também possui essas soluções.

Na França, a justiça preditiva fez uma entrada notável no mundo do direito. Há um número crescente de artigos de imprensa, confe-

---

[119] ISLAME, Chouchane. Justice prédictive: bouleversement du monde du droit. Portail MBA.MCI, in https://mbamci.com/justice-predictive-bouleversement-du-monde-du-droit/, acessado em 16.04.2020.

rências e comissões dedicadas à justiça preditiva, o desenvolvimento de *startups*, chamado LEGALTECH; a diversificação de editores jurídicos em direção à "jurisprudência quantificada", os quais evocam questões legítimas. A República francesa entrou no século XXI de dados abertos, com a obrigação de tornar a jurisprudência legalmente acessível, mediante a promulgação da Lei Lemaire de 7 de outubro de 2016, que fundou a República Digital. O texto introduzido no Código de Organização Judicial, no artigo L.111-13, estabelece, portanto, que "as decisões proferidas pelos tribunais judiciais são disponibilizadas ao público gratuitamente, respeitando a privacidade dos pessoas interessadas."

A Suprema Corte de Wisconsin considerou legítimo o uso desse algoritmo na determinação da penalidade, mas especificou que o instrumento não poderia ser o único elemento no qual basear uma sentença condenatória. Nesse contexto, uma das questões mais controversas é a da chamada Justiça Preditiva ou Dedutiva, ou seja, a possibilidade de prever o resultado de um julgamento por meio do auxílio de sistemas e algoritmos de cálculo. O uso da inteligência artificial em uma função preditiva, além dos benefícios e vantagens que ela pode trazer na gestão do sistema judicial em termos de economia de tempo e custos, levanta questões e preocupações éticas e legais.

Enquanto a Itália continua discutindo o perigo de ataques cibernéticos, riscos à privacidade, o medo de prejudicar os direitos humanos e a ameaça de robôs, existe um país na Europa que foi renomeado "República Digital". Este país é a Estônia. Tão grande quanto a Lombardia e Veneto, tem vista para o Mar Báltico, tem 1,3 milhão de habitantes e é um dos líderes digitais do mundo. Para Alice Bassoli,[120] o país do norte da Europa, um antigo estado soviético, apostou tudo no futuro por meio de uma operação que a Itália ouviu muito nos últimos anos, a saber, a digitalização.

A Estônia entregou-se a um importante projeto tecnológico chamado e-Estônia, por meio do qual todos os serviços para os cidadãos

---

[120] BASSOLI, Alice, in *L'intelligenza artificiale applicata ala giustizia: i guidici-robot*. In Altalex, https://www.altalex.com/documents/news/2019/06/07/intelligenza-artificiale-applicata-alla-giustizia-giudici-robot, publicado em 07.06.2019, acessado em 10.04.2020.

foram digitalizados em uma única plataforma chamada X-Road: todos os dados de cada cidadão fluem para essa plataforma para a qual se pode acessá-la por meio de um cartão de identidade eletrônico ou de um aplicativo no *smartphone* que atua ao mesmo tempo que um documento de identificação, carteira de motorista, cartão de débito, cartão de saúde. Tudo pode ser feito *online*, apenas casar, divorciar e vender uma casa exige a presença de pessoas.

A autora revela, outrossim, que a Estônia decidiu experimentar robôs que desempenham a função de juízes para resolver disputas menores, de até € 7.000,00, a fim de descartar o atraso. Para tanto, o Ministério da Justiça da Estônia criou um pool de especialistas com a tarefa de criar um sistema de Inteligência Artificial capaz de desempenhar a função de juiz; o sistema projetado prevê que as partes enviem documentos a uma plataforma e depois socorre-se do algoritmo para a obtenção da decisão, sem prejuízo da possibilidade de recorrer a um juiz humano.

Enquanto que, no campo da medicina, há entusiasmo com as técnicas robóticas que foram introduzidas, pois elas nos permitem maior precisão nas operações cirúrgicas do que com o uso das mãos de um cirurgião, o mesmo ocorrendo no campo de transporte em alguns países, onde já existem metrôs e trens guiados automatizados, quando não carros sem motorista, no campo da justiça, por outro lado, o fato de que um assunto pode ser resolvido por um robô e não por um juiz humano não é encarado com o mesmo sentimento de euforia.

Sendo algoritmo um procedimento que permite a resolução de problemas específicos, aplicando uma sequência de instruções simples e claras, que devem ser seguidas à risca, daí porque devem ser exclusivamente interpretáveis e dirigidos pelo executor, num número finito de etapas, e que possibilitem a execução de um resultado único.

O cálculo da frequência das decisões proferidas pelos tribunais deve permitir identificar algoritmos que medem os riscos incorridos no início de um processo ou arbitragem. O fato de quantificar o risco legal tornaria possível aliviar as jurisdições e um tratamento em massa dos arquivos, liberando os profissionais da realização de tarefas com demasiada frequência repetitivas.[121] O processamento na essência do *big data*

---

[121] Nesse sentido, BRAUDO, Serge. Dictionnaire du Droit Privé. Définition de Justice

em questões jurídicas é humanamente incontrolável: existem mais de 50 códigos na França; 10.500 leis estão em vigor lá, levando a 127.000 decretos, milhões de decisões tomadas a cada ano. No Brasil não é diferente.

Logo, o acesso dos dados constitui requisito essencial para o uso da Inteligência Artificial, que deve ser qualificada para bem avaliar essa quantidade expressiva de informações. A vantagem da adoção da justiça preditiva reside no fato de que algoritmos permitem que uma enorme massa de jurisprudência seja analisada em tempo recorde para antecipar o resultado de uma disputa ou, no mínimo, suas chances de sucesso ou fracasso; escolha os argumentos mais relevantes; ou avaliar o valor de qualquer reparação.

Assim, não designa a própria justiça, mas apenas instrumentos de análise que permitiriam prever decisões futuras em disputas semelhantes às analisadas, conforme esclarecido por Bruno Dondero, professor da faculdade de direito de Sorbonne. Ele acredita que *está tentando prever com a menor incerteza possível qual será a resposta da jurisdição X quando for confrontada com o caso Y.*[122]

A Justiça Preditiva constitui, pois, no processamento matemático e a combinação dos grandes dados legais disponíveis que devem restaurar as probabilidades finas quanto às chances de êxito de um procedimento, estimativas de danos ou compensações, mas também aos argumentos decisivos para se tomar uma decisão. Requer um sólido conhecimento jurídico para determinar os fatos relevantes, definir as qualificações ou identificar os tipos de danos.

Três métodos foram identificados para facilitar o trabalho de profissionais do direito: análise e preparação de documentos, previsão e realização do julgamento, sem que exista controle humano. Mais difícil é a aplicação dessas tecnologias no contexto do direito penal, ao contrário dos casos civis, como de cobrança de dívidas ou compensação por danos causados por acidentes aéreos. Uma questão interessante, é oferecer a possibili-

---

prédictive. In https://www.dictionnaire-juridique.com/definition/justice-predictive.php, acessado em 10.04.2020.

[122] DONDERO, Bruno. Justice Prédictive : de l'idée à la réalité. In Portail Justice-Predictive, https://www.justice-predictive.com/index.php/2-non-categorise/24-justice-predictive-de-l-idee-a-la-realite, acessado em 10.04.2020.

dade de a parte interessada recusar-se ao veredicto quando baseado apenas no processamento automatizado. Também se discute a proteção de dados pessoais, mas isso pode não representr um obstáculo à realização de algumas realidades se quem, indevidamente, acessar dados sem justificativa legal pode ser imediatamente identificado e responsabilizado.

Há, outrossim, o risco de ataques cibernéticos, mas a situação pode ser revertida com o que existe já hoje de segurança da *Internet*, ou seja, com a proteção de dados mediante seu espelhamento em *hardcenters*. Existe muita preocuração se o uso da tecnologia possa prejudicar direitos humanos ou ser uma ameaça aos homens por se tornar um forte obstáculo ao desenvolvimento.

Alice Bassoli, citando Pizzetti, argumenta que *a proteção dos direitos humanos está consolidada, não há problema em permanecer vigilante, mas isso não deve impedir o desenvolvimento, que é agora a meta mais importante para o crescimento de um país e de toda a Europa. A Europa, nos últimos anos, foi míope diante das transformações que mudaram o mundo. Estamos cheios de códigos éticos e agora precisamos agir.*[123] Para Avv. Luca Marco Rasia,[124] mais especificamente vinculado às decisões, a tecnologia também tem sido usada nos EUA, na França e no Reino Unido, mas para fazer previsões sobre reincidências. O risco de que ocorra a reincidência é calculado pelo computador; consequentemente, esses *softwares* são usados para conceder fiança.

Se, à primeira vista, o debate sobre Justiça Preditiva ou Dedutiva pode parecer mais semelhante à ficção científica do que os assuntos atuais, a realidade nos diz que as coisas não são assim. A perspectiva de um uso cada vez mais amplo da IA na administração da justiça gera uma atitude de interesse, por um lado, e apreensão, por outro, dentro das instituições. Uma prova é dada pela publicação da Carta Ética Europeia sobre o Uso da Inteligência Artificial em Sistemas Judiciais

---

[123] BASSOLI, Alice, in *L'intelligenza artificiale applicata ala giustizia: i guidici-robot.* In Altalex, https://www.altalex.com/documents/news/2019/06/07/intelligenza-artificiale-applicata-alla-giustizia-giudici-robot, publicado em 07.06.2019, acessado em 10.04.2020.

[124] RASIA, Avv. Luca Marco. In *L'intellizenza artificiale applicata ala giustizia. I 5 principi etici dell'AI*, Professione Giustizia, https://www.professionegiustizia.it/documenti/notizia/2019/intelligenza-artificiale-predittiva-giustizia, publicado em 25.10.2019, acessado em 20.02.2020.

e seu ambiente pela Comissão Europeia para a Eficiência da Justiça no Conselho da Europa - CEPEJ, na sessão de 3-4 de dezembro de 2018.

O relatório nos diz que nos EUA já existem "advogados de robôs" trabalhando, advogados de robôs capazes de se comunicar em linguagem natural com humanos. Também haveria *software* capaz de prever o resultado do caso, também de acordo com a jurisprudência do magistrado individual a quem ele foi confiado. É por isso que a França já adotou legislação que proíbe a coleta de dados sobre magistrados para fins preditivos.

A tarefa do CEPEJ é analisar e supervisionar o funcionamento e a eficiência dos sistemas judiciais dos países membros da Conselho da Europa. A Carta Ética Europeia, ao incentivar o uso de ferramentas e serviços de IA para melhorar a eficiência e a qualidade da justiça, estabelece cinco princípios que os órgãos públicos e privados responsáveis pelo projeto e desenvolvimento devem cumprir. O CEPEJ elaborou, portanto, 5 princípios-chave para o qual cada IA elaborada terá que seguir, tais como:

a. Princípio do respeito pelos direitos fundamentais (*principle of respect for fundamental rights*);

b. Princípio da não discriminação (*principle of non-discrimination*);

c. Princípio da qualidade e segurança (*principle of quality and security*);

d. Princípio da transparência, imparcialidade e equidade (*principle of transparency, impartiality and fairness*). Este ponto merece um comentário. O termo transparência evoca a filosofia subjacente ao *software* livre e às fontes abertas. Como se fosse dizer que, se você tiver a oportunidade de entender o que o *software* faz com a análise de cada linha de código, você pode verificar se há algum engano oculto aqui e ali. Mas a Inteligência Artificial não funciona dessa maneira. Os próprios programadores acham difícil entender o porquê de certos resultados e às vezes admitem que não têm ideia de como o resultado saiu. Então, como você pode verificar a transparência dessa ferramenta?

e. Princípio do controle total pelo usuário (*under user control*). Aqui se deseja excluir a abordagem determinística, isto é, um automatismo excessivo e garantir o controle sobre as escolhas feitas.[125]

---

[125] Vide Portal da Comissão Europeia Para a Eficácia da Justiça – CEPEJ, Carta Europeia

Portanto, de acordo com este documento, o uso da Inteligência Artificial na justiça criminal seria possível sob duas condições: sujeitos competentes e especializados em IA e a possibilidade de controle humano. Um dos setores jurídicos em que o uso da IA exige que os operadores e instituições exerçam a maior cautela é o da justiça criminal, pela importância dos interesses em jogo, antes de tudo pelo bem da liberdade pessoal.

A justiça preditiva não designa a própria justiça, mas instrumentos para analisar a jurisprudência, possibilitando prever decisões futuras em disputas semelhantes às analisadas. Isto é baseado em algoritmos destinados a uma sequência finita e inequívoca de operações ou instruções que permitem resolver um problema ou obter um resultado.

Segundo Arnaud Touati, essa "nova" justiça perturba a função ordenadora do tempo, porque introduz, *ab initio*, se não for a solução, pelo menos uma solução muito provável. Nos fascina e nos questiona. A inovação tecnológica está acelerando o processamento de casos; os algoritmos permitiriam que os juízes realizassem as tarefas mais demoradas em favor de examinar questões novas e mais complexas. Os algoritmos preditivos visam acelerar a solução de controvérsias e aumentar a segurança jurídica, melhorando a previsibilidade das decisões dos tribunais. O autor recomenda cuidado, no entanto, se a previsibilidade da lei for necessária, ela não deve congelar a jurisprudência[126]

Algo a se pensar, refere-se à possibilidade de que a atividade judicante seja substituída, quando da aplicação de entendimentos pretorianos vinculantes, por mecanismos de Inteligência Artificial que, simplesmente, diante da ocorrência de situações predeterminadas por algoritmos, aplicariam o posicionamento obrigatório ao caso concreto que foi apresentado ao Poder Judiciário, afastando, assim, o atuar humano (do magistrado) na tarefa de dizer o direito.

---

de Ética sobre o Uso da Inteligência Artificial em Sistemas Judiciais e seu ambiente, in https://rm.coe.int/carta-etica-traduzida-para-portugues-revista/168093b7e0, publicado em 03 e 04.12.2018, acessado em 16.04.2020.

[126] TOUATI, Arnaud. La Justice Prédictive au service du développement durable ? L'exemple des "smart cities". In Portal L'Info durable – ID, https://www.linfodurable.fr/technomedias/la-justice-predictive-au-service-du-developpement-durable-lexemple-des-smart-cities, publicado em 02.07.2018, acessado em 10.04.2020.

Ainda que não se vislumbre barreiras tecnológicas para que tal realidade seja implementada de forma massiva no mundo, verifica-se a existência de uma barreira muito presente que se reveste pela necessidade do olhar humano sobre dada situação concreta, ainda que a solução esteja na mera replicação da jurisprudência vinculante, consistente na constatação de que se a situação concreta se adeque, realmente, ao que já restou decidido de forma vinculante por nossos C. Tribunais Superiores. Desta feita, ao que parece, um primeiro obstáculo a ser superado implica na inferência de que um robô poderia aplicar o precedente diante de certas balizas delimitadas em sua programação; todavia, saber se aquele processo demanda a incidência do tal precedente repetitivo perpassa por uma classificação que, no mais das vezes, os algoritmos não conseguem suprir em sua plenitude, demandando sempre a integração do humano, na pessoa do magistrado, para perquirir se a peculiaridade da situação trazida à julgamento permite – ou não – adentrar-se pela via comum do precedente aplicado por força da inteligência artificial.

Apenas a título de exemplo, no caso da chamada "desaposentação", ou seja na consagração de direito à aposentadoria com as regras mais favoráveis desconsiderando-se a aposentadoria antes reconhecida, o Supremo Tribunal Federal, quando do julgamento do Recurso Extraordinário nº 661.256 (admitido sob o regime da repercussão geral da questão constitucional), em 27 de outubro de 2016, interpretando o comando contido no art. 18, § 2º, da Lei nº 8.213, de 24 de julho de 1991, firmou posicionamento no sentido de que, no âmbito do Regime Geral de Previdência Social – RGPS, somente lei pode criar benefícios e vantagens previdenciárias e não há previsão legal do direito à "desaposentação" justamente porque não previsto o expediente pelo legislador, defenestrando, de forma vinculante aos demais órgãos do Poder Judiciário, as inúmeras pretensões vindicadas pelos segurados.

Nesse diapasão, nota-se que a tese prevalente no Pretório Excelso guarda intrínseca relação com tema de direito (interpretação de artigo de lei em face do Texto Constitucional), o que poderia avocar a mera replicação do precedente por meio da construção de inteligência artificial apta à sua incidência. Ocorre, entretanto, que a mera indexação do assunto vertido no processo como sendo "desaposentação" não possui o condão de bem aquilatar a aplicação do entendimento vinculante, pois as vicissitudes do caso concreto podem indicar que, ainda que empregada a nomenclatura que ensejaria a atuação de "juízes robóticos", de desaposentação não se tratariam, pois relacionadas, por exemplo, com o reconhecimento de labor especial executado antes do ato de passamento à inatividade (situação enfrentada nas lides previdenciárias, sob a rubrica de "desaposentação", mas que, na realidade, mais se coadunaria com um pleito revisional de benefício em manutenção).

Se sequer potencialmente a aplicação ao caso concreto de tese eminentemente de direito ensejaria dificuldades da adoção da atuação jurisdicional "robótica", muito mais desafiadora se mostraria a incidência de Inteligência Artificial quando o caso concreto envolvesse qualquer aspecto que se inclina ao fático. Por exemplo, caso a situação trazida à apreciação judicial guarde relação com a responsabilização civil, mostrar-se-ia minimamente temerária a atribuição de "competência" a um "magistrado-robô" lotado em um Juízo Cível com o fito de que fosse aferida a presença dos elementos inerentes à responsabilização: conduta, dano, nexo de causalidade e elemento subjetivo (dolo ou culpa). Dentro de tal contexto, deixar a cargo de um robô a inferência de que teria existido uma conduta humana livre, de que o dano teria sido ilegal, de que teria havido nexo causal entre conduta e dano e, ademais, que o atuar humano foi impelido por dolo ou, ao menos, por culpa perpassa os limites tecnológicos até então existentes ao momento presente, devendo, assim, ser objeto de percuciente análise de um magistrado "humano".

Poder-se-ia cogitar-se de que o estabelecimento do *quantum* devido por força do assentamento de hipótese de responsabilização civil permitiria a atuação robotizada (até com o escopo de que houvesse certa padronização de indenização em prestigio ao postulado da isonomia). Mesmo diante de tal contexto, *s.m.j.*, o emprego de Inteligência Artificial não teria o condão de bem fazer a metrificação com supedâneo nos ditames contidos no artigo 944 e seguintes do Código Civil brasileiro.[127] Ainda que a indenização seja medida pela extensão do dano, quando ocorrente situação concreta a indicar desproporção evidente

---

[127] Código Civil brasileiro, Lei n.º 10.406, de 10.01.2002. Art. 944. A indenização mede-se pela extensão do dano. Parágrafo único. Se houver excessiva desproporção entre a gravidade da culpa e o dano, poderá o juiz reduzir, eqüitativamente, a indenização.

entre a gravidade da culpa e aquele, o valor a ser arbitrado a título de indenização poderá ser reduzido equitativamente. Neste raciocínio, se existe dúvida de que o "juiz-robô" consiga quantificar o valor indenizatório tão somente com base no dano causado, beira à impossibilidade seu atuar por meio de uma inferência equitativa do *quantum* que deve ser adimplido na hipótese de desproporção aventada.

A reflexão que ora se faz poderia ficar mais complexa na medida em que, ao lado de um mero dano material, exista a mácula a um direito de personalidade a indicar que a indenização também deverá reparar o dano moral suportado sob o pálio do art. 186 do Código Civil.[128] Difícil, pois, conceber, de início, que um computador consiga colmatar todas as hipóteses, por meio de sua prévia programação, que ensejariam o deferimento de dano moral àquele que suporta ofensa a direito de personalidade que lhe é inerente. Acaso superado o obstáculo indicado (portanto, partindo da premissa – apenas teórica – de que o "juiz-robô" albergaria todas as situações que ensejam dano moral), a quantificação do sofrimento suportado é inerente ao emprego da inteligência "humana" (e não da "artificial"), uma vez que pressupõe a análise de inúmeras circunstâncias fáticas envoltas à responsabilização civil.

Nesse diapasão, quantificar pecuniariamente a perda de um filho ou de um parente em decorrência de um acidente refoge a balizas mínima e máxima monetárias de acordo com a efetiva demonstração de que o filho ou o parente era, de fato, próximo ao pleiteante da indenização: merece fixação diferenciada de dano moral o genitor que perdeu seu filho no mencionado acidente, mas que, logo após os primeiros anos de vida desse infante, o abandonou no seio familiar em razão de ter-se apaixonado por outra pessoa, sequer se importando com a criação e com a educação dessa criança (que ficou integralmente a cargo do outro genitor), em face daquele pai/mãe que vivenciou a paternidade/maternidade com todos os benefícios e as dificuldades de tal mister, nunca tendo relegado a segundo plano a mantença (psicológica, afetiva e material) do menor morto. Teria um computador, por

---

[128] Código Civil brasileiro, Lei n.º 10.406, de 10.01.2002. Art. 186. Aquele que, por ação ou omissão voluntária, negligência ou imprudência, violar direito e causar dano a outrem, ainda que exclusivamente moral, comete ato ilícito.

princípio não dotado dos vieses e das sutilezas que somente a alma humana possui, condição de distinguir as condições subjacentes de cada um dos danos morais sofridos de acordo com as situações fáticas elencadas a despeito delas se referirem a dano moral em decorrência da morte de um filho?

Dentro de tal contexto, não se nega a validade e a facilidade que a computação e a Inteligência Artificial estão trazendo para o cotidiano atual, o que também se verifica no âmbito do Poder Judiciário, podendo ser citado como exemplo a digitalização e a virtualização dos processos, prática que tem o condão de racionalizar a prestação jurisdicional sob diversos aspectos dentre os quais o emprego de verbas públicas e o remanejamento de servidores para as atividades finalísticas dos tribunais.

Entretanto, quanto à debelação de conflitos existentes na sociedade, ainda se mostra necessária e preponderante a atuação judicante por meio da pessoa do juiz devidamente investida na carreira, que congrega, além do cabedal técnico necessário ao bom desempenhar da função, o discernimento e o raciocínio que maquinários ainda não atingiram.

Capítulo 4 – Referências

BASSOLI, Alice, in L'intelligenza artificiale applicata ala giustizia: i guidici-robot. In Altalex, https://www.altalex.com/documents/news/2019/06/07/intelligenza-artificiale-applicata-alla-giustizia-giudici-robot, publicado em 07.06.2019, acessado em 10.04.2020.

BRAUDO, Serge. Dictionnaire du Droit Privé. Définition de Justice prédictive. In https://www.dictionnaire-juridique.com/definition/justice-predictive.php, acessado em 10.04.2020.

BRIGHAM, katie. CNBC. Courts and police departments are turning to AI to reduce bias, but some argue it'll make the problem worse, in https://www.cnbc.com/2019/03/16/artificial-intelligence-algorithms-in-the-criminal-justice-system.html, publicado em 17.03.2019, acessado em 17.03.2020.

COMISSÃO Europeia Para a Eficácia da Justiça – CEPEJ, Carta Europeia de Ética sobre o Uso da Inteligência Artificial em Sistemas Judiciais e seu ambiente, in https://rm.coe.int/carta-etica-traduzida-para-portugues-revista/168093b7e0, publicado em 03 e 04.12.2018, acessado em 16.04.2020.

DELACROIX, Sylvie. How could AI impact the justice system? In Thomson Reuteurs website, Legal Insights Europe, https://blogs.thomsonreuters.com/legal-uk/2018/11/30/how-could-ai--impact-the-justice-system/, publicado em 30.11.2018, acessado em 15.03.2020.

DONDERO, Bruno. Justice Prédictive : de l'idée à la réalité. In Portail Justice-Predictive, https://www.justice-predictive.com/index.php/2-non-categorise/24-justice-predictive-de-l-idee-a-la-realite, acessado em 10.04.2020.

FERREIRA, Flávio. Ferramentas tecnológicas tiram proveito da digitalização que já ultrapassou 100 milhões de causas desde 2008 no Judiciário. Folha de São Paulo, em 10.03.2020, acessado em 12.03.2020.

GRUPO de Pesquisa e Aprendizado de Máquina da Universidade de Brasília - GPAM, portal, http://gpam.unb.br/victor/, acessado em 12.03.2020.

ISLAME, Chouchane. Justice prédictive: bouleversement du monde du droit. Portail MBA.MCI, in https://mbamci.com/justice-predictive-bouleversement-du-monde-du-droit/, acessado em 16.04.2020.

KHARKOVYNA, Oleksii. In https://medium.com/@oleksii_kh/ai-is--entering-judicial-system-do-we-want-it-there-632f56347c51, publicado em 13.04.2018, acessado em 13.04.2020.

LYNCH v. STATE of Florida, First Disctrict Court of Appeal (N.º 1D16-3290, 2018, in LYNCH v. STATE of Florida, First Disctrict Court of Appeal (N.º 1D16-3290, 2018, in https://law.justia.com/cases/florida/first-district-court-of-appeal/2018/16-3290.html, accessed on May 5, 2020.

MARIN, Jean-Claude. La justice prédictive. Discurso do Sr. Jean Claude Marin, Procurador Geral do Tribunal de Cassação, durante o colóquio "Justiça preditiva", organizado pela Ordem dos Advogados do Conselho de Estado e do Tribunal de Cassação, em 12 de fevereiro de 2018. Portal do Tribunal de Cassação, https://www.courdecassation.fr/publications_26/prises_parole_2039/discours_2202/marin_procureur_7116/justice_predictive_38599.html, publicado em 12.02.2018, acessado em 12.03.2020

MORAES MOURA, Rafael e PUPO, Amanda. 'Victor', o 12.º ministro do Supremo. Estadão, https://politica.estadao.com.br/blogs/fausto-macedo/victor-o-12-o-ministro-do-supremo/, publicado em 01.06.2018, acessado em 10.03.2020.

SENADO Federal, Projeto de Lei nº 5691, de 2019, https://www12.senado.leg.br/ecidadania/visualizacaomateria?id=139586, acessado em 10.01.2020.

STATE of Wisconsin v. LOOMIS | 881 N.W.2d 749 (2016), in https://www.courts.ca.gov/documents/BTB24-2L-3.pdf, acessado em 05.05.2020.

SUPREMO Tribunal Federal, Notícias STF, Inteligência artificial vai agilizar a tramitação de processos no STF, in http://www.stf.jus.br/portal/cms/verNoticiaDetalhe.asp?idConteudo=380038, acessado em 10.01.2020.

TRF3 começa a utilizar inteligência artificial em gabinetes. In http://web.trf3.jus.br/noticias/Noticias/Noticia/Exibir/396711, publicado em 07.07.2020, acessado em 10.07.2020.

VANIAN, Jonathan. Fortune. *Law Enforcement Shouldn't Rely Entirely on A.I. to Decide Whether to Detain Suspects, Report Says*, in https://www.msn.com/en-us/money/companies/law-enforcement-shouldnt-rely--entirely-on-ai-to-decide-whether-to-detain-suspects-report-says/ar-BBWjVsA, publicado em 26.04.2019, acessado em 20.03.2020.

CAPÍTULO 5

A Proteção de Dados e IA

Para a utilização dos algorítmos, estes devem ser inatacáveis em sua ética e solidez. Os princípios de neutralidade e transparência devem ser garantidos, mas surge a questão de como e por quem essa garantia deve ser fornecida. Impõe-se saber se o Estado, ou um certificador de terceiros ou a mão invisível do mercado seria encarregado desta tarefa.

Para Christophe Roquilly, a inteligência artificial é atraente pela utilidade que apresenta se certas condições forem atendidas, desde que exista repulsa de seu caráter falsamente divinatório. Ao esclarecer o presente com uma melhor compreensão do passado, a justiça e seus atores podem construir um futuro menos impregnado de ansiedade.[129]

O Regulamento Geral de Proteção de Dados - RGPD 2016/679 foi adotado em 14 de abril de 2016 pela União Europeia e, após um período de transição de dois anos, tornou-se aplicável em 25 de maio de 2018, além da Noruega, Islândia e Liechtenstein (Espaço Econômico Europeu - EEE). Como o RGPD é um regulamento, não uma diretiva, não requer que governos nacionais aprovem qualquer legislação que o admita e que seja diretamente vinculativa e aplicável a todos os membros da União

---

[129] ROQUILLY, Christophe. Justice prédictive, entre séduction et répulsion. The Conversation site, in https://theconversation.com/justice-predictive-entre-seduction-et-repulsion-122805, publicado em 03.09.2019, acessado em 04.05.2020.

Europeia – EU. Trata-se, portanto, de um regulamento sobre proteção de dados e privacidade para todos os indivíduos da União Europeia e do Espaço Econômico Europeu. Também aborda a exportação de dados pessoais para fora da UE e do EEE. O RGPD tem como objetivo principal controlar dados pessoais dos cidadãos e residentes e simplificar o ambiente regulatório para negócios internacionais, unificando o regulamento na UE.

Substituindo a Diretiva de proteção de dados (Diretiva 95/46/EC),[130] o regulamento contém disposições e requisitos referentes ao processamento de informações de identificação pessoal de titulares de dados na União Europeia. Os processos comerciais que lidam com dados pessoais devem ser construídos com proteção de dados por *design* e por padrão, o que significa que os dados pessoais devem ser armazenados usando pseudonimização ou anonimização completa e usar as configurações de privacidade mais altas possíveis por padrão, para que os dados não estejam disponíveis publicamente sem consentimento explícito. Também não pode ser usado para identificar um sujeito sem informações adicionais armazenadas separadamente. Nenhum dado pessoal pode ser processado, a menos que seja feito sob uma base legal especificada pelo regulamento ou se o controlador ou processador de dados tiver recebido consentimento explícito e opcional do proprietário dos dados. O proprietário dos dados tem o direito de revogar essa permissão a qualquer momento.

Diferentemente da Diretiva – que estabelecia diretrizes para que cada Estado-Membro da União Europeia adotasse sua própria lei de proteção de dados –, o RGPD foi desenvolvido visando à harmonização das leis de proteção de dados dos países da União Europeia, sendo vinculativo e aplicável a todos os Estados-Membros. Por outro lado, o RGPD também garante aos Estados-Membros certa margem de autonomia para elaborarem disposições mais específicas para adaptar a aplicação das regras previstas no Regulamento.

---

[130] REINALDO FILHO, Demócrito. *A Diretiva Europeia sobre Proteção de Dados Pessoais - uma Análise de seus Aspectos Gerais*. In Portal LEXMAGISTER, http://www.lex.com.br/doutrina_24316822_A_DIRETIVA_EUROPEIA_SOBRE_PROTECAO_DE_DADOS_PESSOAIS__UMA_ANALISE_DE_SEUS_ASPECTOS_GERAIS.aspx, acessado em 14.03.2020.

Um processador de dados pessoais deve informar claramente qualquer coleta de dados, declarar a base e a finalidade legais do processamento de dados, por quanto tempo os dados estão sendo retidos e se estão sendo compartilhados com terceiros ou fora da UE. Os usuários têm o direito de solicitar uma cópia portátil dos dados coletados por um processador em um formato comum e o direito de ter seus dados apagados em determinadas circunstâncias. As empresas cujas atividades principais se concentram no processamento regular ou sistemático de dados pessoais e nas autoridades públicas devem contratar um oficial de proteção de dados (DPO), responsável por gerenciar a conformidade com o RGPD. As empresas devem relatar qualquer violação de dados dentro de 72 horas se tiverem um efeito adverso na privacidade do usuário.

Ricardo Barretto Ferreira, Paulo Brancher, Camila Taliberti e Vitor Koketu da Cunha revelam que, de acordo com o RGPD, para que o tratamento de dados pessoais seja lícito, é necessária uma base legal para que os dados pessoais possam ser processados. O artigo 6º do RGPD estabelece que o tratamento somente será lícito e legítimo se pelo menos um dos seguintes itens se aplicar:

a. O titular dos dados tiver dado o seu consentimento para o tratamento dos seus dados pessoais para uma ou mais finalidades específicas;

b. O tratamento é necessário para a execução de um contrato no qual o titular dos dados é parte, ou para demandas pré-contratuais a pedido do titular dos dados;

c. O tratamento é necessário para o cumprimento de uma obrigação jurídica a que o responsável pelo tratamento está sujeito;

d. O tratamento é necessário para proteger interesses fundamentais do titular dos dados ou de outra pessoa natural;

e. O tratamento é necessário ao exercício de funções de interesse público ou ao exercício da autoridade pública que esteja responsável pelo tratamento;

f. O tratamento é necessário para atender interesses e/ou fins legítimos do responsável pelo tratamento ou de terceiros, exceto se prevalecerem os interesses ou direitos e liberdades fundamentais do titular que exijam a proteção dos dados pessoais, em especial se o titular for uma criança.[131]

Embora já estivessem previstas na antiga Diretiva, há uma mudança significativa trazida pelo RGDP no que se refere ao consentimento do titular para o tratamento dos dados pessoais. Considerando o artigo 4º do RGPD, é necessário que o consentimento seja obtido por uma resposta afirmativa do titular indicando sua manifestação de vontade livre, específica, inequívoca e informada, no sentido de que concorda que seus dados pessoais sejam objeto de tratamento.

A obtenção do consentimento deve ser feita de forma explícita, numa linguagem clara e simples, inclusive na forma eletrônica e por *check mark*. Nos casos em que o tratamento sirva para diversas finalidades, deverá ser dado um consentimento para todas elas. Portanto, a política de consentimento deve ser sempre a do *opt-in*, não sendo mais aceito o *opt-out*. O silêncio, as opções pré-validadas ou a omissão não são considerados meios apropriados de consentimento.

Dentre às exceções à regra do consentimento, a hipótese do legítimo interesse ainda carece de uma definição clara e precisa. Portanto, é necessário cuidado ao analisar como será utilizado dentro dos parâmetros legais. A hipótese do legítimo interesse vem acompanhada de limites relativos aos interesses ou direitos e liberdades fundamentais, assim não é uma autorização genérica para todo tipo de tratamento de dados, e até uma melhor definição doutrinária e jurisprudencial deve ser analisada com ressalvas.

O regulamento se aplica nos casos de o controlador de dados (uma organização que coleta dados de residentes na UE), ou o processador (uma organização que processa dados em nome de um controlador de dados, como os provedores de serviços em nuvem), ou dados pessoais estejam localizados na UE. Sob certas circunstâncias, o regulamento

---

[131] BARRETTO FERREIRA, Ricardo, BRANCHER, Paulo, TALIBERTI, Camila e CUNHA, Vitor Koketu da. *Entra em vigor o Regulamento Geral de Proteção de Dados da União Europeia*. Portal Migalhas, in https://www.migalhas.com.br/dePeso/16,MI281042,81042-Entra+em+vigor+o+Regulamento+Geral+de+Protecao+de+Dados+da+Uniao, publicado em 04.06.2018, acessado em 05.04.2020.

também se aplica a organizações baseadas fora da UE se coletarem ou processarem dados pessoais de indivíduos localizados dentro da UE.

Dados pessoais são quaisquer informações relacionadas a um indivíduo, sejam elas atinentes à sua vida privada, profissional ou pública. Podem ser qualquer coisa, desde um nome, um endereço residencial, uma foto, um endereço de e-mail, dados bancários, publicações em sites de redes sociais, informações médicas ou o endereço IP de um computador.

O regulamento não se aplica ao tratamento de dados pessoais para atividades de segurança nacional ou aplicação da lei da UE; no entanto, grupos do setor preocupados em enfrentar um potencial conflito de leis questionaram se o Artigo 48 do RGPD poderia ser invocado para tentar impedir que um controlador de dados sujeito às leis de um terceiro país cumprisse uma ordem legal da polícia, judicial, ou autoridades de segurança nacional e passe a divulgar a essas autoridades os dados pessoais de uma pessoa da UE, independentemente de os dados residirem dentro ou fora da UE. O artigo 48 declara que qualquer sentença de um órgão jurisdicional e qualquer decisão de uma autoridade administrativa de um terceiro país exigindo que um controlador ou processador transfira ou divulgue dados pessoais não pode ser reconhecida ou executada de nenhuma maneira, a menos que seja baseada em um acordo internacional, como um tratado de assistência jurídica mútua em vigor entre o terceiro país solicitante (fora da UE) e a UE ou um estado membro. O pacote de reforma da proteção de dados também inclui uma Diretiva de Proteção de Dados separada para o setor de polícia e justiça criminal, que fornece regras sobre o intercâmbio de dados pessoais nos níveis nacional, europeu e internacional.

A autoridade de proteção de dados da União Europeia – Article 29 Working Party – entende que o responsável pelo tratamento dos dados deve fazer uma análise entre os interesses e direitos fundamentais e o legítimo interesse, para determinar quais dados podem ou não ser utilizados licitamente sem um consentimento específico para o fim a que se destina.

Cada estado membro deve estabelecer uma autoridade supervisora independente - SA para ouvir e investigar reclamações, sancionar ofensas administrativas, etc. As SAs de cada estado membro devem cooperar com outras SAs, fornecendo assistência mútua e organizando operações conjuntas. Se uma empresa tiver vários estabelecimentos na UE, ela terá uma única SA como sua "autoridade principal", com base na localização do seu "estabelecimento principal" onde as principais atividades de processamento ocorrem. A autoridade principal atuará como um "balcão único" para supervisionar todas as atividades de processamento desse negócio em toda a UE (artigos 46 a 55 do GDPR). Um Conselho Europeu de Proteção de Dados - EDPB deve coordenar as SAs. O EDPB deve substituir o Grupo de Trabalho para Proteção de Dados do Artigo 29. Há exceções para os dados processados em um contexto de emprego ou em segurança nacional que ainda podem estar sujeitos às regulamentações de cada país (artigos 2 (2) (a) e 88 do GDPR).

Salvo se um titular de dados tenha dado consentimento explícito ao processamento de dados para um ou mais propósitos, os dados pessoais não poderão ser processados. Entretanto, no caso de existência de uma base legal para fazê-lo a proibição não prevalece. Para tanto, as exceções são as seguintes: na hipótese de se executar uma tarefa de interesse público ou autoridade oficial; de se cumprir as obrigações legais de um controlador de dados; de se cumprir obrigações contratuais com um titular de dados; de se executar tarefas a pedido de um titular de dados que esteja celebrando um contrato com o responsável pelo tratamento; de proteger os interesses vitais de um titular de dados ou de outra pessoa; ou no caso de interesses legítimos de um controlador de dados ou de um terceiro, a menos que sejam anulados pela Carta dos Direitos Fundamentais.

Se o consentimento for usado como base legal para o processamento, o consentimento deverá ser explícito para os dados coletados e os dados para fins utilizados (Artigo 7; definido no Artigo 4). O consentimento dos filhos deve ser dado pelos pais ou responsável pela criança e verificável (Artigo 8). Os controladores de dados devem poder provar "consentimento" (aceitação) e o consentimento pode ser retirado.

A área de consentimento do RGPD possui várias implicações para as empresas que gravam chamadas por uma questão de prática. Os avisos típicos de "chamadas são gravadas para fins de treinamento e segurança" não serão mais suficientes para obter o consentimento assumido para gravar chamadas. Além disso, quando a gravação começar, se o chamador retirar seu consentimento, o agente que recebe a chamada deve poder parar uma gravação iniciada anteriormente e garantir que a gravação não seja armazenada.

Para poder demonstrar conformidade com o RGPD, o controlador de dados deve implementar medidas que atendam aos princípios de proteção de dados por projeto e por padrão. A proteção de dados por *design* e por padrão (Artigo 25) exige que medidas de proteção de dados sejam projetadas no desenvolvimento de processos de negócios para produtos e serviços. Tais medidas incluem o pseudônimo de dados pessoais, pelo responsável pelo tratamento, o mais rapidamente possível (considerando 78). É responsabilidade do controlador de dados implementar medidas eficazes e ser capaz de demonstrar a conformidade das atividades de processamento, mesmo que o processamento seja realizado por um processador de dados em nome do controlador (considerando 74).

Quando os dados são coletados, os usuários devem ser claramente informados sobre a extensão da coleta de dados, a base legal para o processamento de dados pessoais, por quanto tempo os dados são retidos, se os dados estão sendo transferidos para terceiros e/ou fora da UE, e divulgação de qualquer tomada de decisão automatizada feita exclusivamente com base em algoritmos. Os usuários devem receber detalhes de contato do controlador de dados e do responsável pela proteção de dados designado, quando aplicável. Os usuários também devem ser informados de seus direitos de privacidade sob o RGPD, incluindo o direito de revogar o consentimento para o processamento de dados a qualquer momento, o direito de visualizar seus dados pessoais e acessar uma visão geral de como eles estão sendo processados, o direito de obter uma cópia portátil dos dados armazenados, o direito de apagar dados em determinadas circunstâncias, o direito de contestar qualquer tomada de decisão automatizada que foi tomada com base exclusivamente em algoritmos e o direito de registrar reclamações com uma Autoridade de Proteção de Dados.

As avaliações de impacto na proteção de dados (artigo 35) devem ser realizadas quando ocorrerem riscos específicos para os direitos e liberdades dos titulares dos dados. A avaliação e mitigação de riscos são necessárias e a aprovação prévia das autoridades nacionais de proteção de dados (DPAs) é exigida para riscos altos. A proteção de dados por *design* e por padrão (Artigo 25) impõe que a proteção de dados seja projetada no desenvolvimento de processos de negócios para produtos e serviços. As configurações de privacidade devem, portanto, ser definidas em um nível alto por padrão, e as medidas técnicas e processuais devem ser tomadas pelo controlador para garantir que o processamento, durante todo o seu ciclo de vida esteja em conformidade com o regulamento. Os controladores também devem implementar mecanismos para garantir que os dados pessoais não sejam processados, a menos que sejam necessários para cada finalidade específica.

O RGDP refere-se à pseudonimização como um processo necessário quando os dados são armazenados (como uma alternativa à outra opção de anonimização completa dos dados) para transformar dados pessoais de forma que os dados resultantes não possam ser atribuídos a uma pessoa específica sem uso de informações adicionais.

Um exemplo de pseudonimização é a criptografia, que torna os dados originais ininteligíveis e o processo não pode ser revertido sem o acesso à chave de descriptografia correta. O RGPD exige que informações adicionais (como a chave de descriptografia) sejam mantidas separadamente dos dados pseudonimizados. Outro exemplo de pseudonimização é a tokenização, que é uma abordagem não matemática para proteger os dados em repouso que substitui os dados confidenciais por substitutos não sensíveis, chamados de *tokens*. Os *tokens* não têm significado ou valor extrínseco ou explorável. A tokenização não altera o tipo ou o comprimento dos dados, o que significa que pode ser processado por sistemas legados, como bancos de dados que podem ser sensíveis ao tamanho e tipo dos dados. Isso requer muito menos recursos computacionais para processar e menos espaço de armazenamento nos bancos de dados do que os dados criptografados tradicionalmente. É alcançado mantendo dados específicos total ou parcialmente visíveis para processamento e análise, enquanto as informações confidenciais são mantidas ocultas.

Recomenda-se a pseudonimização para reduzir os riscos para os titulares de dados em questão e também para ajudar os controladores e processadores a cumprir suas obrigações de proteção de dados (considerando 28).

O direito de acesso (artigo 15) é um direito pessoal dos dados. Dá aos cidadãos o direito de acessar seus dados pessoais e informações sobre como esses dados pessoais estão sendo processados. Um responsável pelo tratamento dos dados deve fornecer, mediante solicitação, uma visão geral das categorias de dados que estão sendo processadas (artigo 15 (1) (b)), bem como uma cópia dos dados reais (artigo 15 (3)). Além disso, o responsável pelo tratamento dos dados deve informar ao titular dos dados os detalhes sobre o tratamento, os objetivos do tratamento (artigo 15 (1) (a)), com quem os dados são compartilhados (artigo 15 (1) (c)) e como adquiriu os dados (artigo 15 (1)(g)).

Um titular de dados deve poder transferir dados pessoais de um sistema de processamento eletrônico para outro, sem ser impedido pelo controlador de dados. Os dados que foram suficientemente anonimizados são excluídos, mas os dados que foram apenas desidentificados, mas continuam sendo possíveis de vincular ao indivíduo em questão, como fornecendo o identificador relevante, não são. São incluídos os dados "fornecidos" pelo titular dos dados e os dados "observados", como sobre o comportamento. Além disso, os dados devem ser fornecidos pelo controlador em um formato eletrônico padrão estruturado e comumente usado. O direito à portabilidade de dados é fornecido pelo artigo 20 do RGPD.

Um direito a ser esquecido foi substituído por um direito de apagamento mais limitado na versão do RGPD adotada pelo Parlamento Europeu em março de 2014. O artigo 17 estabelece que o titular dos dados tem o direito de solicitar o apagamento dos dados pessoais a eles relacionados por qualquer uma de várias razões, incluindo a não conformidade com o artigo 6 (1) (legalidade).

De acordo com o RGPD, o controlador de dados está sob a obrigação legal de notificar a autoridade supervisora sem demora injustificada, a menos que seja improvável que a violação resulte em risco aos direitos e liberdades dos indivíduos. No máximo, 72 horas após tomar conhecimento da violação de dados para fazer a denúncia (artigo 33). Os indivíduos devem ser notificados se o impacto adverso for determinado (artigo 34). Além disso, o processador de dados deve notificar o controlador sem demora injustificada após tomar conhecimento de uma violação de dados pessoais (artigo 33). No entanto, o aviso para os titulares dos dados não é necessário se o controlador de dados tiver implementado medidas de proteção técnica e organizacional apropriadas que tornem os dados pessoais ininteligíveis a qualquer pessoa que não esteja autorizada a acessá-los, como criptografia (artigo 34).

As seguintes sanções podem ser impostas: a) aviso por escrito nos casos de descumprimento inicial e não intencional; b) auditorias periódicas de proteção de dados; c) multa de até 10 milhões de euros ou até 2% do faturamento anual mundial do exercício financeiro anterior, no caso de uma empresa, o que for maior, se houver uma violação das seguintes disposições: (artigo 83, Parágrafos 5 e 6), as obrigações do responsável pelo tratamento e do processador nos termos dos artigos 8, 11, 25 a 39 e 42 e 43, as obrigações do organismo de certificação nos termos dos artigos 42 e 43, as obrigações do organismo de controlo nos termos do artigo 41; d) multa de até 20 milhões de euros ou até 4% do faturamento anual mundial do exercício financeiro anterior no caso de uma empresa, o que for maior, se houver uma violação das seguintes disposições: (artigo 83, Parágrafo 4), os princípios básicos do tratamento, incluindo condições de consentimento, nos termos dos artigos 5, 6, 7 e 9, os direitos dos titulares de dados nos termos dos artigos 12 a 22, transferências de dados pessoais para um destinatário em um terceiro país ou organização internacional nos termos dos artigos 44 a 49, quaisquer obrigações nos termos da lei do Estado-membro adotadas nos termos do Capítulo IX, não cumprimento de uma ordem ou limitação temporária ou definitiva no processamento ou suspensão dos fluxos de dados pela autoridade supervisora nos termos do artigo 58. (2) ou falta de acesso, violando o artigo 58 (1).

Em suma, o RGPD concede direitos às pessoas no que diz respeito à proteção e controle de seus dados pessoais. Com isso, as pessoas terão uma visão direta sobre se seus dados foram usados para gerar anúncios, se as informações foram geradas para criar perfis ou se as empresas que coletam dados os venderam a terceiros.

O usuário terá o direito de acessar, alterar ou excluir seus dados que foram fornecidos às empresas. Isto força a empresa a excluir tudo o que se possui sobre a pessoa, se for solicitado pelo usuário. Pela característica transnacional do RGPD, qualquer empresa estrangeira que tenha clientes, fornecedores ou parceiros alocados na Europa deve respeitar o regulamento, caso contrário estará sujeito a punições previstas em lei. É importante dizer que o Brasil, como afirma Rafael Mendes Loureiro e Leonardo A. F. Palhares, *carece de regulamentação específica sobre segurança*

cibernética; embora haja esforços para adotar um quadro regulatório vincula-
tivo e integrado. A legislação brasileira sobre o assunto ainda está evoluindo.[132]

Apelidada de Carolina Dieckmann, a Lei de Crimes Cibernéticos (12.737, 30 de novembro de 2012) criminaliza a conduta relacionada à ferramenta eletrônica, como invadir computadores, violar dados do usuário ou "derrubar" *sites*. O projeto que deu origem à lei (PLC 35/2012) foi elaborado em um momento em que as fotos íntimas da atriz Carolina Dieckmann foram copiadas de seu computador e espalhadas pela rede mundial da internet. O texto foi reivindicado pelo sistema financeiro, dada a quantidade de fraudes aplicadas pela *internet.*

A "invasão de computadores" pode ser punida com prisão de três meses a um ano, além de multa. Condutas mais prejudiciais, como a obtenção de comunicações eletrônicas privadas, segredos comerciais ou da indústria, informações confidenciais da invasão, podem ser punidas por seis meses a dois anos de prisão e uma multa. O mesmo ocorre se o crime envolver a divulgação, comercialização ou transmissão a terceiros, por meio de venda ou transferência gratuita, do material obtido com a invasão. A lei também prevê o aumento de penalidades de um sexto para um terço se a invasão causar perda econômica e de um a dois terços "se houver divulgação, comercialização ou transmissão a terceiros dos dados ou informações obtidas". As multas também podem ser aumentadas de um terço para a metade, se o crime for cometido contra o Presidente da República, Chefe de Justiça do Supremo Tribunal Federal, presidentes de Câmara, Senado, assembleias e câmaras legislativas, câmaras locais ou altos funcionários da administração direta e indireta federal, estadual, local ou Distrito Federal.

Para Gabriela Rollemberg e Janaina Rolemberg Fraga, o RGPD *mitiga*
os casos de vazamentos de dados pessoais com a aplicação de penalidades aos agentes
de tratamento de dados,[133] o mesmo ocorrendo com a legislação brasileira.

---

[132] MENDES LOUREIRO, Rafael; PALHARES, Leonardo A. F. (2018) Cybersecurity, Brazil, contributing editors Benjamin A. Powell and Jason C. Chipman, Law Business Research 2017, p.17.

[133] ROLLEMBERG, Gabriela e FRAGA, Janaina Rolemberg. Como a LGPD pode atuar nos vazamentos de dados dos órgãos públicos. In portal CONJUR, https://www.conjur. com.br/2019-out-08/opiniao-lgpd-atuar-vazamento-dados-orgaos-publicos, publicado

A Lei do Marco Civil da Internet no Brasil (12.965, 23 de abril de 2014), também considerou a Estrutura Brasileira de Direitos Civis para a Internet, estabeleceu que, na provisão de uma conexão com a *internet*, cabe ao respectivo administrador autônomo do sistema manter registros de conexão, em um ambiente confidencial e controlado, por um período de um (1) ano, e que o provedor de aplicativos da Internet estabelecido como uma entidade legal e exercendo essa atividade de maneira organizada, profissional e econômica mantenha os respectivos registros de acesso a aplicativos de *internet*, em sigilo, em ambiente e segurança controlados, pelo prazo de 6 (seis) meses, conforme regulamento.

O Marco Civil citado, em suma, regulamenta o uso da *internet* no Brasil por meio de uma série de princípios, direitos e deveres para os usuários da rede mundial de computadores, abordando várias questões, como: (1) neutralidade da rede, (2) privacidade, (3) retenção de dados, (4) função social da *internet*, (5) liberdade de expressão e transmissão de conhecimento e (6) obrigações relacionadas à responsabilidade civil de usuários e provedores.

O arcabouço legal que trata especificamente da proteção de dados pessoais, bem como de seu uso e transferência, avançou no Congresso Brasileiro em 2 de julho de 2018. O senador Ricardo Ferraço (PSDB--ES) apresentou seu parecer sobre o projeto de lei n.º 53/2018 à Comissão de Assuntos Econômicos (CAE), que tratou da proposta. O senador preservou o conteúdo que foi aprovado pela Câmara em maio daquele ano e fez apenas alguns ajustes editoriais no texto para se adequar ao procedimento de Revisão da Câmara. O projeto foi aprovado e resultou na Lei nº 13.709, de 14 de agosto de 2018. Trata-se da Lei Brasileira de Proteção de Dados Pessoais. Esta lei altera a Lei n.º 12.965, de 23 de abril de 2014, o Marco Civil da Internet na Internet.

A Lei Brasileira de Proteção de Dados Pessoais – LGPD é considerada uma etapa fundamental para a inserção do Brasil em fóruns internacionais, embora não estabeleça regras e regulamentos que devam ser seguidos para proteger os sistemas de dados ou tecnologia da informação contra ameaças cibernéticas. Porém, as empresas podem ser responsabilizadas

em 08.10.2019, acessado em 08.02.2020.

se houver vazamento de dados (pagamento de 2% do faturamento, desde que isso não exceda R$ 50 milhões ou US$ 12,07 milhões).[134]

Além disso, não há obrigação de exigir que o setor relate violações de dados às autoridades. No entanto, violações de dados que afetam significativamente os ativos dos usuários ou causam danos morais geralmente são relatadas apenas aos proprietários dos dados. Não obstante a ausência de regulamentação sobre violações de dados, com base na Lei Brasileira de Proteção ao Consumidor (Lei n.º 8.078, de 11.09.1990), as empresas devem apresentar informações completas a seus consumidores sobre seus produtos e serviços, a fim de garantir seus direitos à segurança e evitar danos ou perdas.

De acordo com a LGPD, informações pessoais como nome, endereço, e-mail, idade, estado civil e situação financeira, obtidas por qualquer meio: papel, eletrônico, computador, som e imagem são consideradas dados pessoais (artigo 5º, I). Também são coletadas as imagens captadas por videovigilância, a gravação de chamadas telefônicas, os endereços IP (identificação do computador) e os locais obtidos pelos sistemas GPS.

Na esfera pública, a proposta prevê ainda que o usuário seja informado quando o uso de seus dados for liberado para o cumprimento de uma obrigação legal ou pela administração. Por outro lado, as regras não se aplicam se as informações forem utilizadas por terceiros, apenas para fins pessoais, ou se forem utilizadas exclusivamente para conteúdos jornalísticos, artísticos ou acadêmicos (artigo 23, I).

Dados sobre origem racial ou étnica, crenças religiosas, opiniões políticas, filiação a sindicatos ou organizações religiosas, filosóficas ou políticas, dados sobre saúde ou vida sexual e dados genéticos ou biométricos quando vinculados a um indivíduo devem receber tratamentos diferenciados porque são considerados dados sensíveis (artigos 5º, II e 11 a 13).

De fato, esta lei é semelhante ao Regulamento Geral de Proteção de Dados - RGPD da União Europeia, que trata do processamento de dados pessoais. É o resultado de um amplo debate público. O objetivo da lei era garantir aos cidadãos o controle e a propriedade de suas informações pessoais, com base na inviolabilidade da privacidade, liberdade

---

[134] Um dólar americano equivale em 15.01.2020 a 4,14 reais: Banco Central do Brasil, https://www.bcb.gov.br/.

de expressão, comunicação e opinião, autodeterminação informacional, desenvolvimento econômico e tecnológico, bem como a livre iniciativa, livre concorrência e defesa do consumidor.

A lei estabelece, pois, os parâmetros e limites do processamento de dados pessoais, inclusive sobre o encerramento do relacionamento. Considerando a natureza transnacional do fluxo dessas informações, a legislação brasileira deve abranger o processamento de dados pessoais realizados no Brasil, como os realizados no exterior, mas cuja coleta ocorreu no território brasileiro. Assim, garantir a privacidade significa cumprir as leis relativas à coleta e uso de informações de identificação pessoal. O potencial uso, adequado ou não, de informações de identificação pessoal e de localização deve ser motivo de preocupação para consumidores e empresas, além de órgãos governamentais, a fim de reduzir ou terminar com crimes cibernéticos ou ataques cibernéticos.

Devem ser desenvolvidos aplicativos sem fio e planos de negócios que não apenas cumpram a legislação atual e futura relacionada à privacidade e segurança, mas também atenuam os temores e tensões dos consumidores. Para isso, é importante que os termos e condições das transações sejam devidamente comunicados aos clientes, para obter e autenticar o consentimento destes com o desenvolvendo apropriado de retenção de registros eletrônicos.

Tanto quanto a RGPD, a LGPD estabelece, dentre outros, que a lei não se aplica ao tratamento de dados pessoais no caso de segurança pública, defesa nacional, segurança do Estado ou atividades de investigação e repressão de infrações penais. Nesta última hipótese, restringe a medidas estritamente necessárias, a entidades de direito público (vedando às pessoas de direito privado, salvo se o interesse público esteja sob a tutela deste) e desde que apresentado pelos responsáveis relatórios de impacto à proteção de dados pessoais. Em caso algum, a totalidade desses dados poderá ser tratada por pessoa de direito privado, salvo por aquela que possua capital integralmente constituído pelo poder público (artigo 4º).[135]

---

[135] *Art. 4º Esta Lei não se aplica ao tratamento de dados pessoais: I - realizado por pessoa natural para fins exclusivamente particulares e não econômicos; II - realizado para fins exclusivamente: a) jornalístico e artísticos; ou b) acadêmicos, aplicando-se a esta hipótese os arts. 7º e 11 desta Lei; III - realizado para fins exclusivos de: a) segurança pública; b) defesa nacional; c) segurança do Estado;*

Ganha realce aqui o uso de informações pessoais *para o exercício de funções de interesse público* (RGPD), de *segurança pública*, de *atividades de investigação* e de *repressão de infrações penais* (LGPD), como é o caso da prolação de decisões judiciais, que não possuem a sua proteção das leis de tutela dos dados pessoais (por exceção normativa), salvo quando tais dados sejam fruto de pessoas de direito privado que estejam tutelando interesse público ou cujo capital seja público. Isto impacta claramente o uso da Inteligência Artificial aplicada à Justiça porquanto pessoas jurídicas de direito privado com capital privado não poderão usar informações pessoais para o uso de dados pessoais mesmo que seja para o desenvolvimento de *softwares* que forneçam resultado de conflitos judiciais a partir de jurisprudência precedente constante de banco de dados.

Recomenda-se, pois, uma proposta de legislação que atenda às questões de definição de padrões de cibersegurança e compartilhamento de informações às pessoas jurídicas de direito público que façam uso de dados pessoais diante das legislações ora existentes (RGPD e LGPD), assim como para as de direito privado com capital exclusivamente público porquanto estará em condições de ser alcançada pela exceção da aplicação de tais leis por expressa previsão normativa.

---

ou d) atividades de investigação e repressão de infrações penais; ou IV - provenientes de fora do território nacional e que não sejam objeto de comunicação, uso compartilhado de dados com agentes de tratamento brasileiros ou objeto de transferência internacional de dados com outro país que não o de proveniência, desde que o país de proveniência proporcione grau de proteçao de dados pessoais adequado ao previsto nesta Lei. § 1º O tratamento de dados pessoais previsto no inciso III será regido por legislação específica, que deverá prever medidas proporcionais e estritamente necessárias ao atendimento do interesse público, observados o devido processo legal, os princípios gerais de proteção e os direitos do titular previstos nesta Lei. § 2º É vedado o tratamento dos dados a que se refere o inciso III do caput deste artigo por pessoa de direito privado, exceto em procedimentos sob tutela de pessoa jurídica de direito público, que serão objeto de informe específico à autoridade nacional e que deverão observar a limitação imposta no § 4º deste artigo. § 3º A autoridade nacional emitirá opiniões técnicas ou recomendações referentes às exceções previstas no inciso III do caput deste artigo e deverá solicitar aos responsáveis relatórios de impacto à proteção de dados pessoais. § 4º Em nenhum caso a totalidade dos dados pessoais de banco de dados de que trata o inciso III do caput deste artigo poderá ser tratada por pessoa de direito privado, salvo por aquela que possua capital integralmente constituído pelo poder público. Vide site governamental PLANALTO, Lei n.º 13.709, 14.08.2018, in http://www.planalto.gov.br/ccivil_03/_ato2015-2018/2018/lei/L13709.htm, acessado em 17.01.2020.

Capítulo 5 – Referências Bibliográficas

BARRETTO FERREIRA, Ricardo, BRANCHER, Paulo, TALIBERTI, Camila e CUNHA, Vitor Koketu da. *Entra em vigor o Regulamento Geral de Proteção de Dados da União Europeia*. Portal Migalhas, in https://www.migalhas.com.br/dePeso/16,MI281042,81042-Entra+em+vigor+o+Regulamento+Geral+de+Protecao+de+Dados+da+Uniao, publicado em 04.06.2018, acessado em 05.04.2020.

MENDES LOUREIRO, Rafael; PALHARES, Leonardo A. F. (2018) Cybersecurity, Brazil, contributing editors Benjamin A. Powell and Jason C. Chipman, Law Business Research 2017, p. 17.

PLANALTO, Lei n.º 13.709, 14.08.2018, in http://www.planalto.gov.br/ccivil_03/_ato2015-2018/2018/lei/L13709.htm, acessado em 17.01.2020.

REINALDO FILHO, Demócrito. A Diretiva Europeia sobre Proteção de Dados Pessoais - uma Análise de seus Aspectos Gerais. In Portal LEXMAGISTER, http://www.lex.com.br/doutrina_24316822_A_DIRETIVA_EUROPEIA_SOBRE_PROTECAO_DE_DADOS_PESSOAIS__UMA_ANALISE_DE_SEUS_ASPECTOS_GERAIS.aspx, acessado em 14.03.2020.

ROLLEMBERG, Gabriela e FRAGA, Janaina Rolemberg. Como a LGPD pode atuar nos vazamentos de dados dos órgãos públicos. In portal CONJUR, https://www.conjur.com.br/2019-out-08/opiniao-lgpd-atuar-vazamento-dados-orgaos-publicos, publicado em 08.10.2019, acessado em 08.02.2020.

ROQUILLY, Christophe. Justice prédictive, entre séduction et répulsion. The Conversation site, in https://theconversation.com/justice-predictive-entre-seduction-et-repulsion-122805, publicado em 03.09.2019, acessado em 04.05.2020.

TOUATI, Arnaud. La Justice Prédictive au service du développement durable ? L'exemple des "smart cities". In Portal L'Info durable – ID, https://www.linfodurable.fr/technomedias/la-justice-predictive-au-service-du-developpement-durable-lexemple-des-smart-cities, publicado em 02.07.2018, acessado em 10.04.2020.

CAPÍTULO 6
Conclusões

Quando do princípio deste trabalho, houve uma determinação de responder a algumas indagações que seriam válidas para o esclarecimento do tema Inteligência Artificial Aplicada à Justiça, notadamente quanto à sua capacidade de excluir o fator humano de decisões judiciais e sua proteção, de forma a tutelar estas últimas, qualificadas como bens da humanidade merecedoras de disciplinamento institucional.

A Inteligência Artificial aplicada ao Direito caminha no cenário mundial a passos crescentes e deve merecer uma análise adequada. Os sistemas de Inteligência Artificial – IA podem, com efeito, trazer benefícios à prática jurídica, proporcionando agilidade e, quiçá, precisão. Porém, a existência de uma gama de brechas legais e institucionais pode permitir que decisões judiciais sejam fruto apenas da conjugação de algoritmos, viabilizando o desenvolvimento de um sistema baseado em aprendizado de máquina (*machine learning*), desconsiderado a experiência pessoal e sensorial do magistrado.

A presente obra tratou de estudar o impacto do desenvolvimento de um sistema de aprendizagem profundo (*machine learning*), meramente fruto da automação de análises textuais de casos jurídicos, que passam a servir de modelos. A reflexão é mais do que necessária diante das questões éticas que são suscitadas diante dos preceitos inerentes que normalmente estão impregnados na função judicial em face do pensar "não-humano". Tal realidade não poderá ser mais negligenciada apesar que a justificativa de aplicação da Inteligência Artificial a casos repetitivos não é suficiente diante dos valores envolvidos e das falhas que uma apreciação robótica pode causar.

Apesar de tratar de herança cultural focada nas obras de arte, o pensamento de Denis Williams[136] tem aqui pertinência ao dispor que *a destruição e a remoção de nossa herança cultural não cessarão até que cada um veja isto como uma afronta pessoal*. Não bastaria, para uma análise do tema, a adoção de medidas isoladas, sem uma preocupação global.

A importância de um julgado não pode ser mensurada apenas por uma questão numérica. Na verdade, ela transcende às próprias instituições e reflete, no seu âmago, como as pessoas conduzem suas vidas. Por isso, como uma primeira conclusão, discussões sobre a necessidade de reforma da legislação pertinente, não deve dissentir quanto ao sentido e a direção a serem tomados. Tendências em abraçar forma extremada de liberdade regulamentatória não significam necessariamente o resguardo adequado de proteção a bens vitais, muito menos, reflexo garantista, cujo expoente maior da teoria garantista, Luigi Ferrajoli, sequer foi capaz de conceber.[137] Para o consagrado doutrinador, *o garantismo – entendido no sentido do Estado Constitucional de Direito, isto é, aquele conjunto de vínculos e de regras racionais, impostos a todos os poderes na tutela dos direitos de todos, representa o único remédio para os poderes selvagens*, distinguindo as garantias em duas, primárias e secundárias. *As garantias primárias são os limites e*

---

[136] *Apud* CUMMINS, Alissandra. The Role of the Museum in Developing Heritage Policy. Art and Cultural Heritage. Law, Policy, and Practice. New York: Cambridge University Press, edited by Barbara T. Hoffman, 2006, p.47.

[137] O garantismo, possuindo bases em preceitos constitucionais e reforçando princípios da *nulla poena sine juditio* e do *nulla poena sine processu*, além de outros, não chegou a ponto de inviabilizar a busca da verdade real com excesso de recursos ou cerceando do Poder Judiciário o exercício da jurisdição do caso concreto, nem a análise pontual com o tratamento adequado ao fato a ele dirigido. É a tal verificação da necessidade, da responsabilidade subjetiva, da prova adequada, do contraditório e da ampla defesa. Doutra parte, não se deseja a busca da verdade a qualquer preço, tolhendo conquistas históricas que resultaram na consagração de direitos universais, consistentes em princípios individuais no início, passando a coletivos e, depois, transindividuais. O direito do todo.

vínculos normativos – ou seja, as proibições e obrigações, formais e substanciais – impostos, na tutela dos direitos, ao exercício de qualquer poder. As garantias secundárias são as diversas formas de reparação – a anulabilidade dos atos inválidos e a responsabilidade pelos atos ilícitos – subsequentes às violações das garantias primárias.[138]

Os Poderes constituídos exercem funções essenciais, notadamente o Poder Judiciário que, ao interpretar a Constituição, não se torna mero executor de norma emanada da vontade do legislador ordinário, mas exerce papel de guardião dos direitos fundamentais. O Direito Penal, como todo e qualquer direito, ao buscar a solução das situações em conflito, com a ponderação necessária dos valores que estão em jogo, faz com que nem todos restem satisfeitos com o resultado de uma demanda, quase que invariavelmente indesejada por uma das partes. Sua missão é, pois, delicada e deságua apenas numa redefinição da lide, na requalificação desta com a adoção, por vezes, de consequências das mais danosas aos bens personalíssimos.

A regulamentação da situação da IA voltada à Justiça, inclusive no aspecto criminal, justifica-se pela simples ideia de que as leis existentes sozinhas não atendem às aspirações evidentes e aos desafios de nosso tempo se, em seu contexto, a prática enveredar, a um campo eticamente cinzento e perigoso. Por isso impõe-se suprir lacunas já que o direito comum, em grande medida, não tem sido suficiente para o enfrentamento da questão em face do incremento exponencial da tecnologia em nossas vidas e no mundo inteiro.

Se o uso da Inteligência Artificial tem resultado, por vezes, numa reação social pouco incisiva, uma vez que percebida como algo pertencente ao mundo moderno, vimos que muitos casos julgados na Justiça, revelam, concretamente, ideia oposta na medida em que a face humana do julgamento não pode ser descartada. A ausência de violação direta a preceitos universais aplicáveis à justiça talvez explicasse certa neutralidade social. Entretanto, creio que a sociedade, aos poucos, está se conscientizando acerca dos efeitos deletérios do uso inadequado da tecnologia porquanto acaba também a fomentar um

---

[138] Cf. FERRAJOLI, Luigi. *El garantismo y la filosofía del derecho*. Bogotá: Universidade Externado de Colombia, 2000. Série de Teoria Juridica y Filosofia del Derecho, n.15, p.132.

padrão de execução em massa de decisões judiciais com a justificativa na necessidade de detenção rápida de criminosos, cada vez mais perigosos e audaciosos.

O cálculo custo-benefício realizado para a implementação do *machine learning* em relação aos resultados das demandas judiciais e às possíveis implicações decorrentes, não deve ser tratado com benevolência ou sem o rigor necessário. Uma mais do que necessária reflexão acerca do pensar de nos nossos modos atuais de agir, daí porque impõe-se um aperfeiçoamento legal com a adoção de medidas que tentem aniquilar brechas legais e institucionais com as quais a injustiça pode se perpetuar.

A análise é delicada, facilmente pendendo para a banalização dos direitos humanos, com sério risco de ser interpretada como inutilidade a ponto tal que qualquer conclusão no sentido da ponderação do conflito resulta na desqualificação do posicionamento. Lembremos do chamado *Direito Penal do Inimigo*, defendido por Günther Jakobs, ou *Direito Penal do Inimigo como Terceira Velocidade*, tendo por defensor Silva Sánchez,[139] o qual existiria para proteger a norma e a confiança das pessoas na lei penal, de tal forma que a finalidade da pena passa a se constituir na reafirmação da vigência da norma.

A prevenção geral positiva configura conceito normativo e funcional de culpabilidade (reprovabilidade) sem fundamentos ontológicos.[140] A adoção desproporcional da Inteligência Artificial com a relativização das garantias processuais implicaria em risco para as bases do sistema punitivo diante da consagração de um ordenamento jurídico-penal prospectivo (adiantamento da punibilidade, previsão desta, fato do futuro e não fato cometido). Constituir-se-ia num Direito Penal desvinculado do sujeito apenas para atender expectativas de prevenção geral que uma

---

[139] Cf. JAKOBS, Günther. Meliá, Manuel Cancio. *Direito penal do inimigo. Noções e críticas.* Trad. André Luís Callegari e Nereu José Giacomolli. Porto Alegre: Livraria do Advogado, 2005, p. 66-69.

[140] *A autonomia (do sujeito comportar-se conforme o direito) se atribui como capacidade no caso em que resulte funcional, e só pode faltar quando exista a possibilidade de assimilar o conflito de outra maneira* (Roxin, Claus. *Derecho penal – Parte general – Fundamentos. La estructura de la teoria del delito.* Madri: Civitas, 2006. t. 1, p. 806).

CONCLUSÕES

decisão rápida supostamente acarretaria à custa, porém, da instrumentalização violadora e arriscada da dignidade humana.[141]

Não se trata de defender esta ou aquela teoria, tampouco de inviabilizar o Direito Penal com a impossibilidade prática de sua efetivação. Pior, se se perpetuar a impressão geral de que este ramo do direito desserve aos fins a que se destina: busca da verdade com aplicação escorreita das provas ao caso concreto. Tal ponto de vista revela-se frustrante, injusto, inconsequente e perigoso à democracia e à crença nesta. Por isso, está a se defender uma ordenação clara e sistemática de regras existentes sobre a Inteligência Artificial aplicada à justiça. Aí sim, faz sentido todo o esforço que está sendo empreendido para um combate eficaz que não se restringe ao estabelecimento pontual normativo, mas de aperfeiçoamento institucional em face das exigências e possibilidades do mundo moderno.

O estudo do problema não se esgota na análise dos modelos de decisões repetitivas, mas na necessidade de se bem adequar o sistema. Sabe-se que a prevenção e o combate ao crime não se realizam unicamente com a sua tipificação porquanto compreende cinco etapas que podem ser assim elencadas: (1) prevenção; (2) repressão; (3) processo e julgamento; (4) recuperação; e (5) reinserção. Participam dessas etapas, a educação, realizada por escolas, família, igrejas, organizações não governamentais – ONGs etc. (primeira etapa), pela polícia (segunda), pela Justiça (terceira); por esta e outros setores governamentais (quarta e quinta etapas). Neste ponto, o ato jurisdicional ganha realce. Se o conflito instaurado não obtiver a melhor solução, e esta apenas configura resultado de predisposta justiça, pode passar a ideia de algo teatralizado, pouco útil.

Concretização do mister essencial à justiça, a busca da verdade e a sua interpretação, sempre precisa decorrente de uma análide a partir de um caldo histório-cultural pré-existente, implicam uma reação sistêmica compatível. É o mínimo existencial, sendo a apreciação subjetiva

---

[141] Haveria a violação da dignidade humana e o sujeito passaria a ser utilizado pelo Estado de acordo com suas conveniências preventivas (Nesse sentido, vide ROXIN, Claus. Reflexões sobre a construção sistemática do direito penal. *Revista Brasileira de Ciências Criminais.* vol. 82. p. 24-47. São Paulo: Ed. RT, 2010).

um valor intrínseco à função judicial, aquela que se submete também as partes, sujeitos que são, às mazelas próprias dos seres humanos: dramas, angústias, tristezas, alegrias, descaso, desdém, carências.

Sobreleva, assim, a atuação da polícia, do ministério público, dos juízes e das agências governamentais, bem como dos Estados na Cooperação Internacional e na Repatriação de bens. Nesta, deverá haver espaço para a aceitação do uso da Inteligência Artificial na solução dos conflitos ocorridos fora do território de um determinado país que não abrace a tecnologia como forma de solucionamento de conflitos.

Como revela José Paulo Baltazar Júnior[142], *a omissão do legislador tem praticamente a mesma qualidade de uma intervenção indevida.* Assim, há necessidade de uma proteção de bens jurídico-fundamentais mediante ações positivas do Estado com a consagração de meios para a sua eficácia. Vale dizer: adotar padrões estatais muito bem definidos com vistas aos deveres de proteção existentes (*proibição de insuficiência*). Esta construção normativa possui também lastro no Tribunal Constitucional Federal da Alemanha, em uma determinada decisão sobre aborto (*BVerfGE*,39, 1 ff. – *Schwangerschaftsabbruch*) de 25.02.1975.[143] A tese é tida, eventualmente, como reflexo da *proibição do excesso*. Ora, a teoria (*proibição de insuficiência*) implica a restrição dos direitos fundamentais do possível autor da agressão, isto é, uma proteção mediante intervenção do Estado. Ao legislador caberá o esforço para não ficar aquém do mínimo de proteção. Enquanto que na *proibição de excesso* verifica-se um ato legislativo concreto (o seu conteúdo), a adequação das medidas (o mínimo exigível), na *proibição de insuficiência* discute-se a imprescindibilidade da lei (momento anterior) para a proteção dos direitos fundamentais (diz com a omissão indevida do legislador). Ambos constituem direitos de defesa e são garantias estatais da liberdade em diferentes níveis, em complementação.

Portanto, o sentido e a direção a serem tomados hão de atingir níveis satisfatórios de eficácia desde que possível o rigor técnico, uma vez que a atecnia, o casuísmo ou o distanciamento dos princípios informado-

---

[142] Baltazar Jr., José Paulo. *Crime organizado e proibição de insuficiência.* Porto Alegre: Livraria do Advogado, 2010. p.53-54.

[143] Idem, p.55.

CONCLUSÕES

res da Justiça criminal dificultarão a sua aplicação ao caso concreto. Num Estado contemporâneo, tornar-se-á, de fato, inevitável que, aqui ou acolá, surja nova compreensão legal, mas esta há de vir acompanhada da harmonização, da universalização, da impessoalidade, do pensar humano, da moralidade, de um texto – codificado como queiram – mas que não se afaste da realidade social e dos preceitos estabelecidos. Assim, a análise da questão requer uma ação coordenada que não se restrinja às regiões afetadas pela prática ilícita. Uma tarefa que busca a proteção sistêmica dos Estados e também a proteção da integridade funcional da magistratura.

Uma preocupação deve nortear não apenas os participantes imediatos da justiça, mas, principalmente, as autoridades públicas, exigindo de todos, aí incluindo os Estados, uma ampla e profunda atuação conjunta. Em outras palavras, cooperação a nível nacional, principalmente, internacional. O tema desta obra é pouco versado ou timidamente retratado, tanto por professores quanto pelos profissionais da área, que acabam por jogar suas forças em questões supostamente mais relevantes, embora exista já a ideia de a justiça penal voltar-se com maior empenho para liquidar de maneira célere com a prática de delitos graves, ou seja, para a prevenção e combate ao crime organizado.

Deve-se lembrar o seguinte fato histórico: os Estados Unidos, na Segunda Guerra Mundial, criaram uma divisão de proteção da arte. Em março de 1941, estabeleceram o Comitê de Conservação dos Recursos Culturais (*Committee on Conservation of Cultural Resources*), designado para a proteção e conservação de coleções artísticas americanas da ameaça da invasão japonesa, depois de dezembro de 1941 em Pearl Harbor, Hawai. Enquanto isso, em maio de 1944, foi organizado por Winston Churchill, e supervisionado por Hugh Pattison Macmillan, o Comitê inglês para a Preservação e Restituição de Obras de Arte, Arquivos e Outros Materiais em Mãos Inimigas (*British Committee on the Preservation and Restitutions of Works of Art, Archives, and Other Material in Enemy Hands*), também conhecido por *Macmillan Committee*, com o objetivo de salvar e planejar a restituição, no pós-guerra, de obras de arte roubadas ou saqueadas. Por sua vez, em 23 de junho de 1943, o então presidente americano Franklin Delano Roosevelt criou a Comissão Americana para a Proteção e o Salvamento de Monumentos Históricos e Artísticos nas áreas de guerra (*American Commission for the Protection and Salvage of Artistic and Historic Monuments in War Areas*), presidida e conduzida pelo Ministro da Suprema Corte Owen J. Roberts (conhecida por *Roberts Commission*). Esta Comissão conseguiu mapear toda a Itália, suas ilhas e costa (com 168 mapas). Um total de 700 mapas foi produzido cobrindo toda a Europa, incluindo mapas detalhados de grandes cidades, além de um número significante de cidades asiáticas. Tamanho o medo existente na época que, informantes ligados a Adolf Hitler, revelaram uma ordem secreta deste para que *todos os edifícios históricos e obras de arte que se encontravam na Alemanha, de origem germânica ou estrangeira, legal ou ilegalmente adquiridas, deviam ser destruídas ao invés de cair em mãos dos inimigos alemães.*[144]

Daí se percebe a necessidade transcendental de proteção de nossas heranças culturais travestida em obras de arte, livros, fotografias, vídeos e, também, decisões judiciais, ou seja, dos valores universais, por uma necessidade de preservação da produção intelectual pessoal, histórica e universal. Veja que a conservação, segundo Noah Charney, foi considerada mais importante durante a guerra que qualquer quantidade de vidas humanas. E complementa: *Uma vez sendo a arte retirada de sua nação, esta perde um pedaço de sua civilização; uma vez sendo toda arte destruída, o mundo civilizado torna-se menos civilizado.*[145]

Nesta obra, vimos, no que tange a imparcialidade da função judicial, o realce que se deve dar à aplicação da Inteligência Artificial à medida que máquinas passariam a substituir juízes humanos. A imparcialidade seria garantida mediante a alimentação de modelos de decisões sem vieses o que, por si só, não se afigura tarefa fácil. Sendo intrínseco à condição humana o pensar com o fito de se posicionar, naturalmente se verifica o afastamento desta esperada condição quando do enfrentamento de uma dada questão. Releva aqui a distinção entre *neutralidade* e imparcialidade, sendo certo que o ser humano não é neutro, mas pode e deve ser imparcial. A imparcialidade significa a inferência, diante de um caso concreto, de que aquele ser humano (no caso, um magistrado previamente desig-

---

[144] Vide Noah Charney, in Stealing The Mystic Lamb. The True Story of The World's Most Coveted Masterpiece. New York: PublicAffairs, lst ed., 2010, p.214-215 e 221-223.

[145] *Ibidem*, p.283.

CONCLUSÕES

nado para o conhecimento da lide em decorrência de regras pretéritas de competência) não possui qualquer interesse na solução do litígio.

Atuando o juiz com parcialidade haverá ofensa à *impessoalidade* que permeia e perpassa toda a Administração Pública e todos os Poderes constituídos de uma sociedade democrática no mundo civilizado. Questão abordada foi a da necessidade, por vezes, da complementação da atividade probante necessária ao julgamento do mérito da causa. De um juiz completamente passivo e apenas expectador do que as partes trouxessem para a relação processual que lhe fora apresentada a julgamento, passa-se a existir um magistrado interessado em desvendar da melhor maneira a situação jurídica que lhe foi trazida à baila por meio da determinação de realização supletiva das provas que entender pertinentes para se descobrir a verdade (ou o que mais perto dela se mostrar) daquele caso subjacente desde que respeitados a ampla defesa, o contraditório, a presunção da inocência etc. O norteamento ditado por estes princípios preza que o Estado só exerça a punição ao indivíduo que de fato cometeu um delito e que tenha exercido o direito de se defender das acusações feitas e, apenas depois do convencimento do magistrado acerca da verdade dos fatos, a punição possa ser exercida.

As partes, advogados e promotores de justiça, indispensáveis que são à Administração da Justiça e defensores do Estado de Direito, devem pautar-se pela imperiosa busca da verdade enquanto atributo de alto valor social para o alcance de uma sociedade justa e democrática, de molde que devem estar atentos às limitações que o uso da Inteligência Artificial aplicada à justiça pode acarretar. A elas devem ser garantidos o direito de peticionamento inclusive quanto a eventuais provas ilícitas produzidas, ressaltando que o ministério público não se reduz a ser, meramente, parte acusadora, mas também um defensor do interesse público.

A identidade física do magistrado que determina sua vinculação ao caso concreto na situação de presidir a instrução da prova revelaria a exigência de pessoalidade para a prolação do julgado. Por outro lado, quanto aos seus efeitos, os precedentes estão subdivididos em *vinculante* (*binding precedent*) e em meramente *persuasivo* (*persuasive precedent*). Será dotado de força vinculante quando obrigatoriamente tiver de ser seguido quando da apreciação e do julgamento de casos futuros semelhantes ao que deu base à formação do julgado originário ao passo que, a contrário senso, será meramente persuasivo quando não insculpido de indicada força vinculante, servindo tão somente como um "caminho" ou uma referência possível a ser seguida pelo magistrado em julgamentos vindouros sobre determinado assunto quando entender que a tese esboçada no precedente está correta e vai ao encontro da sua convicção. O uso da Inteligência Artificial não encontraria obstáculo. Entretanto, os precedentes jurisprudenciais ainda podem ser classificados de duas maneiras. Quanto ao seu conteúdo, subdivide-se em *declarativo* e em *criativo*. Será *declarativo* o precedente quando a sua aplicação apenas levar em conta a subsunção de uma norma preexistente no ordenamento ao caso concreto como ocorre, por exemplo, quando um juiz singular, analisando um julgado de algum Tribunal superior, o acata como razão de decidir tendo em vista que o seu teor se adequa perfeitamente a lide posta a sua apreciação. Por outro lado, o precedente será *criativo* quando o ato de julgamento criar e aplicar uma norma jurídica não prevista no Direito posto, vale dizer, quando o julgado colmatar uma lacuna existente no plexo de leis que compõem o nosso sistema jurídico ou quando interpretar e der concretude a um conceito jurídico indeterminado ou vago. Nesta última hipótese, dificilmente se pode vislumbrar o uso da Inteligência Artificial diante da exigência de esforço intelectual que as máquinas evidentemente não possuem.

Os juízes aplicam a lei a homens concretos e reais e não a seres abstratos. No seu papel de intérprete e distribuidor da Justiça, deve ter a permanente preocupação de bem dimensionar as desigualdades sociais, adotando código próprio de valores, para viabilizar uma desigual apreciação e propiciar interpretação correta e justa. A sua experiência de vida e profissional conta. Sebastião Oscar Feltrin, a esse respeito, considera que: *essa constatação e essa preocupação não estão imunes a angústias e desgastes, que o levam a um permanente estado de vigilância, sobretudo, quando começa a notar que suas emoções, suas crenças, seus preconceitos, seus idealismos e ideologias, aos quais se sente aprisionado, passam a agir como condicionantes de sua percepção e acabam por influenciar sua atividade funcional, em particular, na direção do processo e na obtenção da prova oral, onde emerge o seu primeiro momento de apreensão.*[146]

---

[146] FELTRIN, Sebastião Oscar. As ansiedades do juiz. *Revista dos Tribunais*, ano 77, v.

Apesar do trabalho em série a que se submetem os juízes diante do volume de serviço ("magistratura de massa"), não se pode deixar de falar dos casos artesanais, isto é, casos únicos e especiais, cujos pormenores exigem verificação passo a passo. A máxima "tudo vale para atingir a produção" somente possui sentido se significar eficácia do trabalho no seu sentido quantitativo e qualitativo. A angústia do magistrado se eleva à medida que entrem em conflito diversos valores, universais e pessoais.

Vimos, ainda, ser imperativo que os países desenvolvidos e os países em desenvolvimento dialoguem e harmonizem seus sistemas para que seja possível obter consenso global sobre o que é e o que não é aceito em termos de decisões de correntes de *machine learning*, viabilizando a cooperação entre as jurisdições de diferentes nações. Para James Alexander French e Rafael X. Zahralddin, especificamente, a investigação e o acesso, incluindo perguntas sobre informações em oposição a objetos tangíveis, devem ser resolvidas.[147]

Nos campos internacional e local deve-se ter em mente o que Molly Beutz Land considera ao citar Laura Thoms quando trata da falta de regulamentação das negociações *on-line* já que aqui possui pertinência *a principal vantagem dessa elaboração de políticas incrementais é a flexibilidade; os estados podem adaptar estratégias específicas às condições existentes em seus países, concordar com um regime internacional perante a comunidade científica e revisar a estrutura dos regimes, conforme necessário.*[148] E isso se aplicaria também à Inteligência Artificial.

A cooperação requer confiança mútua entre os órgãos cooperantes e também uma comunicação bidirecional que complemente a necessidade de transferência de informações; portanto, a cooperação entre instituições é uma consequência lógica desta última afirmação. Um problema desse tamanho pode falhar em oferecer soluções, pois atinge diferentes jurisdições, com diferentes níveis de proteção da *internet*, da justiça e de seus preceitos. Isto recomenda um franco debate internacional, um

---

628, p. 275, fev.1988.

[147] FRENCH, James Alexander and ZAHRALDDIN, Rafael X. (1996). The Difficulty of Enforcing Laws in the Extraterritorial Internet, 1 Nexus, p. 127.

[148] LAND, Molly Beutz. Protecting rights Online (2009). The Yale Journal of International Law, vol. 34, nº 1, p. 28.

INTELIGÊNCIA ARTIFICIAL E DIREITO

fórum ideal para implementar uma solução internacional para um problema de alcance internacional e que exija um alto grau de cooperação mútua, sem que seja tolhida a liberdade do uso de tecnologias importantes que não prejudiquem a busca da verdade.

O Brasil iniciou a implementação da Inteligência Artificial para solucionamento da admissibilidade de recursos em temas repetitivos, por exemplo, o uso do VICTOR, pelo Supremo Tribunal Federal, mas com a possibilidade de se recorrer a um dos magistrados daquela corte em havendo discordância da parte. Essa implementação tem se dado sem que haja uma lei autorizando a fazê-lo, daí porque importante seria criar ambiente adequado ao uso da Inteligência Artificial com as cautelas requeridas. A otimização do tempo, redução de número de servidores públicos para tarefas básicas, deslocando-os para as mais relevantes, são vantagens já sentidas. A partir dessa experiência, outras se seguiram.

Os benefícios de seu uso parecem incontestes já que as máquinas possuem meios de analisar fontes de casos ou leis para que não se tenha que gastar mais tempo que o necessário encontrando a legislação aplicável e jurisprudência sobre o assunto. Há uma plataforma que pode analisar todos os documentos necessários para um divórcio, auxiliando a sua recepção para o ingresso nas cortes de justiça, cálculo da pena, reincidência e regimes de cumprimento desta.

Outras questões ganham realce, notadamente quanto à proteção dos direitos autorais e da responsabilidade civil, algo impensável para um ser inanimado como os robôs que somente atuam a partir da alimentação de dados. Além disso, a situação delicada dos vieses algorítmicos, diante dos vieses constante das decisões que alimentam a base de dados, é algo a dificultar o uso da IA.

O uso de informações pessoais para o exercício de funções de interesse público, de segurança pública, de atividades de investigação e de repressão de infrações penais, que não possuem a proteção das leis de tutela dos dados pessoais impacta a utilização da Inteligência Artificial porquanto pessoas jurídicas de direito privado com capital exclusivamente privado não poderão usar informações pessoais para o uso de dados pessoais mesmo que seja para o desenvolvimento de *softwares* que forneçam resultado de conflitos judiciais a partir de jurisprudência precedente constante de banco de dados. O compartilhamento de informações acerca de dados pessoais a tais pessoas jurídicas deve ser restringido.

Viu-se, neste trabalho, que, na realidade, quando o foco se restringe à eficiência, em termos de celeridade, corre-se o risco da adoção de ferramentas ágeis de previsão de decisões judiciais de molde a interferir no sistema jurídico, podendo ser desconsiderados os valores inerentes. O aconselhamento sobre se valeria a pena ingressar com a demanda em juízo, dependendo do que se prospecta com a IA pode contribuir para um crescente grau de conservadorismo, uma vez que é improvável que os casos com baixa previsão de sucesso sejam julgado diferentemente nos tribunais. Isso, por sua vez, torna menos prováveis as mudanças orgânicas na jurisprudência.

O gerenciamento automatizado de documentos já se tornou comum, poupando horas de trabalho monótonas de muitos profissionais, mas ainda há espaço para o aproveitamento de todo o potencial de dados agora disponíveis. Tudo dependerá exatamente de como aproveitaremos esse potencial, se permitimos que uma lógica instrumentista assuma ou se os objetivos que presidem essa mineração de dados refletem o que queremos para a lei.

Espera-se uma melhora progressiva da IA. Katie Brigham revela ser *fácil imaginar que existe uma maneira melhor, que um dia encontraremos uma ferramenta que possa tomar decisões neutras e desapaixonadas sobre investigações e punição*,"[149], entretanto, não se pode desconsiderar que humanos são imperfeitos porquanto sujeitos a preconceitos e estereótipos e, quando estes entram em jogo no sistema de justiça criminal, as pessoas mais desfavorecidas acabam sofrendo.

Haverá enorme risco se a magistratura utilizar de algoritmos de Inteligência Artificial para ajudá-la tudo decidir. O presente trabalho teve início com a reflexão do autor sobre muitos pontos. Foi idealizada uma série de questões que, com o estudo, podem ser respondidas, nos seguintes termos:

---

[149] Veja BRIGHAM, katie. CNBC. *Courts and police departments are turning to AI to reduce bias, but some argue it'll make the problem worse*, in https://www.cnbc.com/2019/03/16/artificial-intelligence-algorithms-in-the-criminal-justice-system.html, publicado em 17.03.2019, acessado em 17.03.2020.

INTELIGÊNCIA ARTIFICIAL E DIREITO

1. Existe, de fato, algum espaço para a Inteligência Artificial quando aplicado ao Direito?

R Existe espaço para o uso da Inteligência Artificial aplicado ao Direito quando o pensar humano for dispensável.

2. Justifica-se a aplicação da Inteligência Artificial para a facilitação e simplificação da obtenção célere da decisão judicial?

R Apesar do trabalho em série a que se submetem os juízes diante do volume de serviço ("magistratura de massa"), não se pode deixar de falar que os casos são artesanais, isto é, únicos e especiais, cujos pormenores exigem verificação passo a passo. A máxima "tudo vale para atingir a produção" somente possui sentido se significar eficácia do trabalho no seu sentido quantitativo e qualitativo. A angústia do magistrado se eleva à medida que entrem em conflito os valores acima apontados. Os juízes aplicam a lei a homens concretos e reais e não a seres abstratos. No seu papel de intérprete e distribuidor da justiça, deve ter a permanente preocupação de bem dimensionar as desigualdades sociais, adotando código de valores, para viabilizar uma desigual apreciação e propiciar interpretação correta e justa. Portanto, não se justificaria a aplicação da Inteligência Artificial sem se garantir a indispensável ponderação de valores, algo que é extretamente delicado ao se falar em *machine learning*.

3. Como compatibilizar e assegurar a *imparcialidade* se o exercício da atividade judiciária levada a efeito por seres humanos (juízes) passam a ser fruto do *machine learning*?

R Na realidade, a resposta ao questionamento formulado perpassa pela diferenciação entre *neutralidade* e *imparcialidade*, o que permite a conclusão de que o ser humano não é neutro, mas plenamente possível que atue de forma imparcial. Impossível dissociar-se da condição humana as experiências vividas, sejam elas boas, seja elas ruins, de molde que o ser humano sempre foi e sempre será premido e ditado por elas, aspecto que o torna impossível de ser neutro diante de um fato da vida – sem a menor pretensão de esgotar situações que conformam o ser humano enquanto tal a ponto de ser impossível creditar-lhe a pecha de neutralidade, todas as relações sociais suportadas ao longo da vida, desde o momento do nascimento até os dias presentes, perpassando-se por momentos de alegria como o nascimento de um filho (com o inerente aprendizado de que, ao surgir um bebê, necessariamente nasce também um genitor, cujo futuro é tão desconhecido quanto o do infante) até o passamento de um ente familiar, forjam o caráter e a personalidade daquela pessoa. A imparcialidade é garantida com a equidistância e a Inteligência Artificial garante isso a partir do momento que máquinas, e não juízes humanos, decidirão o caso.

4. As máquinas teriam condições de verificar a necessidade de suprir a atividade probante por meio da determinação da realização desta ou daquela prova nos termos do que estatui o artigo 370 do Código Civil brasileiro, por exemplo, para o julgamento do mérito da causa? Teriam, tais máquinas, a preocupação com a busca da verdade?

R   O magistrado é verdadeiramente imparcial quando busca de modo objetivo a verdade dos fatos, fazendo dela o verdadeiro e exclusivo fundamento racional da decisão. Sob esse prisma, aliás, a busca da verdade torna-se um atributo essencial da imparcialidade do juiz e da sua capacidade intelectual, sensorial e técnica que as máquinas, em princípio, não seriam capazes de fazer.

5. Como garantir, às partes (Advocacia e Ministério Público), num sistema de justiça robotizada, que petições com alegações de ilicitude da prova ilícitas, podem ser apreciadas num julgamento a partir do *machine learning*? A quem cabe garantir a neutralidade (ou melhor, a imparcialidade) e transparência do banco de dados?

R   Muito complicado já que a pessoalidade do magistrado na obtenção da prova oral a ponto de vincular sua pessoa ao ato sentencial (*princípio da identidade física do juiz*) permite uma melhor análise da prova, reforçando sua necessária imparcialidade, uma vez que a formação da convicção do julgador estará mais bem preservada justamente pelo contato direto com os elementos probatórios, sem se descurar da própria oitiva do autor e do réu, oportunidades propícias para se inferir como os fatos ocorreram e, assim, possibilitar a prolação da sentença tendente a estar mais próxima do valor verdade objetivado. Tal ideia restringiria a potencialidade do uso da Inteligência Artificial. Quanto à garantia da neutralidade, dentre um certificador ou o mercado, ficaria com o primeiro, desde que orientado pelo Estado. Para tanto, seria necessário um regramento a respeito.

6. Existe algum obstáculo para que a Inteligência Artificial possa ser usada para a aplicação dos precedentes jurisprudenciais?

R Os precedentes *vinculativos* (de aplicação obrigatória) ou *persuasivos* (que sirvam de referência) podem ter aplicação, assim como os *declarativos* (demandam apenas uma equação norma e fato). Entretanto, quando se tratar de precedentes *criativos* (aplicação de norma não prevista diante de eventual lacuna), o uso da Inteligência Artificial torna-se proibitivo. Um robô poderia aplicar o precedente diante de certas balizas delimitadas em sua programação; todavia, saber se aquele processo demanda a incidência do tal precedente repetitivo perpassa por uma classificação que os algoritmos teriam que suprir em sua plenitude, havendo dúvidas se não seria sempre demandada a integração do humano (o olhar humano) para perquirir se a peculiaridade da situação trazida à julgamento permite – ou não – adentrar-se pela via comum do precedente.

7. Como ficaria o uso da Inteligência Artificial no campo internacional tendo em vista os reflexos evidentes de sua aplicação em países diversos que podem ter compreensões diferentes sobre esse assunto?

R As leis locais de muitos países ainda inadequadas para tratar da questão da Inteligência Artificial aplicada à justiça devem passar a ser objeto de reformulação e, uma vez que se tornem eficientes, podem acarretar, mesmo assim, conflitos de jurisdições. Portanto, a questão demanda um grande diálogo internacional, cujas conclusões devem ser positivadas para que, em nível nacional, os acordos e tratados devam ter aplicação e interpretação semelhante. A cooperação, que requer confiança mútua, uma comunicação bidirecional, pode falhar em oferecer soluções, pois atinge diferentes jurisdições, com diferentes níveis de proteção da justiça e de seus preceitos, forçando a existência de um franco debate internacional, um fórum ideal para implementar uma solução para um problema de alcance internacional e que exija um alto grau de cooperação mútua. Para Todd M. Gardella, *a regulamentação desse meio - que depende de seus usuários para construir a arquitetura, fornecer o conteúdo e, organizadamente, melhorar o estado da arte, é complicada e potencialmente destrutiva.*[150] Portanto, é preciso ter cuidado para que a regulamentação não chegue ao ponto de tolher a liberdade do uso de importantes tecnologias sem que se prejudique a força-matriz dos preceitos da justiça: a busca da verdade.

8. Haveria necessidade de efetiva regulamentação da IA quando aplicada à justiça?

R   A sua implantação tem se dado, por exemplo, no Brasil (VICTOR), sem que haja autorização legal a fazê-lo, daí porque importante seria criar, mediante lei, ambiente adequado ao uso da Inteligência Artificial com as cautelas requeridas. É certo que o que se implantou restringe-se a admissão de recursos no Supremo Tribunal Federal, uma contribuição importante, mas pequena na fase incial de processamento, com possibilidade de recurso a um juiz humano. Uma legislação estimularia a formação de um ambiente favorável ao desenvolvimento de tecnologias em Inteligência Artificial, criando verdadeira política nacional para o tema.

9. E a situação de eventuais vieses algoritmos que reflitam valores humanos implícitos envolvidos na programação baseados em padrões de comportamento (*pattern recognition*)?

---

[150] GARDELLA, Todd M. Beyond Terrorism: the Potential Chilling Effect on the Internet of Broad Law Enforcement Legislation (2006). St. John's Law Review, vol. 80, p. 691.

INTELIGÊNCIA ARTIFICIAL E DIREITO

R   Quando se verificam os vieses como característica intrínseca do pensar humano, pode-se concluir, de igual modo, que um algoritmo criado por seres humanos enviesados provavelmente poderá padecer do mesmo "mal", não de forma proposital, mas em decorrência das informações fornecidas ao sistema. Dessa maneira, surgem os chamados vieses algorítmicos, que ocorrem quando as máquinas se comportam de modos que refletem os valores humanos implícitos envolvidos na programação, então, enviesando os resultados obtidos. Considerando que as mudanças na jurisprudência geralmente dependem de um acúmulo de casos anteriores, que desencadeiam um número crescente de vozes dissidentes, deve-se desenvolver ferramentas que não apenas prevejam as chances de sucesso nos tribunais, mas também a probabilidade de que um caso em particular acabe contribuindo para a evolução orgânica da jurisprudência. A questão será como existir incentivos comerciais para o desenvolvimento e o uso de tais ferramentas. Aí a questão se resolve quando da alimentação das bases de dados de molde a contemplar, de forma efetiva, decisões que se repetem, mas que sejam periodicamente revistas ou quando haja uma alteração normativa. O risco é a perpetuação de uma jurisprudência desatualizada por força da adoção de decisões automatizadas que somente um ser pensante, o juiz humano, com sua análise sensorial dos templos, poderia revisar.

10.   Existem limites ou condicionantes éticos envolvidos na aplicação da IA na função judicial?

R   Sim, baseados na necessidade da busca da verdade real o que implica numa apreciação humana porquanto elementos históricos, culturais e sensoriais fazem parte de decisões judiciais.

11.   Existe alguma vantagem já verificada pelo uso da Inteligência Artificial no sistema judicial?

R   Essa nova fronteira tecnológica com potencial que representa a Inteligência Artificial aumenta a produtividade e permite a otimização do tempo por parte das pessoas, com alto redução de custos. Com isto, haveria espaço para o deslocamento de servidores públicos para a realização de outras tarefas, notadamente daquelas que exijam criatividade, intelectualidade e apreciação sensorial, constituindo este uma das vantagens do uso da Inteligência Artificial. Uma importância estratégica para o atuar da justiça.

12. Qual espaço haveria, então, para o uso da IA sem que existam discussões éticas e de conteúdo?

R Os benefícios de seu uso parecem incontestes já que as máquinas podem analisar fontes de casos ou leis para que os juízes não tenham que gastar mais tempo que o necessário encontrando a legislação aplicável e jurisprudência precedente sobre o assunto. Também a análise dos documentos pertinentes para o ingresso de uma demanda judicial pode ter uma classificação tecnológica antes da apreciação pelo juiz. O uso de algoritmos também é possível para o cálculo de penas e verificação de reincidência, podendo sugerir tipo de regime que o condenado deve merecer no início de cumprimento da prisão, e causas cíveis de baixo valor que não demandem análise singular como o da responsabilidade por danos morais.

13. Seria, então, necessária a criação de normas e de institutos específicos para tratar de matérias relativas à IA ou dever-se-ia adequar as novas tecnologias aos institutos já existentes por meio de interpretação?

R Diante de conflitos éticos e da complexidade existente, por natureza, haveria de existir norma que trate do tema, alterando, se o caso, institutos específicos, contemple a questão de direitos autorais porquanto normalmente são fruto do intelecto humano. Se um robô, pelas legislações de uma maneira em geral, não pode ser autor de uma obra (uma decisão judicial) já que somente pessoa física por ser considerada autora de uma obra, a responsabilidade civil deve recair ao desenvolvedor do sistema, quando não resguarde a obediência a tais direitos. A decisão, por ser impessoal, é fruto desse trabalho e não de um computador diante da ausência do intelecto humano da máquina.

INTELIGÊNCIA ARTIFICIAL E DIREITO

14. Como lidar com o dever de proteção de dados pessoais ao se aplicar a IA para o solucionamento dos litígios?

R   O uso de informações pessoais para o exercício de funções de interesse público, de segurança pública, de atividades de investigação e de repressão de infrações penais, na esteira do Regulamento Geral de Proteção de Dados da União Europeia (RGPD) e da Lei Geral de Proteção de Dados brasileira (LGPD), não possuem a proteção das leis de tutela dos dados pessoais (por exceção normativa), salvo quando tais dados sejam fruto de pessoas de direito privado que estejam tutelando interesse público ou cujo capital se público. Isto impacta a utilização da Inteligência Artificial porquanto pessoas jurídicas de direito privado com capital privado não poderão usar informações pessoais para o uso de dados pessoais mesmo que seja para o desenvolvimento de softwares que forneçam resultado de conflitos judiciais a partir de jurisprudência precedente constante de banco de dados. O compartilhamento de informações acerca de dados pessoais a tais pessoas jurídicas deve ser restringido.

15. Como ficaria o cumprimento de uma ordem legal de outro país, havendo necessidade de compartilhamento de dados pessoais se não existir disciplinamento internacional a respeito?

R   As legislações de proteção de dados pessoais não se aplicam ao tratamento de dados para atividades de segurança nacional ou de interesse público, como investigações policiais e processamento de casos na justiça. A legislação internacional deve tratar da questão para evitar que se impeça que uma autoridade detentora de dados sujeita às leis de um terceiro país deixe de cumprir uma ordem emanada de outro Estado não compartilhando dados pessoais de um investigado ou acusado quando indispensáveis ao solucionamento do caso. A exigência ou não de fornecimento de informações. A possibilidade de transferência ou divulgação de dados pessoais e sua execução melhor será realizada se baseada em um acordo internacional, como um tratado de assistência jurídica mútua em vigor entre o terceiro país solicitante e o solicitado.

16. Como ficam eventuais vazamentos de dados pessoais de empresas desenvolvedoras de programas para a implantação da IA no sistema Judicial?

R As leis gerais de proteção de dados usualmente mitigam a possibilidade de vazamentos com a aplicação de penalidades.[151] Isto valerá para os casos de pessoas jurídicas de direito privado, com capital exclusivamente privado, caso em que está fora da exceção da aplicação de tal legislação, a menos que executem uma função pública ou de caráter criminal. Essa é justamente a hipótese do presente estudo que cuida de considerações envolvendo as decisões judiciais.

17. A tecnologia pode decidir tudo no futuro?

R Deve-se evitar usar a Inteligência Artificial como tomadora exclusiva de decisões, preferindo-se um cérebro humano a ela. A razão disso é simples: um humano pode ser solicitado a explicar suas decisões, diferentemente de um algoritmo. A tecnologia leva a um aumento da objetividade, com melhor segurança jurídica, entretanto, como os dados fornecidos nesses algoritmos são codificados com viés humano, significa que ela simplesmente pode reforçar disparidades históricas. Mas, a experiência humana alimentada nos sistemas poderia nos oferecer decisões judiciais objetivas pré-concebidas, ou seja, praticamente com vieses reduzidos ou com vieses próprios da pessoa humana porque fruto de nossos preconceitos, dramas e angústias. Usar a IA nos tribunais não significa deixar a máquina fazer todo o trabalho. Já se pode dizer que, no que tange à análise e preparação de documentos, prospecção da lei e da jurisprudência, é algo possível.

18. É possível admitir AI para decisões de mérito de diferentes naturezas?

---

[151] Vide ROLLEMBERG, Gabriela e FRAGA, Janaina Rolemberg. Como a LGPD pode atuar nos vazamentos de dados dos órgãos públicos. In portal CONJUR, https://www.conjur.com.br/2019-out-08/opiniao-lgpd-atuar-vazamento-dados-orgaos-publicos, publicado em 08.10.2019, acessado em 08.02.2020.

R   O objetivo é ajudar os seres humanos e as máquinas colaboram para o sucesso, contemplando uns aos outros com objetividade técnica e experiência humana. Naquilo que cabe às máquinas deve ser reservado a elas, não, porém decisões de mérito, notadamente as criminais. Nem tudo pode ser delegado à IA. Por isso, deve-se avaliar, na esteira de Luciano Floridi, "quais tarefas e funcionalidades de tomada de decisão não devem ser delegadas, por meio do uso de mecanismos participativos para garantir o alinhamento com os valores da sociedade e o entendimento da opinião pública".[152] Assim, causas de baixo valor e de natureza cíveis podem ser contempladas com o uso da tecnologia, como também a facilitação do processamento de recursos (questão de admissibilidade destes), cálculo da pena, verificação de antecedente e da reincidência e casos de extinção da pena. Um robô poderia aplicar o precedente diante de certas balizas delimitadas em sua programação; todavia, saber se aquele processo demanda a incidência do tal precedente repetitivo perpassa por uma classificação que os algoritmos terão dificuldade de suprir em sua plenitude, demandando sempre a integração do humano, na pessoa do magistrado, para perquirir se a peculiaridade da situação trazida à julgamento permite – ou não – adentrar-se pela via comum do precedente aplicado por força da inteligência artificial. No trabalho foi dado o exemplo da chamada "desaposentação", ou seja, na consagração de direito à aposentadoria com as regras mais favoráveis desconsiderando-se a aposentadoria antes reconhecida. O Supremo Tribunal Federal do Brasil, quando do julgamento do Recurso Extraordinário nº 661.256 (admitido sob o regime da repercussão geral da questão constitucional), em 27 de outubro de 2016, interpretando o comando contido no art. 18, § 2º, da Lei nº 8.213, de 24 de julho de 1991, firmou posicionamento no sen-

---

[152] FLORIDI, Luciano *et alii*. AI4People—An Ethical Framework for a Good AI Society: Opportunities, Risks, Principles, and Recommendations. SpringerLink, https://link.springer.com/article/10.1007/s11023-018-9482-5, publicado em 26.11.2018, acessado em 10.05.2020.

tido de que, no âmbito do Regime Geral de Previdência Social – RGPS, somente lei pode criar benefícios e vantagens previdenciárias, não havendo, por ora, previsão legal do direito à "desaposentação" justamente porque não previsto o expediente pelo legislador, defenestrando, de forma vinculante aos demais órgãos do Poder Judiciário, as inúmeras pretensões vindicadas pelos segurados. A tese prevalente no Pretório Excelso guarda intrínseca relação com tema de direito (interpretação de artigo de lei em face do Texto Constitucional), o que poderia avocar a mera replicação do precedente por meio da construção de inteligência artificial apta à sua incidência. Ocorre, entretanto, que a mera indexação do assunto vertido no processo como sendo "desaposentação" não possui o condão de bem interpretar a aplicação do entendimento vinculante, pois as vicissitudes do caso concreto podem indicar que, ainda que empregada a nomenclatura "desaposentação" que ensejaria a atuação de "juízes robóticos", de desaposentação não se trataria. Por vezes, os casos estão relacionados com o reconhecimento de trabalho especial executado antes do ato de sua à inatividade. Essa situação em lides previdenciárias leva a rubrica de "desaposentação", mas que, na realidade, mais se coadunaria com um pleito revisional de benefício em manutenção.

19. A IA terá o poder de conferir maior credibilidade às decisões da justiça?

R Depende, a confiança na IA aplicada ao sistema judicial ocorrerá quando for possível saber como as escolhas das decisões são realizadas e de que forma os controles dessa decisão são exercidos.

20. Deve haver algum controle do resultado de decisões tomadas por máquinas com o uso da IA?

R A previsão e a realização do julgamento serão apenas possíveis se se puder existir controle humano. Sempre deverá ser permitido à parte interessada recusar-se ao veredicto quando baseado apenas no processamento automatizado. Mas, apenas no caso de justificativa razoável.

INTELIGÊNCIA ARTIFICIAL E DIREITO

21. Como ficaria a segurança da base de dados utilizada para o resultado da apreciação pela justiça automatizada?

R   O risco de ataques cibernéticos é evidente, mas a situação pode ser revertida com o que existe já hoje de segurança da *internet*, ou seja, com a proteção de dados mediante seu espelhamento em *hardcenters*.

22. A IA aplicada à Justiça pode representar ameaça aos direitos humanos?

R   Existe muita preocuração se o uso da tecnologia possa prejudicar direitos humanos ou ser uma ameaça aos homens por se tornar um forte obstáculo ao desenvolvimento. Alice Bassoli, citando Pizzetti, argumenta que a proteção dos direitos humanos está consolidada, não há problema em permanecer vigilante, mas isso não deve impedir o desenvolvimento, que é agora a meta mais importante para o crescimento de um país e de toda a Europa. A Europa, nos últimos anos, foi míope diante das transformações que mudaram o mundo. Estamos cheios de códigos éticos e agora precisamos agir.[153] O uso da tecnologia no Direito será apenas possível se os técnicos de sua implementação forem competentes e especializados em IA e que haja possibilidade de controle humano, tanto da programação do sistema quanto do resultado final (da decisão judicial).

23. E os casos em que sejam peculiares, únicos, o sistema não poderá prover solução injusta diante da falta de dados bastantes para a adoção da melhor decisão "judicial"?

R   A aplicação de entendimentos jurisprudenciais vinculantes, por mecanismos de Inteligência Artificial que, simplesmente, diante da ocorrência de situações predeterminadas por algoritmos, aplicariam o posicionamento obrigatório ao caso concreto que foi apresentado ao Poder Judiciário, afasta o atuar

---

[153] BASSOLI, Alice, in *L'intelligenza artificiale applicata ala giustizia: i guidici-robot*. In Altalex, https://www.altalex.com/documents/news/2019/06/07/intelligenza-artificiale-applicata-alla-giustizia-giudici-robot, publicado em 07.06.2019, acessado em 10.04.2020.

humano (do magistrado) na tarefa de dizer o direito. Mas, uma questão relevante é a "não humanidade" do julgamento, que não leva em consideração o caso específico, notadamente quando não fizer parte das estatísticas e ser praticamente único. Aí é que se encontra a dificuldade de sua implementação e a evidente necessidade do controle por um juiz humano.

24. Como ficaria a análise fática dos casos submetidos à Justiça?

R   Se potencialmente a aplicação ao caso concreto de tese eminentemente de direito ensejaria dificuldades da adoção da atuação jurisdicional "robótica" (pela dificuldade de classificação e interpretação), muito mais desafiadora se mostraria a incidência de Inteligência Artificial quando o caso concreto envolvesse qualquer aspecto que se inclina ao fático. Na hipótese, de responsabilização civil, mostrar-se-ia, por exemplo, minimamente temerária a atribuição de "competência" a um "magistrado-robô" lotado em um Juízo Cível com o fito de que fosse aferida a presença dos elementos inerentes à responsabilização: conduta, dano, nexo de causalidade e elemento subjetivo (dolo ou culpa). Dentro de tal contexto, deixar a cargo de um robô a inferência de que teria existido uma conduta humana livre, de que o dano teria sido ilegal, de que teria havido nexo causal entre conduta e dano e, ademais, que o atuar humano foi impelido por dolo ou, ao menos, por culpa perpassa os limites tecnológicos até então existentes ao momento presente, devendo, assim, ser objeto de percuciente análise de um magistrado "humano". O estabelecimento do *quantum* devido por força do assentamento de hipótese de responsabilização civil permitiria a atuação robotizada (em caso da existência de certa padronização de indenização). Mas, como quantificar a indeniza ção pela extensão do dano, quando ocorrente situação concreta a indicar desproporção evidente entre a gravidade da culpa e aquele (dano). Nesta hipótese, o valor a ser arbitrado a título de indenização poderá ser reduzido equitativamente. Neste raciocínio, se existe dúvida de que o "juiz-robô" consiga quantificar o valor indenizatório tão somente com base no dano causado, beira à impossibilidade seu atuar por meio de uma inferência equitativa do *quantum* que deve ser adimplido na hipótese de desproporção aventada. A situação resta mais complexa na medida em que, ao lado de um mero dano material, exista a mácula a um direito de personalidade a indicar que a indenização também deve reparar um dano moral (perda de um filho, humilhação, dor). Difícil, pois, conceber, de início, que o computador consiga prever todas as hipóteses, por meio de sua prévia programação.

25. Há necessidade de revisão das decisões autônomas geradas da IA?

R Deverá ser permitada a revisão nas hipóteses de solucionamento de casos que não sejam repetitivos, que demandem análise fática, especificação de elementos humanos como dor, sofrimento, alegria (para a responsabilização por dano moral) e análise de prova em casos criminais, etc.

26. Como ficaria a função judicial de realização supletiva da atividade probante (artigo 370 do Código de Processo Civil brasileiro e artigo 156 do Código de Processo Civil brasileiro), para obter provas necessárias e dirimir dúvida sobre ponto relevante a fim de buscar-se a verdade real?

R O Direito Processual Civil abandonou sua concepção tradicional, o desiderato de se buscar apenas a verdade formal, que é aquela contida e emanada da análise das provas como manifestação de atividade desenvolvida pelas partes, e passou a aceitar a atuação judicial na obtenção ou na produção de elementos probatórios. Em contrapartida, o Direito Processual Penal, porque fundado em interesses tidos como indisponíveis (principalmente a liberdade), sempre esteve balizado nos postulados que conclamam a busca da verdade real, compreendida esta não como sendo apenas aquela produzida nos autos (verdade formal), mas de acordo com eventos ocorridos fora dele, refutando, em regra, presunções e/ou ficções jurídicas e permitindo, consequentemente, a atividade probatória supletiva do magistrado. Desta feita, ainda que a atividade probatória tenha sido executada em decorrência do emprego da prerrogativa supletiva deferida ao magistrado, haverá necessidade de valoração da prova, antes e depois de sua

CONCLUSÕES

produção. Antes, ao se verificar insuficiência probatória para o deslinde do caso. Depois, para a sua ponderação com os demais elementos probatórios para viabilização da decisão final. Esse seria um obstáculo claro da impossibilidade de aplicação da IA no solucionamento de casos que demandem prova fática para o seu solucionamento o que, de plano, afasta sua aplicação nas causas criminais.

27. Existe possibilidade para Justiça Preditiva ou Dedutiva fora dos canais dos precedentes ou súmulas vinculantes?
R   Sim, mas em casos específicos: extinção de punibilidade, cálculo do *quantum* da pena, admissibilidade de recursos, reincidência, causas cíveis de menor valor.

28. Poder-se-ia admitir IA aplicada a determinadas decisões quando em casos de menor potencial ofensivo?
R   Também aqui a questão enfrenta dificuldade diante dos bens envolvidos e da necessidade da produção de prova fática, que são inerentes às causas criminais.

Na apresentação desta obra, quis manifestar a minha preocupação, constante e diária, de refletir os tempos atuais, que desafiam as autoridades e as concitam à tomada de ações, que não signifique uma busca de felicidade abstrata, pautada no menoscabo ou desgraça alheia. O bem-estar constitui patrimônio a ser seguido por todos, cada qual com suas pequenas ações (jamais de forma isolada), notadamente àqueles que trazem consigo parcela do Poder de um povo com sede de justiça.

A justiça preditiva não deve ser desprezada já que constitui uma ferramenta maravilhosa para antecipar riscos, provisionar despesas com litígios e ajudar na tomada de decisões. Também permitirá que se desenvolvam consideravelmente modos de solução amigável de controvérsias, favorecendo a fase de congestionamento nos tribunais. Ninguém escapou ao conhecimento de que o legislador está cada vez mais usando o argumento econômico para justificar suas reformas. O desenvolvimento tecnológico e o avanço da tecnologia digital no campo do direito permitem destacar uma certa eficiência econômica benéfica para a sociedade. A justiça preditiva é um exemplo concreto. A economia a serviço da lei permite analisar com precisão o efeito concreto da justiça preditiva, ou seja, seu impacto positivo ou não, na sociedade.

O desenvolvimento de algoritmos preditivos claramente não deve e não pode, através da experiência inicial, substituir completamente a análise jurídica e o raciocínio pessoal do juiz. Portanto, esta nova forma de justiça está se aproximando rapidamente, sem ainda estar totalmente operacional e segura.

Um obstáculo para a implantação da IA aplicada à justiça é revelado por Djamel Belhaouci, ao citar a obra de Cathy O'Neil. Em seu livro *"Algorithmes La Bombe à retardement"*, consta o usa o exemplo do algoritmo IMPACT, que no estado de Washington, EUA, mediu-se o desempenho dos professores para melhorar seu sistema educacional. IMPACT identificou os professores "ineficazes" e eles ficaram agradecidos. Sob essa ameaça, os professores, que finalmente conseguiram entender por quais critérios o algoritmo tomou suas decisões, adaptaram radicalmente seus métodos de aprendizado em detrimento da qualidade do ensino. Para lhe dizer o quão forte foi o *feedback* dos professores, eles começaram a trapacear no exame para aumentar as notas dos alunos. Como resultado, criar um algoritmo transparente pode gerar automaticamente uma adaptação dos comportamentos dos atores afetados pelas decisões do algoritmo. Tornar um algoritmo transparente pode significar um desvio de sua eficiência.[154]

Não se pode acreditar que com menos justiça, faremos justiça melhor. Não se trataria da correlação pura de entrada e saída de casos e na mera necessidade de sua otimização, mas de bem aplicar o direito em todos os casos, ainda que repetitivos.

A proposta do trabalho destinou-se a constituir, não somente uma introdução ao palpitante tema, mas uma tentativa de tecer considerações outras que possam subsidiar o estudo mais atento da Inteligência Artificial aplicada à Justiça. Visou-se aspectos sensíveis que cercam o seu mundo, com vistas ao aprimoramento do sistema de justiça. Os gover-

---

[154] BELHAOUCI, Djamel. La Justice prédictive est morte, vila la justice prédictive!. Portal Juri'Predis. In https://www.juripredis.com/fr/blog/id-13-justice-predictive, acessado em 15.04.2020.

nos devem reforçar o estudo para fechar brechas que evitam o atuar isolado sem que se paute por um critério científico.

Traçou-se, portanto, um horizonte quanto ao tema com o objetivo de se realizar uma análise crítica, prática e real, que visa restituir à sociedade o que lhe é mais caro: sua dignidade e valores culturais. A propriedade técnica e a consistência deste trabalho tentaram fazer deste uma obra de atualidade ímpar. Não foi fácil retratar um tema tão complexo e cercado de detalhes, mas que, dada à sua natureza - cuidar-se da justiça dos homens -, não se pôde desvincular-se dos preceitos caros à nossa sociedade. O exercício ponderado do tratamento do presente tema pode legitimar uma série de decisões públicas a serem adotadas com prudência e responsabilidade.

Capítulo 6 – Referências

Baltazar Jr., José Paulo. *Crime organizado e proibição de insuficiência*. Porto Alegre: Livraria do Advogado, 2010. p.53-54.

BASSOLI, Alice, in *L'intelligenza artificiale applicata ala giustizia: i guidici-robot*. In Altalex, https://www.altalex.com/documents/news/2019/06/07/intelligenza-artificiale-applicata-alla-giustizia--giudici-robot, publicado em 07.06.2019, acessado em 10.04.2020.

BELHAOUCI, Djamel. La Justice prédictive est morte, vila la justice prédictive!. Portal Juri'Predis. In https://www.juripredis.com/fr/blog/id-13-justice-predictive, acessado em 15.04.2020.

CHARNEY. Noah. Stealing The Mystic Lamb. The True Story of The World's Most Coveted Masterpiece. New York: PublicAffairs, lst ed., 2010, p.214-215 e 221-223.

CUMMINS, Alissandra. The Role of the Museum in Developing Heritage Policy. Art and Cultural Heritage. Law, Policy, and Practice. New York: Cambridge University Press, edited by Barbara T. Hoffman, 2006, p.47.

FELTRIN, Sebastião Oscar. As ansiedades do juiz. *Revista dos Tribunais*, ano 77, v. 628, p. 275, fev.1988.

FERRAJOLI, Luigi. *El garantismo y la filosofía del derecho*. Bogotá: Universidade Externado de Colombia, 2000. Série de Teoria Juridica y Filosofia del Derecho, n.15, p.132.

FLORIDI, Luciano et alii. AI4People—An Ethical Framework for a Good AI Society: Opportunities, Risks, Principles, and Recommendations. SpringerLink, https://link.springer.com/article/10.1007/s11023-018-9482-5, publicado em 26.11.2018, acessado em 10.05.2020.

FRENCH, James Alexander and ZAHRALDDIN, Rafael X. (1996). The Difficulty of Enforcing Laws in the Extraterritorial Internet, 1 Nexus, p. 127.

GARDELLA, Todd M. Beyond Terrorism: the Potential Chilling Effect on the Internet of Broad Law Enforcement Legislation (2006). St. John's Law Review, vol. 80, p. 691.

JAKOBS, Günther. Meliá, Manuel Cancio. Direito penal do inimigo. Noções e críticas. Trad. André Luís Callegari e Nereu José Giacomolli. Porto Alegre: Livraria do Advogado, 2005, p. 66-69.

LAND, Molly Beutz. Protecting rights Online (2009). The Yale Journal of International Law, vol. 34, nº 1, p. 28.

ROLLEMBERG, Gabriela e FRAGA, Janaina Rolemberg. Como a LGPD pode atuar nos vazamentos de dados dos órgãos públicos. In portal CONJUR, https://www.conjur.com.br/2019-out-08/opiniao-lgpd-atuar-vazamento-dados-orgaos-publicos, publicado em 08.10.2019, acessado em 08.02.2020.

ROXIN, Claus. Derecho penal – Parte general – Fundamentos. La estructura de la teoría del delito. Madri: Civitas, 2006. t. I, p.806.

_____. Reflexões sobre a construção sistemática do direito penal. *Revista Brasileira de Ciências Criminais*. vol. 82. p. 24-47. São Paulo: Ed. RT, 2010

CAPÍTULO 7

Propostas ao uso da IA aplicada à Justiça

Muitas ações, internacionais e nacionais, estão sendo desenvolvidas sempre visando ao aprimoramento dos sistemas de justiça. Os tratados internacionais, complementados com recomendações de organismos multilaterais alienígenas, além de permanentes reuniões de discussão, sempre buscaram o aprimoramento do sistema mundial de repressão a graves delitos e, hoje, objetiva-se uma eficácia cada vez maior.

A questão do uso da IA na justiça deve ser objeto de preocupação constante, até porque muito se discute a necessidade do aprimoramento em face das ações criminosas que demandam uma resposta no tempo devido para assim obter efetividade na prevenção do delito. Tem ficado a critério exclusivo de cada Estado a tarefa de usar livremente o *machine learning*. Chama atenção, hoje, o fato de a IA ter a capacidade de substituir o juiz humano por máquinas que, a partir de precedentes, possam produzir decisões desconsiderando o drama específico que o caso requer e a apreciação sensorial-cultural própria do ente humano que é dificultada pelos algoritmos.

Tal preocupação tem sido manifestada em alguns textos e debates, mas ainda de forma tímida ou pouco relevante, de molde ser mais do que necessário o engajamento e a reflexão de todos. A partir das conclusões obtidas com a análise do tema, serão sugeridas propostas que deverão merecer reflexão, não significando trabalho definitivo, mas tão-

-somente o início de um novo debate acerca de nosso sistema de valores judiciais consagrados. Tais propostas, espera-se, hão de servir à comunidade jurídica, diante dos desafios e questões éticas envolvidas.

A Comissão Europeia Pela Eficácia da Justiça – CEPEJ e a administração dos Tribunais da Letônia organizaram uma conferência sobre "Inteligência artificial ao serviço do judiciário" em Riga (Letônia), em 27 de setembro de 2018. O evento quis explorar como a inteligência artificial pode ser usada para apoiar o trabalho de profissionais do direito e dos tribunais e garantir uma melhor qualidade da justiça, mas desde que respeitado os princípios fundamentais. Daí porque não se pode fugir dos valores que orientam os sistemas judiciais. Os debates contribuiram para os trabalhos e estudos da CEPEJ no campo da inteligência artificial, em particular da Carta Ética Europeia sobre o uso da inteligência artificial em sistemas judiciais.[155]

A Carta fornece uma estrutura de princípios para orientar os formuladores de políticas, juristas e profissionais da justiça no gerenciamento do rápido desenvolvimento da IA nos processos judiciais nacionais.[156]

A falta de uma legislação adequada e compreensível que permita o tratamento do tema daria uma falsa impressão de que não haveria limites para o uso da tecnologia aplicada no Poder Judiciário de molde ser importante que qualquer uso não deixar de levar em conta que a produção judicial objetiva a busca da verdade e o apaziguamento social, mediante a reafirmação da vontade da lei, expressão maior de um povo.

Não há dúvida de que a digitalização e a inteligência artificial, a *big data* e a *internet* das coisas impactaram nossas vidas, mudando rapidamente todas as facetas de nossas sociedades e economias. A escala da transformação tecnológica está causando incerteza, e é necessária uma abordagem clara da estrutura para garantir que essa transição possa ajudar a construir economias mais inovadoras e inclusivas e preparar

---

[155] Portal do Conselho da Europa. Justice du futur: justice prédictive et intelligence artificielle, in https://www.coe.int/fr/web/cepej/justice-of-the-future-predictive-justice-and-artificial-intelligence, acessado em 14.04.2020.

[156] Veja a Carta ética europeia de utilização da inteligência artificial nos sistemas judiciais, in Portal do Conselho da Europa, https://rm.coe.int/charte-ethique-fr-pour-publication-4-decembre-2018/16808f699b, adotada em 4.12.2018, acessado em 15.04.2020.

todos os setores da sociedade para essas mudanças. Portanto, isso é apenas parte do problema. Outra é o uso desse ritmo acelerado de transformação digital para atividades tradicionais que demandem um olhar humano, forçando os governos a debater a questão e considerar que essa importante ferramenta que é a IA merece adaptação para a adequada proteção social.

De fato, o objetivo não deve ser o da proibição do avanço tecnológico, ainda que possa provocar riscos de toda ordem, mas garantir que estratégias apropriadas de mitigação de risco sejam implementadas quando necessário. Contenção de custos é um aspecto importante para manter o sistema como um todo viável financeiramente, mas há que se levar em conta questões sensíveis que por vezes os algoritmos não sejam ainda capazes de considerar.

É certo que estamos tratando do futuro (ou do presente) das atividades humanas. Ao permitir que máquinas substituam indivíduos que transferem boa parte de suas atividades aos algoritmos, em nome da rapidez e eficiência, sem que se reflita nas consequências práticas, gera risco sistêmico. Muitas questões éticas podem surgir ao utilizar a Inteligência Artificial aplicada à Justiça. Falar sobre segurança, criptografia, métodos para garantir a autenticidade necessária, e privacidade ou sigilo das informações, imparcialidade, independência é um tópico importante que afeta todas as pessoas.

O ciberespaço deve ser um ambiente em que os direitos das pessoas, especialmente dados pessoais, possam ser protegidos de todos os tipos de atividades. Isso contempla uma rica fonte de opiniões e comentários, e a regulamentação deve considerar o papel das partes, dos magistrados e das autoridades em equilibrar a proteção da liberdade, dos direitos dos cidadãos e da tutela jurisdicional. Acrescente o fato de que um regime regulatório unificado deve ser bem-vindo, mas adaptado à nova forma de fazer justiça. Por exemplo, a visão tradicional de jurisdição criminal (princípio territorial, extradição e assistência mútua) agora é contestada, pois essa nova era requer mecanismos transnacionais de aplicação eficientes, e isso deve considerar eventuais requerimentos baseados em decisões obtidas do *machine learning*. Os aspectos tecnológicos da globalização trazem maior troca de informações entre os Estados e cada um de nós, no mundo global moderno, deve estar ainda mais vigilante e atento.

As tensões entre o espaço livre tecnológico e a necessidade de sua regulamentação em face das questões sensíveis que envolvem o "valor" justiça estão em um nível alto e especialmente evidente. A liberdade de uso tecnológico não é, por si só, razão suficiente para ser considerada isenta de problemas de fundamento ético-funcional. Ao julgar, os juízes devem considerar uma série de questões como a natureza e o objeto fático, o caráter violador da norma, as circunstâncias em que os fatos ocorreram, bem como a necessidade de preservar os direitos de liberdade e dosar a consequência da decisão judicial. Os magistrados também devem levar em consideração a necessidade de proteger o público e seus valores. O objetivo da sentença não se resume a punir o transgressor e proteger o público, impedindo que outras pessoas violem a lei.

Antoine Garapon considera que o litigante está bastante satisfeito com a justiça preditiva, que traz rapidez, harmonização e uma forma de segurança pela técnica. No entanto, ele não acredita no desaparecimento da justiça humana. Ele observa uma intensificação da vida, as máquinas possibilitando acelerar os processos para economizar tempo. No entanto, quanto mais fazemos com o tempo economizado, menos tempo temos. O homem aumentado usará a lei aumentada e um processo jurídico será necessariamente apresentado com um "caso analítico".[157] Deve-se encontrar uma maneira de uso legítimo da tecnologia de molde que a verificação do mérito de causas deva respeitar os direitos e a liberdade, reconhecendo benefícios especiais à utilidade pública da IA.

Portanto, o *machine learning* deve desempenhar um papel importante para garantir e manter a conformidade com as normas sociais e os valores institucionais por meio de um sistema bem concebido que respeite os limites da máquina e as limitações humanas. Em outras palavras, que tais limites possam ser superados sem desguarnecer a busca da verdade como fator legítimo e pontual de cada caso.

O fenômeno do uso aplicado da tecnologia na justiça desafia a competição entre segurança, proteção de dados, tecnologia e o conheci-

---

[157] GARAPON, Antoine. Compte rendu du coloque sur la Justice prédictive: évolution, révolution? Portal da Cour d'Appel de Paris, https://www.cours-appel.justice.fr/paris/compte-rendu-du-colloque-sur-la-justice-predictive-evolution-revolution, publicado em 23.05.2017, atualizado em 22.10.2018, acessado em 05.05.2020.

mento técnico e fático pelos algoritmos. A tarefa de conciliar valores tradicionais com o interesse público e o uso da tecnologia é complexa e merece reflexão constante.

7.1. *Plano Internacional.Organização das Nações Unidas – ONU e Organização para a Cooperação e Desenvolvimento Econômico - OCDE*
Explicação: Não se verificou, com relação à IA aplicada à Justiça, um debate peculiar para bem tratar os pontos sensíveis que o tema exige e para evitar a falta de cooperação entre os Estados justamente diante da ausência de previsão normativa. Para o aperfeiçoamento da Cooperação Internacional, inclusive para viabilizar o repatriamento de bens, com vistas à efetividade da Justiça, esta deve ser considerada universal e permitir medidas e posicionamento dos países independentemente do local onde os fatos ocorreram.

1. Conceber um regime internacional perante a comunidade jurídica--científica, editando, se o caso, convenções, tratados ou diretivas, que tratem da Inteligência Artificial aplicada ao Direito e à Justiça, mediante a construção de políticas incrementais que sejam flexíveis, dentro de certos limites, e contemplem estratégias específicas às condições existentes em cada Estado, com revisão, se necessário, dos regimes até então adotados;

2. Cobrar o cumprimento das disposições então concebidas mediante o estabelecimento de penalidades diante da falta de cooperação em razão do uso da IA com recusa ao fornecimento de informações às autoridades processantes internacionais, ou seja, fazer valer compromissos ético-jurídicos assumidos internacionalmente;

3. Permitir a Cooperação quando o resultado da análise do caso for efetivado a partir da IA que concluiu pela não ofensa à soberania e à ordem pública desde que não haja oposição a tal conclusão, viabilizando, assim, o Auxílio-Direto ágil e baseado na confiança mútua;

4. Atender modelo simplificado de análise, nos moldes do padrão *Mutual Legal Assistance Treaty* – MLAT, já que objetivamente claro e fruto de atividade tecnológica;

INTELIGÊNCIA ARTIFICIAL E DIREITO

5. Deve-se respeitar o sistema legal regular dos países envolvidos (Estados requerentes e requeridos), não devendo obstar Pedidos de Cooperação lastreados em decisões de *machine learning*;

6. A Cooperação Internacional não pode ser obstada pelo Estado requerente ter feito uso da IA. O Estado-requerido deve tomar as medidas disponíveis para a localização, apreensão, sequestro ou arresto para futuro confisco/repatriação;

7. Se há recusa à Cooperação, pelo uso da IA, deverá a pessoa supostamente envolvida ser submetida sem demora às autoridades de seu país;

8. Configura negativa à Cooperação Internacional a invocação da necessidade de um juízo humano decisório para simples citação, intimação ou obtenção de cópias, devendo os Estados simplificarem o seu sistema legal;

7.2 *Plano Nacional. Medidas institucionais locais: Poderes Executivo, Legislativo e Judiciário.*

Explicação: o risco da globalização pode ser minimizado se, com ela, o direito pressuposto vier legitimado em bases sociais e filosóficas, e não apenas econômicas. Não se pode tratar o tema sob o viés puramente econômico, mas trabalhar para garantir uma eficácia material das decisões judiciais preservando-se os valores institucionais e democráticos pautados principalmente na busca da verdade. As iniciativas isoladas de aplicação da IA à justiça dão a falsa impressão de que os preceitos universais são satisfeitos e esta se pontificaria de maneira justa e adequada.

1. Permitir o uso da IA mediante uma normatização que discipline sua aplicação e suas limitações;

2. Considerar, nessa normatização, o fator humano, indispensável para certas decisões;

3. Qualificar a *neutralidade* como algo que não existe, o que não constitui barreira intransponível para a aceitação da IA aplicada;

4. Garantir a *imparcialidade* é algo sempre esperado, verdadeiro benefício do uso da IA, porquanto é necessariamente assegurada a equidistância das partes com o uso do *marchine learning* e a obtenção de modo objetiva da verdade dos fatos;

5. Não admitir o uso da IA para a obtenção de decisões em casos que exijam a complementação da prova inerente à busca da verdade, valor a ser festejado pelas partes e pela magistratura;
6. Recusar o uso da IA quando for invocada a utilização de provas ilícitas;
7. Classificar de maneira precisa os precedentes como *vinculativos* (de aplicação obrigatória), *persuasivos* (que sirvam de referência), *criativos* (aplicação de norma não prevista diante de eventual lacuna legislativa) e *declarativos* (demandam apenas uma equação norma e fato);
8. Permitir a utilização dos algoritmos para os precedentes *vinculativos* e, eventualmente, os *persuasivos* e *declarativos*;
9. Não permitir a utilização da tecnologia para os precedentes *criativos*;
10. Recomendar aos tribunais que a adoção da IA tenha por base os preceitos da busca da verdade e que se paute, preferencialmente, pelos normativos existentes, inclusive os internacionais;
11. Considerar que vieses algoritmos são fruto de vieses humanos existentes em precedentes tomados por seres humanos, e que inibem o progresso da ciência e da adaptação às realidades sociais;
12. Existir revisão periódica ou por força de alteração legislativa dos precedentes que sirvam de base ao sistema de algoritmos de molde a evitar um conservadorismo hermético diante da repetição de decisões preexistentes decorrentes de um determinado período histórico-cultural;
13. Permitir o uso da IA que gerem o cálculo de penas (quantificação matemática), a possível reincidência, a fixação do regime inicial de cumprimento da pena, o reconhecimento das causas de extinção de punibilidade, bem ainda a causas cíveis de baixo valor ou que não demandem apreciação humana (dano moral) e no caso de admissibilidade de recursos;
14. Justiça Preditiva ou Dedutiva somente pode ser admitida para se antever decisões que considerem os precedentes *vinculativos, declarativos* e *persuasivos*, o cálculo de penas (quantificação matemática), a possível reincidência, a fixação do regime inicial de

cumprimento da pena, o reconhecimento das causas de extinção de punibilidade, causas cíveis de baixo valo e admissibilidade de recursos;

15. Entender que a legislação de proteção de dados pessoais não possui aplicação para os casos de interesse público, segurança pública, atividades de investigação e de repressão de infrações penais, o que afasta a responsabilização dos provedores de base de dados quando atuarem no exercício de função pública;

16. Responsabilizar os provedores privados em exercício de função privada que ajam em exercício de Justiça Preditiva ou Dedutiva quando houver utilização indevida de dados pessoais protegidos pelas legislações gerais de proteção de dados;

17. Determinar que o uso de dados pessoais somente possa ocorrer no estrito cumprimento do interesse público naquilo que for considerado essencial porquanto a proteção de dados e da privacidade de todos os indivíduos deve ter como objetivo principal resguardar os cidadãos e residentes sobre seus dados pessoais e simplificar o ambiente regulatório não coarctando a atividade da IA quando pautada em responsabilidade social;

18. Obrigar que as autoridades judiciais e as pessoas jurídicas de direito público e privado, cujas atividades principais se concentram no processamento regular ou sistemático de dados pessoais, e que atuem para a prospecção de julgados, criem setor próprio que tenha a preocupação de não violar injustificadamente dados, com obrigação de relatar qualquer efeito adverso à privacidade dos cidadãos, responsabilizando-se por eventuais lapsos;

19. Implementar Código de Conduta para verificar se uma prática adotada não envolve conflito de interesses e constitua comportamento ilegal;

20. Relatar todas as informações confidenciais ora analisadas aos superiores hierárquicos;

21. Cientificar os cidadãos da utilização da IA para a produção de decisões judiciais, com potencial usos de dados pessoais sem consentimento, nos limites legais, sob pena de responsabilização, de forma a atenuar tensões;

22. Considerar que o uso da IA pode ser destinado também a causas cíveis de reduzido valor, dado o bem jurídico envolvido (pecuniário) e admissibilidade de recursos;
23. Determinar que exista a possibilidade de revisão da decisão tomada a partir do *machine learning* por um magistrado humano desde que haja pedido das partes para que sejam resguardados os direitos humanos;
24. Considerar o risco de ataques cibernéticos de forma que deve haver preocupação de garantia de espelhamento do sistema tecnológico mediante medidas capazes de detectar, prevenir e responder efetivamente a fraudes e comportamentos semelhantes, essencialmente por meio de políticas escritas, a fim de evitar invasões realizadas por *hackers* (que trabalham por diversão) e *crackers* (por lucro).;
25. Não aplicar a IA aos casos que não permitam a incidência de precedentes tendo em vista o seu ineditismo ou peculiariedade ou que obrigam apreciação de prova (mesmo, por exemplo, em casos de reponsabilidade civil que demandam análise de dolo ou culpa);
26. Nunca aplicar IA para produção de decisões de mérito sobre a viabilidade de uma condenação ou absolvição, mesmo em se tratando de crimes de menor potencial ofensivo;
27. Devem as bases de dados de decisões judiciais serem alocadas em território brasileiro, de forma a evitar a elaboração de prognóstico judicial fora das bases legalmente permitidas.

Capítulo 7 – Referências

CARTA ética europeia de utilização da inteligência artificial nos sistemas judiciais, in Portal do Conselho da Europa, https://rm.coe.int/charte-ethique-fr-pour-publication-4-decembre-2018/16808f699b, adotada em 4.12.2018, acessado em 15.04.2020.

CONSELHO da Europa. Justice du futur: justice prédictive et intelligence artificielle, in https://www.coe.int/fr/web/cepej/justice-of--the-future-predictive-justice-and-artificial-intelligence, acessado em 14.04.2020.

GARAPON, Antoine. Compte rendu du coloque sur la Justice prédictive: évolution, révolution? Portal da Cour d'Appel de Paris, https://www.cours-appel.justice.fr/paris/compte-rendu-du-colloque-sur-la--justice-predictive-evolution-revolution, publicado em 23.05.2017, atualizado em 22.10.2018, acessado em 05.05.2020.

REFERÊNCIAS

AGRELA, Lucas. Inteligência artificial previu epidemia do coronavírus da China. Portal da Revista EXAME, in https://exame.abril.com.br/tecnologia/inteligencia-artificial-previu-epidemia-do-coronavirus-da-china/, publicado em 28.01.2020, acessado em 05.04.2020.

ALLARD, Albéric. Histoire de la Justice Criminelle au Seizième Siècle. Réimpression de l'Édition Gand, 1868, Scientia Verlag Aalen, 1970.

ALMEIDA COSTA, Antônio Manuel de. O Registro Criminal. História. Direito comparado. Análise político-criminal do instituto. Coimbra: Coimbra ed., 1985.

AMIS, Loik, En finir avec la justice prédictive. L'intelligence artificielle dans la pratique juridique: pouvoirs fantasmés et progrès réels. In http://www.tendancedroit.fr/extrait-finir-justice-predictive/, acessado em 16.03.2020.

ANCEL, Marc. A nova defesa social: um movimento de política criminal humanista. Trad. Osvaldo Melo. Rio de Janeiro: Forense, 1979.

ANDRADE, Manuel da Costa. A nova lei dos crimes contra a economia (Dec.-lei n. 28/84, de 20 de janeiro) à luz do conceito de *bem jurídico*. In: Correia, Eduardo et al. *Direito penal econômico e europeu: textos doutrinários*. Coimbra: Coimbra Ed. 1998. vol. 1.

_____; Costa, José de Faria. Sobre a concepção e os princípios do direito penal econômico. In: Correia, Eduardo et al. Direito penal econômico e europeu:textos doutrinários. Coimbra: Coimbra Ed., 1998. vol.1.

_____. A Vítima e o Problema Criminal. Coimbra: Coimbra, 1980.

_____; Dias, Jorge de Figueiredo.Problemática geral das infrações contra a economia nacional. In: Correia, Eduardo et al. Direito penal econômico e europeu: textos doutrinários. Coimbra: Coimbra Ed., 1998. vol.1.

ANDREUCCI, Ricardo. O direito penal máximo. Revista da Associação Paulista do Ministério Público. n. 35. p. 48-49. São Paulo: Associação Paulista do Ministério Público, out.-nov. 2000.

ARAÚJO Jr, João Marcello de. O direito penal econômico. Revista Brasileira de Ciências Criminais. vol. 25. p. 142-156. São Paulo: Ed. RT, jan.-mar. 1999.

ASCENSÃO, José de Oliveira. Branqueamento de Capitais: reacção criminal. Estudos de direito bancário. Coimbra: Coimbra, 1999.

ASSIS TOLEDO, Francisco de. Princípios Básicos de Direito Penal – De acordo com a Lei n. 7.209, de 11.07.1984, e a Constituição de 1988. São Paulo: Saraiva, 4 ed., 1991.

AUBERT, Vilhelm White-collar crime and social structure. The American Journal of Sociology, 58, 1952.

BALDWIN Júnior, Fletcher N. Art Theft Perfection the Art of Money Laundering. (Jan. 2009 for the 7th Annual Hawaii International Conference on Arts & Humanities).Texto não publicado, enviado em 20.04.2012 pelo professor emérito da Universidade da Flórida Levin College of Law para a Biblioteca do Congresso norteamericano a pedido do autor.

BALTAZAR JÚNIOR, José Paulo. Crime Organizado e Proibição de Insuficiência. Porto Alegre: Livraria do Advogado, 2010.

_____. et alii. Lavagem de dinheiro. Comentários à lei pelos juízes das varas especializadas em homenagem ao Ministro Gilson Dipp. Porto Alegre: Livraria do Advogado, 2007.

BARBOSA, Renato Rodrigues. Perito propõe estratégias de inteligência financeira no CJF. Revista Perícia Federal, Brasília, ano 5, n. 19, nov./dez.2004.

BARRETTO FERREIRA, Ricardo, BRANCHER, Paulo, TALIBERTI, Camila e CUNHA, Vitor Koketu da. Entra em vigor o Regulamento Geral de Proteção de Dados da União Europeia. Portal Migalhas, in https://www.migalhas.com.br/dePeso/16,MI281042,81042-Entra+em+vigor+o+Regulamento+Geral+de+Protecao+de+Dados+da+Uniao, publicado em 04.06.2018, acessado em 05.04.2020.

BARROS, Marco Antônio de. Lavagem de capitais e obrigações civis correlatas: com comentários, artigo por artigo, à Lei 9.613/98. São Paulo: Ed. Revista dos Tribunais, 2004.

_____. Lavagem de dinheiro: implicações penais, processuais e administrativas. Análise sistemática da Lei n.º 9.613, de 3-3-1998. São Paulo: Oliveira Mendes, 1998.

BARROSO, Luís Roberto. Da constitucionalidade do Projeto de Lei 3.115/97. Revista de Direito Bancário, do Mercado de Capitais e da Arbitragem, n. 16, p. 199-210, abr,/jun. 2002.

BASSOLI, Alice, in L'intelligenza artificiale applicata ala giustizia: i guidici-robot. In Altalex, https://www.altalex.com/documents/news/2019/06/07/intelligenza-artificiale-applicata-alla-giustizia-giudici-robot, publicado em 07.06.2019, acessado em 10.04.2020.

BATISTA, Nilo. Introdução crítica ao direito penal brasileiro. 8. ed. Rio de Janeiro: Revan, 2006.

BATLOUNI MENDRONI, Marcelo. Crime de Lavagem de Dinheiro. São Paulo: Atlas, 2006.

BECCARIA, César de Bonessana. Dos delitos e das penas, tradução de José de Faria Costa, Fundação Calouste Gulbenkian, 1998.

BEDÊ Jr, Américo et al. Garantismo penal integral. Salvador: JusPodivm/Escola Superior do Ministério Público da União, 2010.

DELACROIX, Sylvie. How could AI impact the justice system? In Thomson Reuteurs website, Legal Insights Europe, https://blogs.thomsonreuters.com/legal-uk/2018/11/30/how-could-ai-impact-the-justice-system/, publicado em 30.11.2018, acessado em 15.03.2020.

BELHAOUCI, Djamel. La Justice prédictive est morte, vila la justice prédictive!. Portal Juri'Predis. In https://www.juripredis.com/fr/blog/id-13-justice-predictive, acessado em 15.04.2020.

BETTI, Francisco de Assis. Aspectos dos crimes contra o sistema financeiro no Brasil – comentários às Leis 7.492/86 e 9.613/98. Belo Horizonte: Del Rey, 2000.

BETTIOL, Giuseppe. Direito penal. Tradução brasileira e notas de Paulo José da Costa Júnior e de Alberto Silva Franco. São Paulo: Ed. Revista dos Tribunais, 1976.

BINDING, Karl. La culpabilidad en derecho penal. Trad. Manuel Cancio Meliá. Montevidéu/Buenos Aires: B de F, 2009.

BITENCOURT, Cezar Roberto. Tratado de direito penal – Parte geral.17. ed. São Paulo: Saraiva, 2012. vol.1.

_____. Crimes contra o sistema financeiro nacional praticados por administradoras de consórcios. Responsabilidade penal da pessoa jurídica. Atipicidade. Revista dos Tribunais, São Paulo, n. 735, jan. 1997.

BODE, Nancy, WHEELER, Stanton e WEISBURD, David. Sentencing the white-collar offenders: rhetoric and reality. American Sociological Review, n.º 47, 1982.

BOLDT, Raphael. Delação premiada: o dilema ético, Direito Net. Disponível em: <www.direitonet.com.br>. Acesso em 15 set. 2005.

BOULOC, Bernard. Coactivité en matière de publicité trompeuse. Revue de Science Criminelle et de Droit Pénal Comparé, [S.l.], p. 95, jan./mars 1995.

_____; STEFANI, Gaston; LEVASSEUR, Georges. Droit pénal géneral. 17. ed. Paris: Dalloz, 2000.

BOX, Steven. Power, Crime and Mystification. Londres: Tavistock, 1983.

BRANCO, Vitorino Prata Castelo. A defesa dos empresários nos crimes econômicos. São Paulo: Saraiva, 1982.

BRAUDO, Serge. Dictionnaire du Droit Privé. Définition de Justice prédictive. In https://www.dictionnaire-juridique.com/definition/justice-predictive.php, acessado em 10.04.2020.

BRIGHAM, katie. CNBC. Courts and police departments are turning to AI to reduce bias, but some argue it'll make the problem worse, in https://www.cnbc.com/2019/03/16/artificial-intelligence-algorithms-in-the-criminal-justice-system.html, publicado em 17.03.2019, acessado em 17.03.2020.

BRAITHWAITE, John. White-collar crime. White-Collar Crime – Classic and Contemporary Views, eds. Geis/Méier/Salinger, The Free Press, Nova Iorque, 1995.

_____. White-collar crime. Annual Review of Sociology, n.º 11, 1985.

_____. Criminological theory and organizational crime. Justice Quarterly, vol. 06, n.º 3, set. 1989.

BROYER, Philippe et al. La nouvelle économie criminelle: criminalité financière – comment le blanchiment de l'argent sale et le financement du terrorisme sont devenus une menace pour les entreprises et les marchés financiers. Paris: Éditions d'Organisation, 2002.

BRUNO, Aníbal. Direito penal. Rio de Janeiro: Forense, 2009.

BUSTOS RAMÍREZ, Juan. Manual de derecho penal español: parte general. Barcelona: Ariel, 1984.

_____; LARRAURI, Elena. La imputación objetiva. Santa Fé de Bogotá/Colômbia: Temis, 1998.

CAEIRO, Pedro. Branqueamento de capitais. Manual distribuído no curso promovido pela OEA e o Ministério da Justiça a juízes e promotores brasileiros entre 17 e 21 de outubro de 2005.

CALAZANS, Fernando Capello. Monografia ao Curso de Especialização em Direito Processual Tributário junto à Pontifícia Universidade Católica de São Paulo – PUC SP – monografia intitulada "PRECEDENTES JUDICIAIS – Mecanismos de Compatibilização Vertical de Decisões", 2008, Orientador: Prof. Felippe Ramos Breda.

CALLEGARI, André Luís. Direito penal econômico e lavagem de dinheiro: aspectos criminológicos. Porto Alegre: Livraria do Advogado, 2003.

_____. Importância e efeito da delinquência econômica. Boletim do Instituto Brasileiro de Ciências Criminais, São Paulo, n. 101, abr. 2001.

CARBASSE, Jean-Marie. Introduction Historique au Droit Pénal. Paris: Presses Universitaires de France, 1990.

CARTA ética europeia de utilização da inteligência artificial nos sistemas judiciais, in Portal do Conselho da Europa, https://rm.coe.int/charte--ethique-fr-pour-publication-4-de-cembre-2018/16808f699b, adotada em 4.12.2018, acessado em 15.04.2020.

CARTIER, Marie-Elizabeth et al. Entreprise et responsabilité pénale. Paris: LGDJ, 1994.

CARVAJAL, Doreen e VOGEL, Carol. Venerable Art Dealer Is Enmeshed in Lawsuits. New York Times, 2011 (WLNR 7675570, 2011 WLNR 7675570, loaded date: 04/20/2011, April 20, 2011, www.westlaw.com, last visit April 11, 2012; Lost Art and a mystery vault Bilionaire French dealer claims his institute has no record of treasures. Dooren Carvaja. e

Carol Vogel. International Herald Tribune, 2011, WLNR 14463006, loaded date: 07/21/2011, July 22, 2011, www.westlaw.com, last visit April 11, 2012.

CAVERO, Percy García. Derecho Penal Económico – Parte General.Lima-Peru: Grijley, 2ª ed., 2007.

CEREZO MIR, José. Curso de derecho penal español – Parte general. Madri: Tecnos, 2001. vol. II e III.

CERVINI, Raúl. Macrocriminalidad económica. Revista Brasileira de Ciências Criminais. vol. 11. p. 50-79. São Paulo: Ed. RT, jul.-set. 1995.

_____ et al. Lei de lavagem de capitais. São Paulo: Ed. RT, 1998.

CHARNEY, Noah. Stealing The Mystic Lamb. The True Story of The World's Most Coveted Masterpiece. New York: PublicAffairs, lst ed., 2010.

CHAUVIN, Francis. La responsabilité des communes. Paris: Dalloz, 1996. (Série Connaissance du droit).

COLEMAN, James. The Criminal Elite. Nova Iorque: St. Martin's Press, 4 ed., 1998.

COMISSÃO Europeia Para a Eficácia da Justiça – CEPEJ, Carta Europeia de Ética sobre o Uso da Inteligência Artificial em Sistemas Judiciais e seu ambiente, in https://rm.coe.int/carta-etica-traduzida-para-portugues--revista/168093b7e0, publicado em 03 e 04.12.2018, acessado em 16.04.2020.

CONSELHO da Europa. Justice du futur: justice prédictive et intelligence artificielle, in https://www.coe.int/fr/web/cepej/justice-of-the-future-predictive--justice-and-artificial-intelligence, acessado em 14.04.2020.

CONSELHO NACIONAL DE JUSTIÇA. Informação do endereço eletrônico do CNJ. Centro de Inteligência Artificial, in https://www.cnj.jus.br/judiciario-ganha-

-agilidade-com-uso-de-inteligencia-artificial/, acessado em 02.05.2020.

CONTE, Philippe; LARGUIER, Jean. Le recel de choses et le blanchiment. In:Droit pénal des affaires. Paris: Dalloz; Armand Colin, 2004.

_____; _____.Droit pénal des affaires. 11. ed. Paris: Paris: Dalloz; Armand Colin, 2004.

CORREIA, Eduardo. Introdução ao direito penal econômico. In: CORREIA, Eduardo et al. Direito penal econômico e europeu: textos doutrinários. Coimbra: Coimbra Ed. 1998. v. 1, p. 293-318.

_____ . Introdução ao direito penal econômico. Revista de Direito e Economia, n.º 3, 1977.

_____ . Novas críticas à penalização de atividades econômicas.In: CORREIA, Eduardo et al. Direito penal econômico e europeu: textos doutrinários. Coimbra: Coimbra Ed. 1998. v. 1, p. 365-373.

_____ . A responsabilidade jurídico-penal da empresa e dos seus órgãos (ou uma reflexão sobre a alteridade nas pessoas colectivas à luz do direito penal). In: CORREIA, Eduardo et al. Direito penal econômico e europeu: textos doutrinários. Coimbra: Coimbra Ed. 1998. v. 1.

COSTA, José de Faria. O branqueamento de capitais (algumas reflexões à luz do direito penal e da política criminal). In: CORREIA, Eduardo et al. Direito penal econômico e europeu: textos doutrinários. Coimbra: Coimbra Ed. 1999. v. 2.

COSTA ANDRADE, Manuel da. A nova lei dos crimes contra a economia (Dec-Lei n.º 28/84, de 20 de janeiro) à luz do conceito de "bem jurídico". Direito Penal Econômico e Europeu: Textos Doutrinários. Coimbra: Coimbra ed., vol.I, 1998, p.387-411.

_____ e FARIA COSTA, José de. Sobre a concepção e os princípios do Direito Penal Econômico. Direito Penal Econômico e Europeu: Textos Doutrinários. Coimbra: Coimbra ed., vol.I, 1998, p.347-64.

_____ e FIGUEIREDO DIAS, Jorge de. Problemática geral das infrações contra a economia nacional. Direito Penal Econômico e Europeu: Textos Doutrinários. Coimbra: Coimbra ed., vol.I, 1998, p.319-346.

CROALL, Hazel. White-Collar Crime. Open University Press, 1992.

CROCQ, Jean-Christophe. Le guide des infractions. 3. ed. Paris: Dalloz, 2001. (Collection Dalloz Service).

CRUZ SANTOS, Cláudia Maria. O crime de colarinho branco. Da origem do conceito e sua relevância criminológica à questão da desigualdade na administração da justiça penal. Coimbra: Coimbra ed., 2001.

CUESTA AGUADO, Paz M. de la. Causalidad de los delitos contra el medio ambiente. Valencia: Tirant lo Blanch, 1995.

CUMMINS, Alissandra. The Role of the Museum in Developing Heritage Policy. Art and Cultural Heritage. Law, Policy, and Practice. New York: Cambridge University Press, edited by Barbara T. Hoffman, 2006.

DALY, Kathleen. Gender and varieties of white-collar crime, Criminology, vol.27, n.º 4, 1989.

DELMAS-MARTY, Mireille.Droit pénal des affaires.3. ed. Paris: Presses Universitaire de France, 1990. t. 1.

_____ ; GIUDICELLI-DELAGE, Geneviève.Droit pénal des affaires.4. ed. Paris: Presses Universitaire de France, 2000.

DENICOLA, Robert. C. Access Controls, Rights Protection, and Circumvention: Interpreting the Digital Millennium. Citation: 31 Colum. J.L. & Arts 209 2007-2008. Content downloaded/printed from HeinOnline (http://heinonline.org). Wed Apr 18 14:38:47 2012.

DE SANCTIS, Fausto Martin. Voto proferido em 22.05.2019 no Habeas Corpus nº 5007450-20.2019.4.03.0000 – Relator Des. Fed. FAUSTO DE SANCTIS, 11ª Turma Criminal do Tribunal Regional Federal da 3ª Região (Estados de São Paulo e Mato Grosso do Sul) – Impetrante: Ordem dos Advogados do Brasil – Seção de São Paulo – Paciente: Daniela Silva Alves.

_____ . Technology – Enhanced Methods of Money Laundering – Internet as Criminal Means"(Springer, Cham, Heidelberg, Nova Iorque, Dordrecht, Londres, 2019.

DIAS, Jorge de Figueiredo. Breves considerações sobre o fundamento, o sentido e a aplicação das penas em direito penal econômico. In: CORREIA, Eduardo et al. Direito penal econômico e europeu: textos doutrinários. Coimbra: Coimbra Ed., 1998, v. 1, p. 374-386.

_____ . Questões fundamentais do direito penal revisitadas. São Paulo: Ed. Revista dos Tribunais, 1999.

_____ . Direito Penal. Parte Geral. Questões fundamentais da doutrina geral do crime. Coimbra: Coimbra Ed., 2004.

DIDIER JR, Fredie. Curso de Direito Processual Civil – Introdução ao Direito Processual Civil, Parte Geral e Processo de Conhecimento, Volume I, 18ª edição, Editora JusPODIVM, 2016, pág. 157.

DONDERO, Bruno. Justice Prédictive : de l'idée à la réalité. In Portail Justice-Predictive, https://www.justice-predictive.com/index.php/2-non-categorise/24--justice-predictive-de-l-idee-a-la--realite, acessado em 10.04.2020.

ECCLES, Richard. Online Sales and Competition Law Controls (2015). International Journal of Franchising Law, vol. 13, Issue 3, p. 4.

EDELHERTZ, Herbert. The nature, impact and prosecution of white-collar crime. ICR, 1970, p.70/71.

FARIA COSTA, José de. A responsabilidade jurídico-penal da empresa e dos seus órgãos (ou uma reflexão sobre a alteridade nas pessoas colectivas à luz do direito penal). Direito Penal Econômico e Europeu: Textos Doutrinários. Coimbra: Coimbra Editora, vol.I, 1998, p.507-24.

_____ . O branqueamento de capitais (algumas reflexões à luz do direito penal e da política criminal). Direito Penal Econômico e Europeu: Textos Doutrinários. Coimbra: Coimbra Editora, vol. II, 1999, p.301-20.

FELTRIN, Sebastião Oscar. As ansiedades do juiz. Revista dos Tribunais, ano 77, v. 628, p. 275-278, fev.1988.

FERRARA, Francesco. Le persone giuridiche. Con note di Francesco Ferrara Junior. 2. ed. Torino: UTET, 1958. (Trattato di diritto civile italiano, dir. Filippo Vassali, 2).

FERRAJOLI, Luigi. Derechos y garantias – La ley del más de débil. Trad. Perfecto Andrés Ibañez. Madrid: Trotta, 1999.

_____ . Derecho y razón. Teoría del garantismo penal. Madrid: Trotta, 1995.

_____ . Direito e razão.Teoria do garantismo penal. Trad. Luiz Flávio Gomes et al. São Paulo: Ed. RT, 2002.

_____ . El garantismo y la filosofía del derecho. Bogotá: Universidade Externado de Colombia, 2000. Série de Teoria Juridica y Filosofia del Derecho, n.15.

FERREIRA, Flávio. Ferramentas tecnológicas tiram proveito da digitalização que já ultrapassou 100 milhões de causas desde

2008 no Judiciário. Folha de São Paulo, em 10.03.2020, acessado em 12.03.2020.

FIGUEIREDO DIAS, Jorge de. Breves considerações sobre o fundamento, o sentido e a aplicação das penas em Direito Penal Econômico. Direito Penal Econômico e Europeu: Textos Doutrinários. Coimbra: Coimbra Editora, vol.I, 1998, p.374-86.

_____ . Questões Fundamentais do Direito Penal Revisitadas. São Paulo: Revista dos Tribunais, 1999.

FONTES, Paulo Gustavo Guedes. O Poder Investigatório do Ministério Público. Jornal da ANPR, nº 23 - Julho de 2003, p. 12.

FLORIDI, Luciano et alii. AI4People— An Ethical Framework for a Good AI Society: Opportunities, Risks, Principles, and Recommendations. SpringerLink, https://link.springer.com/article/10.1007/s11023-018-9482-5, publicado em 26.11.2018, acessado em 10.05.2020.

FRENCH, James Alexander and ZAHRALDDIN, Rafael X. (1996). The Difficulty of Enforcing Laws in the Extraterritorial Internet, 1 Nexus, p. 127.

FREIRE JÚNIOR, Américo Bede e SENNA MIRANDA, Gustavo. Princípios do processo penal – Entre o garantismo e a efetividade da sanção. São Paulo, Ed. RT, 2009

GÁLVEZ VILLEGAS, Tomás Aladino. Delito de lavado de activos: analisis de los Tipos Penales Previstos en la Ley nº 27.765. Revista do Ministério Público do Peru, ("Fiscalía de la Nación"), p. 46-62, fev. 2005.

GARAPON, Antoine. Compte rendu du coloque sur la Justice prédictive: évolution, révolution? Portal da Cour d'Appel de Paris, https://www.cours-appel.justice.fr/paris/compte-rendu-du-colloque-sur-la-justice-predictive-evolution-revolution, publicado em 23.05.2017, atualizado em 22.10.2018, acessado em 05.05.2020.

_____ ; SERVAN-SCHREIBER, Pierre. *Deals de justice. Le marché américain de l'obéissance mondialisée.* Paris: Presses Universitaire de France, 2020, p. 105.

GARCIA, José Ángel Brandariz. El delicto de defraudación a la seguridad social. Valencia: Tirand lo Blanch, 2000.

GARDELLA, Todd M. Beyond Terrorism: the Potential Chilling Effect on the Internet of Broad Law Enforcement Legislation (2006). St. John's Law Review, vol. 80, p. 691.

GIORGI, Giorgio. La dottrina delle persone giuridiche o corpi morali. Firenze: Fratelli Cammelli, 3ª ed., 1913. v. 1.

GODINHO, Jorge Alexandre Fernandes. Do crime de "branqueamento" de capitais: introdução e tipicidade. Coimbra: Almedina Ed., 2001.

GONÇALVES, Wagner. Ética na justiça: atuação judicial da advocacia pública e privada. Etical: ética na América Latina. Disponível em: <http://www.etical.org.br>. Acesso em 09.02.2020.

_____ . Lavagem de dinheiro: conflito de competência da Justiça Federal. Boletim dos Procuradores da República, ano 4, n. 42, p. 29-31, out. 2001.

GRUPO de Pesquisa e Aprendizado de Máquina da Universidade de Brasília - GPAM, portal, http://gpam.unb.br/victor/, acessado em 12.03.2020.

GUIMARÃES, Maiara. O Juiz e o princípio da imparcialidade. In Portal Jusbrasil, https://maiaraguimaraesadv.jusbrasil.com.br/artigos/580818106/o-juiz-e-o-principio-da-imparcialidade., publicado em 22.05.2018, acessado em 10.02.2020.

HASSEMER, Winfried. Fundamentos del derecho penal. Trad. Muñoz Conde. Barcelona: Bosch, 1981.

_____ ; MUÑOZ CONDE, Francisco. La responsabilidad por el producto en derecho penal. Valencia: Titant lo Blanch, 1995.

HEEM, Virginia; HOTTE, David. La lutte contre le blanchiment des capitaux. Paris: Librarie Générale de Droit et de Jurisprudence (LGDJ), 2004.

HIDALGO, Rudolph et al. Entreprise et responsabilité pénale. Paris: LGDJ, 1994.

HOFFMAHN, Christopher D. Encrypted Digital Cash Transfers: Why Traditional Money Laundering Controls May Fail without Uniform Cryptography Regulations (1998). Fordham International Law Journal, vol. 21:799.

HUNT, John. The New Frontier of Money Laundering: How Terrorist Organizations Use Cyberlaundering to Fund Their Activities, and How Governements Are Trying to Stop Them (2011). Information & Communications Technology Law, vol. 20, nº 2, June 2011, p. 145.

ISLAME, Chouchane. Justice prédictive: bouleversement du monde du droit. Portail MBA.MCI, in https://mbamci.com/justice-predictive-bouleversement-du-monde-du-droit/, acessado em 16.04.2020.

IWEINS, Delphine. Comment rendre la justice prédictive éthique. Portal Les Echos. In https://business.lesechos.fr/directions-juridiques/droit-des-affaires/contentieux/0600143708191-comment-rendre-la-justice-predictive-ethique-325116.php, publicado em 20.12.2018, acessado em 15.04.2020.

JAKOBS, Günther. Atuar e omitir em direito penal. São Paulo: Damásio de Jesus, 2004. Série Perspectivas Jurídicas.

_____ ; Meliá, Manuel Cancio. Direito penal do inimigo. Noções e críticas. Trad. André Luís Callegari e Nereu José Giacomolli. Porto Alegre: Livraria do Advogado, 2005.

JESCHECK, Hans-Heinrich. Tratado de derecho penal– Parte general. 4. ed. Trad. José Luis Manzanares Samaniego. Granada: Comares, 1993.

KAISER, Günther. Kriminologie: ein Lehrbuch. Heidelberg/Karlsruhe: CFM, 1980.

KEEN, Renee. Untangling the Web: Exploring Internet Regulation Schemes in Western in Western Democracies (2011). 13 San Diego Int'l L. J.

KHARKOVYNA, Oleksii. https://medium.com/@oleksii_kh/ai-is-entering-judicial-system-do-we-want-it-there-632f56347c51, publicado em 13.04.2018, acessado em 13.04.2020.

KING, Kevin F. Personal Jurisdiction, Internet Commerce, and Privacy: The Pervasive Legal Consequences of Modern Geolocation Technologies (2011). 21 Alb. L. J. Sci & Tech, p.109.

KOBOR, Emery. Money Laundering Trends. United States Attorney's Bulletin. Washington, DC, vol.55, n.º 5, set./2007.

LAND, Molly Beutz. Protecting rights Online (2009). The Yale Journal of International Law, vol. 34, nº 1.

LEGIFRANCE, https://www.legifrance.gouv.fr/affichTexte.do;jsessionid=4C80CD1FA6D646249F306348059EC9D0.tplgfr28s_2?cidTexte=JORFTEXT000000886460&dateTexte=20040806, acessado em 15.03.2020.

LYNCH v. STATE of Florida, First Disctrict Court of Appeal (N.º 1D16-3290, 2018, in LYNCH v. STATE of Florida, First Disctrict Court of Appeal (N.º

1D16-3290, 2018, in https://law.justia.com/cases/florida/first-district--court-of-appeal/2018/16-3290.html, acessado em 05.05.2020.

LYRA, Roberto. Criminalidade econômico--financeira. Rio de Janeiro: Forense, 1978.

MAIA, Rodolfo Tigre. Dos crimes contra o sistema financeiro nacional: anotações à Lei Federal n.° 7.492/81986. São Paulo: Malheiros Ed., 1996.

_____ . Lavagem de dinheiro – lavagem de ativos provenientes de crime. Anotações às disposições criminais da Lei n.º 9.613/1998. São Paulo: Malheiros Ed., 1999.

MARIN, Jean-Claude. La justice prédictive. Discurso do Sr. Jean-Claude Marin, Procurador Geral do Tribunal de Cassação, durante o colóquio "Justiça preditiva", organizado pela Ordem dos Advogados do Conselho de Estado e do Tribunal de Cassação, em 12 de fevereiro de 2018. Portal do Tribunal de Cassação, https://www.courdecassation.fr/publications_26/prises_parole_2039/discours_2202/marin_procureur_7116/justice_predictive_38599.html, publicado em 12.02.2018, acessado em 12.03.2020.

MARINONI, Luiz Guilherme e MITIDIERO, Daniel. Repercussão Geral no Recurso Extraordinário, 1ª edição, São Paulo: Editora Revista dos Tribunais, 2007, pág. 19.

MARQUES José Frederico. Tratado de Direito Processual Penal, 2º vol., p. 88, Saraiva, 1980.

MARTINS, Charles Emil Machado. A reforma e o "poder instrutório do juiz". Será que somos medievais? Disponível em: [www.mp.rs.gov.br/areas/criminal/arquivos/charlesemi.pdf]. Acesso em: 03.11.2011.

MAZZILLI, Hugo Nigro. O Princípio da Obrigatoriedade e o Ministério Público. Revista Eletrônica do CEAF. Porto Alegre - RS. Ministério Público do Estado do RS. Vol. 1, n. 1, out. 2011/jan. 2012, in https://www.mprs.mp.br/media/areas/biblioteca/arquivos/revista/edicao_01/vol1no1art4.pdf, acessado em 13.02.2020.

MATZA, David e SYKES, Gresham. Techniques of neutralization: a theory of delinquence. American Sociological Review, n.º 22, 1957, p.666.

MENDES LOUREIRO, Rafael; PALHARES, Leonardo A. F. (2018) Cybersecurity, Brazil, contributing editors Benjamin A. Powell and Jason C. Chipman, Law Business Research 2017.

MESSINEO, Francesco. Máfia e Crime de Colarinho Branco: uma nova abordagem de análise. Novas tendências da criminalidade transnacional mafiosa. Organizadores: Alesandra Dino e Wálter Fanganiello Maierovitch.São Paulo: Unesp Ed., 2010.

MENDEZ RODRIGUEZ, Cristina. Los delictos de peligro y sus técnicas de tipificación. Madrid, 1993.

MIR, José Ricardo Sanches e Vicente Garrido Genovês. Delincuencia de cuella blanco. Madri: Instituto de Estudos de Política, 1987.

MIR PUIG, Santiago. Derecho penal – Parte general (fundamentos y teoría del delicto). Barcelona: Promociones Publicaciones Universitarias, 1984.

_____ . Introducción a las bases del derecho penal. Montevidéu/Buenos Aires: B de F, 2003.

MIRANDA, Jorge. Princípio da Igualdade. Polis, vol. 3, p.408.

MORAES MOURA, Rafael e PUPO, Amanda. 'Victor', o 12.º ministro do Supremo. Estadão, https://politica.estadao.com.br/blogs/fausto-macedo/

victor-o-12-o-ministro-do-supremo/, publicado em 01.06.2018, acessado em 10.03.2020.

MOSTYN, Michael M. The Need for Regulation Anonymous Remailers (2000), International Review of Law Computers & Technology, vol.14, nº 1.

MUÑOZ CONDE, Francisco. Principios politicocriminales que inspiran el tratamiento de los delitos contra el orden socioeconômico en el proyecto de Código Penal Español de 1994. Revista Brasileira de Ciências Criminais, São Paulo, n. 11, p. 7-20, jul./set. 1995.

MUSCATIELLO, Vicenzo Bruno. Associazione per delinquere e riciclaggio: funzione e ilimite della clausola di reserva. Rivista Trimestrale di Diritto Penale Dell'Economia. n. 1. p. 97-156.Padova: Cedam, gen.-mar. 1996.

MUCCHIELLI, Laurent. Histoire de la Criminologie Française. Paris: L'Harmattan, 1994.

NOGUEIRA, Carlos Frederico Coelho. Comentários ao Código de Processo Penal. São Paulo: Edipro, vol I, p. 182/184.

NELKEN, David. White-Collar Crime. Dartmouth, 1994.

PAPA Francisco. Portal do Instituto Humanitas Unisinos. Vaticano: instituições católicas reforçam debate sobre ética e inteligência artificial. In http://www.ihu.unisinos.br/78-noticias/589534--vaticano-instituicoes-catolicas--reforcam-debate-sobre-etica-e--inteligencia-artificial, publicado em 28.05.2019, acessado em 15.03.2020.

PARIENTE, Maggy et al. Les groupes de sociétés et la responsabilité pénale des personnes morales. In: La responsabilité pénale des personnes morales. Paris: Dalloz, 1993.

PEARCE, Frank e TOMBS, Steve. Realism and corporate crime. Issues in Realist Criminology. Londres: Sage Publications, 1992.

PREDICTICE. In https://predictice.com/, acessado em 13.05.2020.

PRINCÍPIOS sobre conduta judicial de Bangalore. Portal da Escola Superior do Ministério Público., in http://escola.mpu.mp.br/a-escola/atos-normativos/acordos-de-cooperacao/recampi/principios-sobre-conducta-judicial-de--bangalore-2006.pdf/view, acessado em 05.02.2020.

PROCURADORIA GERAL DA REPÚPLICA. Vide Informe Cooperação Internacional 03/2020 – PGR. In http://www.mpf.mp.br/atuacao-tematica/sci/noticias/informe-cooperacao-internacional-do-mpf, acessado em 01.05.2020.

REIMAN, Jeffrey. The Rich get Richer and the Poor get Prison. Allyn and Bacon, 5ª ed., 1997.

REINALDO FILHO, Demócrito. A Diretiva Europeia sobre Proteção de Dados Pessoais - uma Análise de seus Aspectos Gerais. In Portal LEXMAGISTER, http://www.lex.com.br/doutrina_24316822_A_DIRETIVA_EUROPEIA_SOBRE_PROTECAO_DE_DADOS_PESSOAIS__UMA_ANALISE_DE_SEUS_ASPECTOS_GERAIS.aspx, acessado em 14.03.2020.

RIDER, Barry. The financial world at risk: the dangers of organized crime, money laudering and corruption. Managering Auditing Journal. n. 7, 1993.

RODRIGUES, Anabela Miranda Contributo para a fundamentação de um discurso punitivo em matéria fiscal. Direito Penal Económico e Europeu: textos doutrinários. Coimbra: Coimbra ed., 1999.

RODRIGUES DA SILVA, Antônio Carlos. Crimes do Colarinho Branco. Brasília: Brasília Jurídica, 1999.

REFERÊNCIAS

ROLLEMBERG, Gabriela e FRAGA, Janaina Rolemberg. Como a LGPD pode atuar nos vazamentos de dados dos órgãos públicos. In portal CONJUR, https://www.conjur.com.br/2019-out-08/opiniao-lgpd-atuar-vazamento-dados-orgaos-publicos, publicado em 08.10.2019, acessado em 08.02.2020.

ROQUILLY, Christophe. Justice prédictive, entre séduction et répulsion. The Conversation site, in https://the-conversation.com/justice-predictive-entre-seduction-et-repulsion-122805, publicado em 03.09.2019, acessado em 04.05.2020.

ROXIN, Claus. Derecho penal – Parte general – Fundamentos. La estructura de la teoría del delito. Madri: Civitas, 2006. t. I.

_____ . Funcionalismo e imputação objetiva no direito penal. Trad. e introdução de Luís Greco. Rio de Janeiro: Renovar, 2002.

_____ . Problemas fundamentais de direito penal. 3. ed. Trad. Ana Paula dos Santos Luís Natscheradetz (Textos I, II, III, IV, V, VI, VII e VIII), Maria Fernanda Palma (Texto IX) e Ana Isabel de Figueiredo (Texto X). Lisboa: Vega Universidade/Direito e Ciência Jurídica, 1998.

_____ . Reflexões sobre a construção sistemática do direito penal. Revista Brasileira de Ciências Criminais, vol. 82. p. 24-47. São Paulo: Ed. RT, 2010.

_____ . La teoria del delito en la discusión actual.Trad. Manuel Abanto Vásquez. Lima: Grijley, 2007.

RUGGIERO, Vicenzo. Organized Crime and Corporate Crime in Europe. Dartmouth: 1996.

SÁNCHEZ, Jesús-María Silva. Eficiência e direito penal. Coleção Estudos de Direito Penal. São Paulo: Manole, 2004, n.º 11.

SANTOS, Cláudia Maria Cruz. O crime de colarinho branco (da origem do conceito e sua relevância criminológica à questão da desigualdade na administração da justiça penal). Coimbra: Coimbra Ed., 2001.

SAUVÉ, Jean-Marc. La justice prédictive. Discours. In https://www.conseil-etat.fr/actualites/discours-et-interventions/la-justice-predictive, acessado em 18.04.2020.

SCHAEFFER, Cesar. Portal do Olhar Digital. Papa Francisco pede cuidado com usos da Inteligência Artificial. In https://olhardigital.com.br/noticia/papa-francisco-pede-cuidado-com-usos-da-inteligencia-artificial/90855, publicado em 27.09.2019, acessado em 17.03.2020.

SENADO Federal, Projeto de Lei nº 5691, de 2019, https://www12.senado.leg.br/ecidadania/visualizacaomateria?id=139586, acessado em 10.01.2020.

SEXER, Ives. Les conditions de la responsabilité pénale des personnes morales. Droit et patrimoine, [S.l.], p. 38-46, jan. 1996.

SHAPIRO, Susan. Collaring the crime, not the criminal. American Sociological Review, vol. 55, 1990, p.346 ss.

SILVA, Aloísio Firmo Guimarães da et alii. A Investigação Criminal Direta pelo Ministério Público", in Boletim IBC-Crim, nº 66/Jurisprudência – Maio/98, p. 251.

SILVA, Germano Marques da. Direito penal português – Parte geral. Lisboa: Verbo, 1999. vol. II.

SILVA SÁNCHEZ, Jesús-María. A expansão do direito penal. Aspectos da política criminal nas sociedades pós-industriais.

Trad. Luiz Otavio de Oliveira Rocha. São Paulo: Ed. RT, 2002.

STATE of Wisconsin v. LOOMIS | 881 N.W.2d 749 (2016), in STATE of Wisconsin v. LOOMIS | 881 N.W.2d 749 (2016), in https://www.courts.ca.gov/documents/BTB24-2L-3.pdf, acessado em 05.05.2020.

STRECK, Lenio Luiz. Projeto de lei para evitar a parcialidade na produção da prova penal. Portal CONJUR, in https://www.conjur.com.br/2019-set-19/senso-incomum-projeto-lei-evitar-parcialidade-producao-prova-penal?utm_source=dlvr.it&utm_medium=facebook, publicado em 19.09.2019, acessado em 15.02.2020.

SUPERIOR Tribunal de Justiça – STJ, AgInt no REsp 1414222 SC 2013/0352142-4, Min. Lázaro Guimarães (Desembarg. Convocado do TRF-5), QUARTA TURMA, DJE DATA:29/06/2018.

SUPERIOR Tribunal de Justiça – STJ, RHC 102457 SP 2018, Min. Reynaldo Soares da Fonseca, QUINTA TURMA, DJE DATA:19/10/2018.

SUPREMO Tribunal Federal, Notícias STF, Inteligência artificial vai agilizar a tramitação de processos no STF, in http://www.stf.jus.br/portal/cms/verNoticiaDetalhe.asp?idConteudo=380038, acessado em 10.01.2020.

SUTHERLAND, Edwin H. El Delito de Cuello Blanco – White Collar Crime – The Uncut Version. Buenos Aires: Editorial IBdeF, 2009.

_____ . White-Collar Crime – The Uncut Version. New Haven: Yale University Press, 1983.

_____ . Is "White-collar crime" crime?. American Sociological Review, 1945.

_____ . White-collar criminality. American Sociological Review, vol, 5, 1940.

_____ . e Donald Cressey. Principes

de Criminologie. Paris: Édition Cujas, 1966.

TARUFFO, Michele. Uma simples verdade. O juiz e a construção dos fatos. Trad. Vitor de Paula Ramos. São Paulo: Marcial Pons Brasil, 1ª ed., 2016, pág. 120 e 121.

TAVITIAN, Laurine. Justice prédictive: où en est-on? Portail de La Village de la Justice. In https://www.village-justice.com/articles/Justice-predictive-est,22683.html, publicado em 21.07.2016, acessado em 15.03.2020.

THEODORO JÚNIOR, Humberto. Direitos do Consumidor: a busca de um ponto de equilíbrio entre as garantias do Código de Defesa do Consumidor e os princípios gerais do direito civil e do direito processual civil. Rio de Janeiro: Forense, 2009.

TIEDEMANN, Klaus. Responsabilidad penal de personas jurídicas y empresas en derecho comparado. Revista Brasileira de Ciências Criminais, São Paulo, n. 11, p. 21-35, jul./set. 1995.

_____ . Poder económico y delito (Introducción al derecho penal económico y de la empresa). Barcelona: Ariel, 1985.

_____ . Delitos contra el orden económico: la reforma penal. Madrid: Instituto Alemão, 1982.

_____ . Aspects Criminologiques de la Délinquance d'Affaires – Études Relatives à la Recherche Criminologique, vol. XV, Conseil de l'Europe, 1977.

TOUATI, Arnaud. La Justice Prédictive au service du développement durable ? L'exemple des "smart cities". In Portal L'Info durable – ID, https://www.linfodurable.fr/technomedias/la-justice-predictive-au-service-du-developpement-durable-lexemple-des-smart-cities, publicado em 02.07.2018, acessado em 10.04.2020.

REFERÊNCIAS

TRIBUNAL REGIONAL FEDERAL DA 3ª REGIÃO. TRF3 começa a utilizar inteligência artificial em gabinetes. In http://web.trf3.jus.br/noticias/Noticias/Noticia/Exibir/396711, publicado em 07.07.2020, acessado em 10.07.2020.

TRIBUNAL Regional Federal da 3ª Região, Habeas Corpus nº 5007450-20.2019.4.03.0000 – Relator Des. Fed. FAUSTO DE SANCTIS, 11ª Turma Criminal, em 22.05.2019. Impetrante: Ordem dos Advogados do Brasil – Seção de São Paulo. Paciente: Daniela Silva Alves.

TSITSOURA, Aglaia. Les travaux du Conseil de l'Europe. Revue Internationale de Droit Pénal, [S.l.], v. 54, n. 3/4, 1983.

VANIAN, Jonathan. Fortune. Law Enforcement Shouldn't Rely Entirely on A.I. to Decide Whether to Detain Suspects, Report Says, in https://www.msn.com/en-us/money/companies/law-enforcement-shouldnt-rely--entirely-on-ai-to-decide-whether--to-detain-suspects-report-says/ar-BBWjVsA, publicado em 26.04.2019, acessado em 20.03.2020.

VARGAS SOARES, Guilherme Augusto de, e DIAS, Giovanna. É possível que o Ministério Público seja imparcial? Portal CONJUR, https://www.conjur.com.br/2019-mar-30/diario-classe-possi-vel-ministerio publico seja-imparcial, publicado em 30.03.2019, acessado em 15.02.2020.

VERMELLE, Georges. Le nouveau droit pénal. Paris: Dalloz, 1994. (Série Connaissance du droit).

VU, Thuy-My et MOREAUX, Anne. La justice sera-t-elle un jour prédictive? In https://www.affiches-parisiennes.com/la-justice-sera-t-elle-un-jour--predictive-8034.html, publicado em 15.06.2018, acessado em 10.04.2020.

WELZEL, Hans. Derecho penal alemán: parte general. 11. ed. (4. ed. castellana). Trad. Juan Bustos Ramírez e Sérgio Yánez Pérez. Santiago: Jurídica, 1997.

YOUNG, Jock. Incessant chatter: recent paradigms in criminology. The Oxford Handbook of Criminology, Clarendon Press, 1994.

ZAFFARONI, Eugenio Raúl. Moderna dogmática del tipo penal. Lima: Aras Editores, 2009.

_____ ; PIERANGELI, José Henrique. Manual de direito penal brasileiro – Parte geral. 2. ed. São Paulo: Ed. RT, 2005.

_____ ; _____ . Tratado de derecho penal. Parte general. Buenos Aires, 1998.

ZANCHETTI, Mário. Il riciclaggio di denaro proveniente da reato. Milão: Giuffrè, 1997.